THOMAS PEROT
23/08/2000

Man nimmt an, daß Nijinsky seine Tagebücher vom 19. Januar bis zum 4. März 1919 geschrieben hat, also in nur wenigen Wochen. In diese Zeit fallen auch seine letzten Tanzaufführungen. Die drei Hefte der Tagebücher sind ein einzigartiges Dokument einer beginnenden Schizophrenie. Nijinsky schrieb sie wohl in der Ahnung seiner Krankheit. So als hätte er gewußt, daß er nicht mehr viel Zeit hatte, sind die Sätze zum Teil stakkatoartig gehämmert – unzugänglich, spröde und ohne jegliche Vermittlung, ziehen sie ihren Leser dennoch in Bann. Daneben gibt es Passagen, die in ihrer bedingungslosen Mitteilsamkeit anrührend und eindringlich sind. Der Tänzer reflektiert über die entscheidenden Geschehnisse seines bisherigen Lebens, alle ihm wichtigen Menschen kommen vor, und er erklärt seinen letzten öffentlichen Tanz.

»Dies ist einer der bewegendsten Texte der Welt.« *Le Figaro*

Waslaw Nijinsky wurde 1890 geboren. Er absolvierte ab früher Kindheit die kaiserliche Ballettschule in St. Petersburg, wurde mit achtzehn Jahren Star des Marijnsky-Theaters. Binnen weniger Jahre wurde er weltberühmt und gilt bis heute als größter Tänzer seiner Zeit. 1919 tanzte er zum letztenmal. Nach dreißig Jahren seiner Krankheit starb er 1950.

insel taschenbuch 2249
Waslaw Nijinsky
Tagebücher

Nijinsky Tagebücher

Die Tagebuchaufzeichnungen
in der Originalfassung
Aus dem Russischen von Alfred Frank
Insel Verlag

insel taschenbuch 2249
Erste Auflage 1998
Insel Verlag Frankfurt am Main und Leipzig
© 1995 Actes Sud
Für die deutsche Ausgabe: © 1996 Berlin Verlag
Verlagsbeteiligungsgesellschaft mbH & Co. KG Berlin
Alle Rechte vorbehalten
Hinweise zu dieser Ausgabe am Schluß des Bandes
Vertrieb durch den Suhrkamp Taschenbuch Verlag
Umschlag nach Entwürfen von Willy Fleckhaus
Satz: Hümmer GmbH, Waldbüttelbrunn
Druck: Nomos Verlagsgesellschaft, Baden-Baden
Printed in Germany

1 2 3 4 5 6 – 03 02 01 00 99 98

Inhalt

[Erstes Buch: *Leben*]
9

[Erstes Heft]
11

[Zweites Heft]
80

[Drittes Heft]
180

Zweites Buch: *Tod*
183

Chronologie
279

[Erstes Buch]

[Leben]

Die Gliederung folgt der Intention Nijinskys.
Von ihm selbst stammt die Überschrift »Zweites Buch / Tod«;
dieser Text befindet sich zusammen mit den thematisch
noch zum Zweiten Heft gehörenden Aufzeichnungen
auf S. 180-181 im Dritten Heft.
Gemeint sind die Originalschreibhefte Nijinskys.

[Erstes Heft]

Ich habe heute gut gefrühstückt, denn ich habe zwei weichgekochte Eier und Bratkartoffeln mit Bohnen gegessen. Ich mag Bohnen, nur sind sie trocken. Ich mag keine trockenen Bohnen, denn in ihnen ist kein Leben. Die Schweiz ist krank, denn hier steht Berg an Berg. In der Schweiz sind die Leute trocken, denn in ihnen ist kein Leben. Ich habe ein trockenes Zimmermädchen, denn sie fühlt nicht. Sie denkt viel nach, denn man hat sie andernorts, wo sie lange in Stellung war, austrocknen lassen. Ich mag Zürich nicht, denn es ist eine trockene Stadt, in ihr gibt es viele Fabriken und deshalb viele Geschäftsleute. Ich mag keine trockenen Leute, und darum mag ich keine Geschäftsleute.

Das Zimmermädchen servierte das Frühstück für meine Frau, meine Cousine (wenn ich nicht irre, nennt sie sich so, diese Verwandte – die Schwester meiner Frau), Kyra* und die Rotkreuzschwester. Sie trägt Kreuze, kennt aber deren Bedeutung nicht. Das Kreuz ist das, was Christus trug. Christus trug ein großes Kreuz, die Schwester trägt ein kleines Kreuz an einem Bändchen, das an ihrer Haube befestigt ist, und die Haube ist nach hinten gerückt, um das Haar zu zeigen. Die Kreuzschwestern glauben, so sei es schöner, und deshalb haben sie die Gewohnheit aufgegeben, zu der sie die Doktoren anzuhalten versuchten. Die Schwestern hören nicht auf die

---

* Nijinskys erste Tochter, geboren 1914.

Doktoren, denn sie machen Verrichtungen, von denen sie nichts verstehen. Die Schwester begreift ihre Aufgabe nicht, denn als die Kleine aß, wollte sie ihr das Essen wegnehmen, in der Annahme, daß ihr der Nachtisch lieber sei. Ich habe ihr gesagt, daß sie »den Nachtisch bekommt, wenn sie aufgegessen hat, was auf dem Teller ist«. Die Kleine war mir nicht böse, denn sie weiß, daß ich sie liebe, die Schwester aber empfand es anders. Sie meinte, ich hätte sie korrigieren wollen. Sie bessert sich nicht, denn sie ißt gern Fleisch. Ich habe schon viele Male gesagt, daß Fleisch essen schlecht ist. Sie können mich nicht verstehen. Sie glauben, daß Fleisch unerläßlich sei. Sie wollen viel Fleisch. Nach dem Frühstück lachen sie. Ich bin nach dem Essen trüber Stimmung, denn ich spüre meinen Magen. Sie spüren ihren Magen nicht, sie spüren das Kreisen des Blutes. Nach dem Essen sind sie in angeregter Stimmung. Das Kind ist seinerseits aufgeregt. Man bringt es zu Bett, weil man meint, es sei ein schwaches Wesen. Das Kind ist stark und braucht keine Hilfe. Ich kann nicht schreiben, meine Frau stört mich. Sie macht sich immerzu Gedanken über meine Angelegenheiten. Ich sorge mich nicht. Sie befürchtet, daß ich nicht soweit sein könnte. Ich bin soweit, nur arbeitet mein Magen noch. Ich will nicht mit vollem Magen tanzen, und deshalb gehe ich nicht tanzen, solange mein Magen voll ist. Ich werde tanzen, wenn sich alles beruhigt hat und alles aus meinem Gedärm heraus ist. Ich habe keine Angst vor Spott, und deshalb schreibe ich offen. Ich will tanzen, weil ich fühle und nicht, weil man auf mich wartet. Ich mag es nicht, wenn man auf mich wartet, deshalb gehe ich mich umziehen. Ich ziehe einen Stadtanzug an, denn dort wird ein städtisches Publikum sein. Ich will nicht streiten, und deshalb werde ich alles machen, was man von mir verlangt. Ich gehe jetzt hinauf in meine Garderobe, denn ich habe eine Menge Kleidung und teure Wäsche. Ich werde teure Sachen anziehen, damit alle denken, ich sei reich. Ich will die Leute nicht warten lassen, und deshalb gehe ich jetzt hinauf.

Ich war lange oben. Ich habe ein wenig geschlafen, und als ich aufwachte, habe ich mich angezogen. Nach dem Anziehen ging ich zu Fuß zur Schneiderin. Die Schneiderin hat ihre Arbeit gut gemacht. Sie hat mich verstanden. Sie mag mich, denn ich habe ihr ein Geschenk für ihren Mann gegeben. Ich wollte ihr helfen, aber sie mag die Ärzte nicht. Ich habe sie dazu gebracht, zum Arzt zu gehen. Sie wollte nicht. Ich wollte ihr zeigen, daß mir das Geld nicht zu schade ist. Ich habe ihrem Mann Unterhosen und ein warmes Unterhemd geschenkt. Sie hat ihm das Geschenk gegeben. Sie hat es mit Liebe angenommen. Sie hat mich verstanden, da sie es nicht ausgeschlagen hat. Ich mag Negri, so heißt sie. Sie ist eine gute Frau. Sie lebt sehr ärmlich, aber ich bin zu ihr hineingegangen und habe das Licht ausgeschaltet, das sie nutzlos brennen ließ. Sie verstand meinen Hinweis und nahm ihn mir nicht übel. Ich habe ihr gesagt, daß sie ihre Arbeit sehr gut gemacht hat. Sie bekommt das Geld und ein Geschenk. Sie hat keine warmen Sachen. Ich werde ihr eine warme Strickjacke und eine Pelzmütze geben. Ich mag keine Geschenke, aber Armen gebe ich gern, was sie benötigen. Sie muß frieren. Sie leidet Hunger, aber sie fürchtet keine Arbeit, und deshalb hat sie Geld. Sie hat einen Jungen von etwa sechs Jahren und ein Mädchen von etwa zwei. Ich will den Kindern etwas schenken, denn sie sind sehr ärmlich gekleidet. Ich werde ihr von meinen Stricksachen oder etwas anderes für ihre Kinder geben. Ich mag die Kinder. Sie mögen mich auch. Sie weiß, daß ich ihre Kinder mag. Sie fühlt, daß ich mich nicht verstelle, denn ich bin ein Mensch. Sie weiß, daß ich ein Künstler bin, und darum versteht sie mich. Sie mag mich. Ich mag sie. Ihr Mann ist Geiger im Palace Hôtel, wo sich die Leute auf allerlei nichtige Weise zerstreuen. Er ist arm, denn er spielt nachts. Er muß frieren, denn er hat keine warmen Sachen. Er spielt gern Geige. Er möchte noch lernen, weiß aber nicht, wie, denn dazu fehlt ihm die Zeit. Ich will ihm helfen, fürchte aber, daß er mich nicht verstehen wird. Ich spiele Geige ohne Unterricht. Ich will spielen, aber mir bleibt wenig Zeit. Ich will lange leben. Meine Frau liebt mich sehr. Sie fürchtet um mich, weil ich heute sehr nervös gespielt* habe. Ich habe absichtlich nervös gespielt, denn das Publikum versteht mich besser, wenn ich nervös bin. Nicht nervöse Künstler verstehen sie nicht. Man muß nervös sein. Ich habe die Pianistin Gelbar gekränkt. Ich habe mich geirrt, als ich sie Belvar nannte. Ich meine es gut mit ihr. Ich war nervös, weil Gott das Publikum erregen wollte. Das Publikum war gekommen, um sich unterhalten zu lassen. Es glaubte, ich tanze, um zu unterhalten. Ich habe schreckliche Sachen getanzt. Sie hatten Angst vor mir, und so glaubten sie, ich wolle sie umbringen. Ich wollte niemanden umbringen. Ich liebte alle, doch mich liebte keiner, und das machte mich nervös. Ich war nervös, und so übertrug ich dieses Gefühl auf das Publikum.

* Nijinsky macht keinen Unterschied zwischen den Kunstgattungen. Statt »spielen« müßte es hier eigentlich »tanzen« heißen.

Das Publikum mochte mich nicht, denn es wollte weg. Da begann ich lustige Sachen zu spielen. Das Publikum begann sich zu amüsieren. Es hatte gemeint, ich sei ein langweiliger Künstler, doch ich zeigte, daß ich lustige Sachen zu spielen vermag. Das Publikum begann zu lachen. Ich begann zu lachen. Ich lachte in meinem Tanz. Das Publikum lachte ebenfalls in meinem Tanz. Das Publikum verstand meinen Tanz, denn es wollte ebenfalls tanzen. Ich tanzte schlecht, denn ich fiel zu Boden, wo ich es nicht hätte tun sollen. Dem Publikum war das egal, denn ich tanzte schön. Es hatte meine Idee verstanden und amüsierte sich. Ich wollte weitertanzen, doch Gott sagte mir: »Genug.« Ich hielt inne. Das Publikum ging auseinander. Die Aristokraten und das reiche Publikum bestürmten mich, noch etwas zu tanzen. Ich sagte, ich sei müde. Sie verstanden mich nicht, denn sie ließen nicht locker. Ich sagte, eine der Aristokratinnen habe eine erregte Art, sich zu bewegen. Sie glaubte, ich wolle sie beleidigen. Da sagte ich ihr, sie habe ein Gefühl für Bewegung. Sie bedankte sich für das Kompliment. Ich reichte ihr die Hand, und sie fühlte, daß ich recht hatte. Ich mag sie, aber ich fühle, daß sie gekommen ist, um meine Bekanntschaft zu machen. Sie liebt junge Männer. Ich liebe dieses Leben nicht, deshalb bat ich sie, von mir abzulassen – ich ließ sie meine Bitte fühlen. Sie fühlte sie und hinderte mich deshalb am Weiterreden. Ich wollte mit ihr sprechen, doch sie fühlte das Gegenteil. Ich zeigte ihr das Blut an meinem Bein. Sie mag kein Blut. Ich gab ihr zu verstehen, daß Blut Krieg bedeutet und daß ich den Krieg nicht mag. Ich stellte ihr mit einem Kokottentanz eine Lebensfrage. Sie fühlte es, ging aber nicht, denn sie wußte, daß ich nur spielte. Andere glaubten, ich würde mich auf den Boden legen und Liebe machen. Ich wollte keine Komplikationen in die Veranstaltung bringen, deshalb erhob ich mich in den notwendigen Augenblicken. Ich spürte den ganzen Abend Gott. Er liebte mich. Ich liebte ihn. Wir waren miteinander getraut. Ich hatte meiner Frau in der Kutsche gesagt, heute sei der Tag meiner Trauung mit Gott. Sie fühlte es in der Kutsche, verlor dieses Gefühl aber während der Abendveranstaltung. Ich liebte sie, deshalb gab ich ihr die Hand und sagte, mir gehe es gut. Sie fühlte das Gegenteil. Sie glaubte, ich liebe sie nicht, weil ich nervös war. Das Telephon klingelt, aber ich werde nicht an den Apparat gehen, denn ich mag das Telephonieren nicht. Ich weiß, daß meine Frau lieber selbst abnimmt. Ich bin hinausgegangen und habe meine Frau im Pyjama gesehen. Sie schläft gern im Pyjama. Sie liebt mich, und deshalb ließ sie mich fühlen, daß ich ins Schlafzimmer hinaufgehen sollte. Ich bin hinaufgegangen und habe mich ins Bett gelegt, aber ich habe mein Heft mitgenommen, um alles aufzuschreiben, was ich heute erlebt habe. Ich habe viel erlebt, deshalb will ich es aufschreiben. Was ich erlebt habe, waren lauter schreckliche Dinge. Ich habe Angst vor den Leuten, weil sie mich nicht fühlen, sondern verstehen. Ich habe Angst vor den Leuten, weil sie wollen, daß ich das gleiche Leben führe wie sie. Sie wollen, daß ich lustige Dinge tanze. Ich liebe keine Lustbarkeiten. Ich liebe das Leben. Meine Frau schläft neben mir, und ich schreibe. Meine Frau schläft nicht, denn sie hat die Augen offen. Ich habe sie gestreichelt. Sie fühlt gut. Ich schreibe schlecht, weil es mir schwerfällt. Meine Frau seufzt, denn sie fühlt mich. Ich fühle sie, und deshalb antworte ich nicht auf ihr Seufzen. Sie liebt mich heute mit dem Gefühl. Ich werde ihr irgendwann sagen, daß wir aus Gefühl heiraten müßten, denn ich möchte nicht ohne Gefühl lieben. Jetzt lasse ich sie, weil sie Angst vor mir hat.* Ich kann nicht schreiben, weil ich an einen Mann von der Abendveranstaltung denken muß. Dieser Mann will Musik lernen, aber er kann nicht, weil er sie satt hat. Ich verstehe ihn sehr gut, denn ich habe ihm gesagt, daß ich das Lernen auch nicht mag. Meine Frau stört mich, weil sie fühlt. Ich habe nervös gelacht. Meine Frau hört ins Telephon, aber sie macht sich Gedanken über das, was ich schreibe. Ich schreibe schnell. Sie wollte wissen, was ich schreibe. Ich habe das Heft vor ihr zugemacht, denn sie möchte lesen, was ich schreibe. Sie fühlt, daß ich über sie schreibe, versteht aber nicht. Sie hat Angst um mich, deshalb will sie nicht, daß ich schreibe. Ich will schreiben, weil ich gern schreibe. Ich will heute lange schreiben, denn ich habe viel zu sagen. Ich kann nicht schnell schreiben, aber meine Hand schreibt schnell. Ich schreibe schon besser, denn ich ermüde nicht schnell. Meine Schrift ist deutlich, ich schreibe klar. Ich will noch mehr schreiben, aber ich will, daß meine Frau schläft. Sie kann nicht einschlafen. Sie ist nervös. Sie möchte schlafen, weil sie nachdenkt. Sie möchte nicht schlafen, weil sie nicht schläft. Ich weiß, daß ich einen starken Eindruck auf sie gemacht habe. Sie hat meine Gefühle begriffen. Sie weiß, daß ich spielen kann, denn sie gesteht mir zu, daß ich wie die Duse** oder wie

---

* Gestrichen: Sie glaubt, daß ich den Verstand verloren habe, aber ich kenne ihren Nerv.   ** Eleonora Duse (1858-1924), berühmte italienische Schauspielerin; Gastspiele u. a. in Moskau, St. Petersburg und Berlin.

Sarah Bernhardt* gespielt habe. Ich habe ihr eine schwierige Aufgabe gestellt. Sie kann nicht verstehen, wie das ist mit dem Tod. Sie denkt nicht an den Tod, denn sie will nicht sterben. Ich denke an den Tod, denn ich will nicht sterben. Sie gähnt in dem Glauben, daß ich schläfrig bin. Sie möchte nicht schlafen. Sie fürchtet, daß ich Schlechtes über die Leute schreibe. Ich fürchte das Schreiben nicht, denn ich weiß, daß ich Gutes schreibe. Meine Frau hustet und gähnt bedeutungsvoll in der Annahme, sie könne mich dazu bringen, daß ich mich hinlege und einschlafe. Sie sieht mich an und meint, ich kenne ihre Absichten nicht. Ich kenne sie gut. Sie sagt nichts, leidet aber. Sie möchte mich dazu bringen, daß ich mich hinlege, denn sie glaubt, müde zu sein. Sie ist nervös, und die Nerven sind eine üble Angelegenheit. Sie meint, ich müsse schlafen. Ich habe ihr auf ihr Gähnen geantwortet. Sie versteht mich nicht. Sie glaubt, ich wäre müde. Ich bin nicht müde. Meine Muskeln sind müde, ich aber bin nicht müde. Ich habe ihnen versprochen zu tanzen, das heißt den Aristokraten, ich werde nicht für sie tanzen, denn sie glauben, sie können alles haben. Ich will ihnen nicht meine Gefühle schenken, denn ich weiß, daß sie mich nicht verstehen werden. Ich werde sehr bald in Paris spielen. Ich werde allein tanzen, zugunsten armer französischer Tänzer. Ich will, daß die Tänzer mich fühlen, und deshalb werde ich ihr Leben übernehmen. Ich werde mich betrinken, um sie zu verstehen. Wenn Gott es will, gehe ich ins Kabarett mit ihnen. Sie brauchen mich, denn sie haben das Gefühl ver-

* Sarah Bernhardt (1844-1923), französische Schauspielerin, Dramatikerin und Prosaistin; ausgedehnte Gastspiele in Europa und Amerika machten sie weltberühmt.

loren. Sie brauchen Geld, und ich werde ihnen welches geben. Sie werden mich vergessen, aber ihr Gefühl wird lebendig sein. Ich will, daß sie fühlen, deshalb werde ich in Paris in den nächsten Monaten zugunsten armer Tänzer tanzen. Wenn sie wollen, werde ich das organisieren. Wenn sie wollen, werden sie es organisieren. Nur mein Aufenthalt in Paris braucht mir bezahlt zu werden. Ich werde Astruc* bitten, die armen Tänzer zu einem Gespräch zusammenzuholen, denn ich werde zu ihnen sprechen. Ich werde ihnen sagen: »Hört zu! Ich bin ein Künstler und ihr auch. Wir sind Künstler, und deshalb lieben wir einander. Hört zu, ich möchte euch etwas Gutes sagen. Wollt ihr?« Ich werde ihnen eine Lebensfrage stellen. Wenn sie mich erfühlen, bin ich gerettet. Wenn sie mich nicht erfühlen, werde ich ein armer und unglücklicher Mensch sein, denn ich werde darunter leiden. Ich will nicht in St. Moritz tanzen, denn die Leute mögen mich nicht. Ich weiß, daß sie glauben, ich sei krank. Sie tun mir leid, weil sie glauben, ich sei krank. Ich bin gesund, und meine Kraft ist mir nicht zu schade. Ich werde mehr denn je tanzen. Ich will einen Tanz einstudieren, deshalb werde ich jeden Tag etwas arbeiten. Ich werde auch schreiben. Ich gehe zu keinen Abendveranstaltungen mehr. Diese Lustbarkeit reicht mir für den Rest meines Lebens. Ich mag keine Lustbarkeiten. Ich weiß, wie das ist mit Lustbarkeiten. Ich bin nicht lustig, denn ich weiß, daß Lustbarkeit der Tod ist. Lustbarkeit ist der Tod der Vernunft. Ich fürchte den Tod, und darum liebe ich das Leben. Ich möchte Leute einladen, mich zu besuchen,

* Gabriel Astruc, Pariser Musikverleger, Gründer der Société Musicale; fungierte als Agent von Djagilews »Ballets russes«.

aber meine Frau hat meinetwegen Befürchtungen. Ich möchte einen alten Juden einladen, der mit Baron Ginsburg verwandt ist. Baron Ginsburg ist ein guter Mensch. Er versteht nichts vom Leben. Er sollte heiraten und Kinder haben, statt dessen quält er seine Frau damit, daß er von ihr eine fröhliche Lebensführung verlangt. Ich weiß, alle werden sagen: »Nijinsky ist verrückt geworden«, aber mir ist das egal, denn ich habe schon zu Hause den Verrückten gespielt. Alle werden das denken, aber ins Irrenhaus wird man mich nicht stecken, denn ich tanze sehr gut und gebe allen, die mich darum bitten, Geld. Die Leute mögen die Exzentriker, deshalb wird man mich in Ruhe lassen und sagen, ich sei ein verrückter Clown. Ich mag die Geisteskranken, denn ich weiß mit ihnen zu reden. Als mein Bruder im Irrenhaus war, habe ich ihn geliebt, und er hat mich gefühlt. Seine Freunde mochten mich. Ich war damals achtzehn. Ich habe das Leben des Geisteskranken verstanden. Ich kenne die Psychologie des Geisteskranken. Ich widerspreche einem Geisteskranken nicht, und deshalb mögen mich die Geisteskranken. Mein Bruder ist in einem Irrenhaus gestorben. Meine Mutter lebt ihre letzten Stunden. Ich fürchte, sie nicht mehr wiederzusehen. Ich liebe sie, und deshalb bitte ich Gott, ihr noch viele Jahre zu geben. Ich weiß, daß meine Mutter und meine Schwester vor den Maximalisten aus Moskau geflohen sind. Die Maximalisten haben sie kraftlos gemacht. Sie haben alles stehen- und liegenlassen und sind mit Kotschetowski, dem Mann meiner Schwester, und ihrer Tochter Ira geflohen. Sie sind gute Menschen. Ich liebe meine Schwester Bronia. Kotschetowski ist ein guter Mensch. Das Leben ist ihm eine Last, denn er muß viel ans Geld denken. Er denkt auch ans Malen. Er denkt ans Schreiben. Ihm gefällt es, Schriftsteller zu sein. Er schreibt gut, kennt sich aber in der Kunst nicht aus. Ich kenne mich in der Kunst aus, denn ich habe sie studiert. Meine Frau hat mir übersetzt, was ich nicht verstanden habe. Es läutet. Das ist Tessa*, die sich nach meiner Tanzdarbietung amüsieren gegangen ist. Sie liebt mich nicht, denn sie denkt an Zerstreuung. Sie will, daß ich sie in meine Truppe aufnehme. Ich kann sie nicht aufnehmen, denn sie fühlt die Arbeit nicht. Sie möchte zu ihrer Bequemlichkeit in meine Truppe eintreten. Sie möchte ihrem Mann helfen, aber sie denkt nicht an mich. Ihr ist es egal, was ich tue. Sie amüsiert sich, während ich arbeite. Sie fühlt meine Zuneigung nicht. Ich habe ihr einen Ring und Kleider geschenkt, damit sie mich fühlen lernt. Ich habe den Verliebten gespielt, aber sie hat mich nicht fühlen gelernt, weil sie trinkt. Meine Frau gibt ihr zu trinken, weil sie weiß, daß sie heimlich trinkt. Sie ist eine Trinkerin. Trinker fühlen nicht, weil sie ans Trinken denken. Mein Heizer ist auch ein Trinker. Er trinkt unentwegt. Er ist erkrankt. Ich habe das kommen sehen und habe ihm gesagt, daß ich Tage vorher krank geworden sei. Er ist erkrankt und hat das ganze Haus frieren lassen zu der Zeit, als ich mit Negri meine Kostüme vorzubereiten hatte. Ich mag Tessa nicht, weil sie trinkt und sich amüsiert, aber ich mag an ihr, daß sie die Kunst fühlt. Sie ist dumm. Sie versteht das Leben nicht. Sie schafft es nicht, ihren Mann dazu zu bringen, nicht zu trinken, im Gegenteil, sie trinkt selbst. Sie trinkt Madeira, Liköre und was

---

* Nijinskys Schwägerin, Schwester seiner Frau Romola.

nicht alles. Ich fürchte um sie, denn wenn sie den Tanz fühlt, schwankt sie. Meine Frau schwankt nicht, wenn sie den Tanz fühlt. Sie ist eine gesunde Frau, sie denkt nur viel. Ich fürchte um sie, denn ich glaube, daß ihr Denken für sie zum Hindernis werden könnte, mich zu verstehen. Ich fürchte um sie, weil sie nicht versteht, was mir vorschwebt. Sie fühlt viele Dinge, weiß aber nicht, was es damit auf sich hat. Ich scheue mich, es ihr zu sagen, denn ich weiß, daß sie erschrecken wird. Ich möchte auf andere Weise auf sie Einfluß nehmen. Sie hört auf mich. Ich höre auf sie. Sie wird mich verstehen, wenn andere sagen, daß alles, was ich tue, gut ist. Ich stehe vor einem Abgrund, in den ich stürzen kann, doch ich habe keine Angst hinabzustürzen, und darum werde ich nicht hinabstürzen. Gott will nicht, daß ich stürze, denn er hilft mir, wenn ich stürze.

Einmal bin ich spazierengegangen, und mir war, als sähe ich im Schnee Blut, da bin ich den Spuren nachgelaufen. Ich glaubte, jemand habe einen Menschen umgebracht, der lebe aber, da bin ich in eine andere Richtung gelaufen und habe eine große Blutspur entdeckt. Ich hatte Angst, doch ich ging auf den Abgrund zu. Ich hatte begriffen, daß die Spur kein Blut, sondern Pisse war. Ich kenne keinen anderen Ausdruck, deshalb schreibe ich diesen. Ich könnte mich zwingen, alle Ausdrücke zu lernen, aber mir ist die verlorene Zeit zu schade. Ich will meine Spaziergänge beschreiben. Als ich durch den Schnee ging, sah ich eine Skispur, die vor der Spur mit dem Blut aufhörte. Ich hatte Angst, ein Mensch sei im Schnee vergraben worden, weil man ihn mit Stöcken kaltgemacht hatte. Ich erschrak und rannte zurück. Ich kenne Leute, die Angst haben. Ich habe keine Angst, und deshalb kehrte ich um, da spürte ich, daß Gott mich auf die Probe stellte, ob ich ihn fürchte oder nicht. Ich sagte laut: »Nein, ich fürchte Gott nicht, denn er ist das Leben und nicht der Tod.« Da hieß mich Gott, auf den Abgrund zuzugehen, denn dort drohe ein Mensch abzustürzen und müsse gerettet werden. Ich hatte Angst. Ich dachte, der Teufel führe mich in Versuchung, so, wie er Christus in Versuchung geführt hatte, mit den Worten: »Bist du Gottes Sohn, so wirf dich hinab.« Ich hatte große Angst, aber nachdem ich eine Weile so gestanden hatte, fühlte ich eine Kraft, die mich zum Abgrund hinzog. Ich ging auf den Abgrund zu, dann stürzte ich hinab, aber die Äste eines Baumes, den ich nicht bemerkt hatte, fingen mich auf. Das überraschte mich, und ich glaubte an ein Wunder. Gott hatte mich auf die Probe stellen wollen. Ich hatte ihn verstanden, deshalb wollte ich mich losmachen, aber er gestattete es mir nicht. Ich hielt mich lange, aber nach einiger Zeit bekam ich Angst. Gott sagte mir, ich würde hinabstürzen, wenn ich einen Ast löste. Ich löste einen, stürzte aber nicht. Gott sagte mir: »Geh nach Hause und sag deiner Frau, daß du geisteskrank bist.« Ich begriff, daß Gott es gut mit mir meinte, deshalb machte ich mich auf den Heimweg in der Absicht, ihr diese Neuigkeit mitzuteilen. Unterwegs sah ich wieder die Blutspuren, aber ich traute ihnen nicht mehr. Gott hatte mir die Spur gezeigt, damit ich ihn fühlen lernte. Ich fühlte ihn und ging zurück. Er sagte mir, ich solle mich in den Schnee legen. Ich legte mich hin. Er hieß mich lange so liegen. Ich lag, bis ich Kälte in der Hand verspürte. Meine Hand wurde froststarr. Ich riß meine Hand los, das sei nicht Gott, sagte ich mir, da meine Hand weh tue. Gott war zufrieden und hieß mich kehrtmachen, aber nach ein paar Schritten verlangte er wieder, daß ich mich bei einem Baum in den Schnee legte. Ich umklammerte den Baum und ließ mich rücklings niedersinken. Gott hieß mich wieder im Schnee liegenbleiben. Ich lag lange. Ich spürte keine Kälte, als mich Gott aufstehen hieß. Ich stand auf. Er sagte, ich könne nach Hause gehen. Ich machte mich auf den Heimweg. Gott sagte zu mir: »Halt!« Ich machte halt. Ich war auf die Blutspur gestoßen. Er hieß mich umkehren. Ich kehrte um. Er sagte: »Halt!« Ich machte halt. Ich weiß, alle werden denken, daß alles, was ich schreibe, erfunden sei, aber ich muß sagen, daß alles, was ich schreibe, die reine Wahrheit ist, denn ich habe das alles wirklich erlebt. Ich habe alles getan, was ich beschreibe. Ich werde schreiben, bis meine Hand erlahmt. Ich werde nicht müde, und deshalb werde ich weiterschreiben. Unten klopft es. Alles schläft. Ich bin nicht schläfrig, weil ich vieles fühle. Der Mensch draußen hat »Oiga« gesagt. Er ruft weiter »Oiga«. Ich will meine Frau nicht aufwecken, deshalb will ich mich nicht von meinem Bett erheben. Meine Frau schläft gut. Ich hoffe, jemand von den Hausangestellten wird aufwachen und die Tür öffnen. Mein Heft ist unzweckmäßig, denn es rutscht. Jemand kommt die Treppe herauf. Ich habe keine Angst. Ich denke, Tessa kommt von ihrem Amüsement zurück, aber das stimmt nicht, ach, ich weiß nicht. Gott weiß es. Ich weiß es nicht, denn ich bin noch ein Mensch und nicht Gott. Wenn Gott will, werde ich es erfahren, denn er wird mich dazu bewegen, mich zu erheben. Gott hat mir zu verstehen gegeben, Tessa ist. Tessa wohnt im Nebenzimmer, und neben Tessas Zimmer ist das von

Kyra. Kyra schläft fest, deshalb konnte sie nicht klopfen. Die Tür hat geknarrt. Ich habe gefühlt, daß es Tessa ist. Ich kenne Tessas Art, sich zu bewegen. Sie ist immer nervös, deshalb hat die Tür sehr nervös geknarrt. Sie ist Viertel nach eins nach Hause gekomen. Ich habe auf meiner goldenen Uhr nachgesehen, die sehr gut geht. Ich habe keine Angst wegen meines Berichts, die Menschen haben bloß Angst vor dem Tod. Ich werde meinen Bericht über den Spaziergang in St. Moritz fortsetzen.

Als ich die Spur entdeckt hatte, war ich jäh umgekehrt und schnell zurückgelaufen, da ich davon überzeugt war, jemand sei umgebracht worden. Ich hatte es so verstanden, daß die Blutspur mit einem Stock verwischt worden war, damit man glaube, es sei Pisse. Ich sah genau hin und begriff, daß es Pisse war. Danach kehrte ich um. Was ich an Entfernung zurückgelegt hatte, waren höchstens zehn Arschin*, vielleicht ein bißchen mehr. Ich war gut gelaufen. Ich laufe gern. Ich fühle mich wie ein kleiner Junge. Ich wollte nach Hause rennen, froh darüber, daß meine Prüfungen vorbei waren, doch Gott hieß mich auf einen Mann achten, der mir entgegenkam. Gott hieß mich umkehren, denn dieser Mann habe einen anderen umgebracht. Ich lief zurück. An der Stelle angekommen, fühlte ich das Blut und versteckte mich hinter einem Hügel. Ich kauerte mich hin, damit mich dieser Mann nicht entdeckte. Ich tat, als sei ich in den Schnee gefallen und könne nicht mehr aufstehen. Ich lag lange. Nach einer Weile machte ich mich auf den Rückweg. Als ich mich umwandte, sah ich den Mann, der mit einem Stock im

---

* Alte russische Maßeinheit, 1 Arschin = 0,71 m.

Schnee stocherte. Dieser Mann war dabei, einen Baum umzuknicken. Ich begriff, daß der Mann etwas suchte. Ich nahm einen Weg, der unterhalb lag. Dieser Mann bemerkte mich, sagte jedoch nichts, da wollte ich zu ihm sagen: »Guten Tag, Alter.« Der Alte war mit irgend etwas beschäftigt. Ich wußte nicht, womit, aber nach einer Weile hieß mich Gott wieder umkehren. Ich kehrte um und sah den Mann mit seinem Stock heftiger im Schnee scharren. Ich fürchtete, sein Stock könne abbrechen. Ich fühlte, das war der Mörder. Ich wußte, daß es nicht stimmte, aber ich fühlte es. Mein Irrtum bestätigte sich. Ich wollte davongehen, aber plötzlich bemerkte ich eine Bank, auf die Schnee gehäuft war, und darin steckte ein Baumstück. Der Baum war eine Fichte gewesen. Die Fichte war mitten durchgebrochen, im Haufen war ein großes Loch. Ich sah mir das Loch an und überlegte, der Mann müsse den Schnee absichtlich aufgehäuft haben. Der Haufen war klein, darauf ein Kreuz und unter dem Kreuz eine Inschrift. Ich begriff, daß dies der Friedhof seiner Frau war. Ich begriff, daß der Mann diesen Friedhof angelegt hatte, weil er sich seiner Frau erinnert hatte. Ich erschrak und lief los, mit dem Gedanken, meine Frau sei erkrankt. Ich habe Angst vor dem Tod, und darum will ich ihn nicht. Ich kehrte um und entfernte den Baum. Da ich dachte, der Mann könnte hinter meine Dreistigkeit kommen, steckte ich den Baum wieder hinein, beseitigte aber das Kreuz, denn der Mann verstand bestimmt nichts vom Tod. Tod ist Leben. Der Mensch stirbt für Gott. Gott ist Bewegung, und deshalb ist der Tod notwendig. Der Körper stirbt, die Vernunft aber lebt. Ich will schreiben, aber die Hand stirbt ab, weil sie mir nicht gehorchen will.

Ich werde heute lange schreiben. Gott will, daß ich mein Leben aufschreibe. Er hält es für gut. Ich sagte »gut«, aber ich meinte etwas anderes. Ich fürchte, mein Leben ist nicht gut, aber ich fühle, daß mein Leben gut ist. Ich liebe alle, werde aber nicht geliebt. Ich werde morgen weiterschreiben, denn Gott will, daß ich mich ausruhe.

Daß der Mensch vom Affen abstammt, hat nicht Nietzsche gesagt, sondern Darwin. Ich habe heute früh meine Frau gefragt, weil ich Mitleid mit Nietzsche bekam. Ich mag Nietzsche. Er wird mich nicht verstehen, weil er denkt. Darwin ist ein Wissenschaftler. Meine Frau sagte mir, daß er wissenschaftliche Arbeiten auf französisch geschrieben hat, das Ganze nennt sich *Geschichte der Natur*. Darwins Natur ist ausgedacht. Er fühlte die Natur nicht. Natur ist Leben, und Leben ist Natur. Ich liebe die Natur. Ich weiß, wie das ist mit der Natur. Ich verstehe die Natur, denn ich fühle die Natur. Die Natur fühlt mich. Die Natur ist Gott, ich bin die Natur. Ich mag keine ausgedachte Natur. Meine Natur ist lebendig. Ich bin lebendig. Ich kenne Leute, die nichts von Natur verstehen. Die Natur ist eine erhabene Sache. Meine Natur ist erhaben. Ich weiß, man wird mir sagen, daß ich auch studiere. Aber ich lasse mich beim Studium der Natur vom Gefühl leiten. Meine Gefühle sind groß, deshalb weiß ich auch ohne Studium, wie das ist mit der Natur. Natur ist Leben. Leben ist Natur. Der Affe ist Natur. Der Mensch ist Natur. Der Affe ist keine menschliche Natur. Ich bin kein Affe im Menschen. Der Affe ist Gott in der Natur, denn er hat ein Gefühl für Bewegung. Ich habe ein Gefühl für Bewegung. Meine Bewegungen sind einfach. Beim Affen sind die Bewegungen kompliziert. Der Affe ist dumm. Ich bin dumm, aber ich verfüge über Vernunft. Ich bin ein vernunftbegabtes Wesen, und der Affe ist nicht vernunftbegabt. Ich denke mir, daß der Affe vom Baum abstammt und der Mensch von Gott. Gott ist kein Affe. Der Mensch ist Gott. Der Mensch hat Hände und der Affe auch. Ich weiß, daß der Mensch mit seiner organischen Substanz dem Affen ähnelt, mit seiner geistigen aber ähnelt er ihm nicht. Sie glauben, ich verstehe nicht, was sie ungarisch reden. Ich schreibe, und gleichzeitig lausche ich ihrem Gespräch. Mein Schreiben hindert mich nicht, an anderes zu denken. Ich bin ein Mensch mit Gefühl, deshalb fühle ich die ungarische Rede. Ich habe während des Krieges bei der Mutter meiner Frau gewohnt. Ich habe begriffen, was Krieg ist, denn ich habe mit der Mutter meiner Frau Krieg geführt. Ich wollte ein Lokal betreten, aber eine innere Kraft hielt mich zurück. Als innere Kraft bezeichne ich das Gefühl. Ich blieb wie angewurzelt vor dem kleinen Lokal stehen, das von Arbeitern besucht wird. Ich wollte hineingehen, fürchtete aber zu stören, denn ich bin kein Arbeiter. Arbeiter tun das gleiche wie die Reichen. Ich wollte über die Mutter meiner Frau schreiben, und nun habe ich angefangen, über das Arbeiterlokal zu schreiben. Ich mag das Arbeitsvolk. Die Arbeiter fühlen mehr als die Reichen. Der Arbeiter ist auch nicht anders als der Reiche, mit dem einzigen Unterschied, daß er wenig Geld hat. Ich habe heute Arbeiter gesehen, deshalb möchte ich über sie sprechen. Arbeiter sind genauso verdorben wie Aristokraten. Sie haben weniger Geld. Sie trinken billigen Alkohol. Billiger Alkohol ist auch nichts anderes. Ich habe Pariser Kokotten geliebt, als ich mit Djagilew zusammen war. Er glaubte, ich ginge spazieren, dabei war ich hinter den Kokotten her. Ich lief durch Paris und suchte nach billigen Kokotten, denn ich hatte Angst, mein Treiben könnte bemerkt werden. Ich wußte, daß die Kokotten keine Krankheiten hatten, denn sie standen unter polizeilicher Aufsicht. Ich wußte, daß alles, was ich tat, abscheulich war. Ich wußte, wenn es jemand bemerkte, war ich verloren. Ich weiß, daß Tessa junge Männer liebt, aber Angst hat, daß es jemand merken könnte. Sie ist genauso wie ich, als ich jung war. Ich bin jetzt neunundzwanzig, ich geniere mich, mein Alter zu nennen, denn alle glauben, ich sei jünger. Ich wollte den Bleistift wechseln, denn mein Bleistift ist kurz und rutscht mir aus den Fingern, aber ich habe bemerkt, daß der andere schlechter ist, denn er bricht ab. Gott hat mir mit vernehmlicher Stimme geraten, lieber mit dem kurzen zu schreiben, weil ich damit keine Zeit verliere. Jetzt werde ich den Bleistift wechseln, denn ich fürchte, daß mich das Schreiben ermüden wird, dabei will ich viel schreiben. Ich bin einen Bleistift suchen gegangen, habe aber keinen gefunden, denn der Schrank, in dem sich die Bleistifte befinden, war verschlossen. Danach habe ich die Bleistifte mehrmals gewechselt, um sie durchzuprobieren, mit einem großen, dachte ich mir, schreibt es sich besser als mit einem kleinen. Ich weiß, daß Bleistifte abbrechen, deshalb werde ich mit einem Fountain-Plume schreiben. Einem Füller, wie ihn Tolstoi verwendet hat und mit dem viele Geschäftsleute von heute schreiben. Ich werde meine Gewohnheit ändern, denn ich weiß, daß alles, was ich schreibe, nicht korrigiert zu werden braucht. Morgen werde ich mit Tinte schreiben, denn ich fühle, daß Gott es so will. Ich schreibe jetzt mit Tintenstift. Meine Eskapaden mit den Kokotten will ich beschreiben. Ich war sehr jung und beging deshalb Dummheiten. Alle jungen Menschen begehen Dummheiten. Ich geriet aus dem Gleichgewicht und lief durch die Straßen von Paris auf der Suche nach Kokotten. Ich suchte lange, denn ich wollte eine gesunde und hübsche. Ich suchte manchmal den ganzen Tag und fand keine, denn meiner Suche fehlte es an Erfahrung. Ich liebte mehrere Kokotten an einem Tag. Ich wußte, daß mein Tun abscheulich war. Mir gefiel nicht, was ich tat, aber mit meinen Gewohnheiten war es schwieriger geworden, und ich hatte angefangen, tagtäglich hinter den Kokotten herzusein. Ich kannte einen schlimmen Ort, wo Kokotten zu finden waren. Dieser Ort nannte sich der Boulevard. Ich ging auf dem Boulevard spazieren und traf oft Kokotten, die mich nicht fühlten. Ich versuchte es mit allen möglichen Finten, damit mich die Kokotten bemerkten. Sie bemerkten mich kaum, denn ich war schlicht gekleidet. Ich wollte nicht reich gekleidet sein, denn ich fürchtete, bemerkt zu werden. Einmal verfolgte ich eine Kokotte, die zu Lafayette (dem Geschäft) abbog. Plötzlich bemerkte ich, daß mich ein junger Mann beobachtete, der in einer Droschke saß mit Frau und zwei Kindern, wenn ich nicht irre. Er hatte mich erkannt. Das war ein moralischer Schlag für mich, schamrot bog ich ab, setzte aber meine Jagd auf die Kokotten fort. Wenn meine Frau das alles liest, verliert sie noch den Verstand, denn sie vertraut mir. Ich habe ihr vorgelogen, sie sei die erste Frau, die ich liebe. Vor meiner Frau habe ich viele andere gekannt. Sie waren schlicht und hübsch. Einmal liebte ich eine Frau, die gerade ihre Regel hatte. Sie zeigte mir alles, das stieß mich ab, und ich sagte ihr, es sei doch schade, das zu machen, wenn man krank sei. Sie sagte mir, wenn sie das nicht tue, müsse sie verhungern. Ich sagte zu ihr, daß ich nichts wolle, und ich gab ihr Geld. Sie versuchte mich umzustimmen, aber ich ließ mich nicht darauf ein, denn sie war mir zuwider geworden. Ich ließ sie allein und ging. Zimmer fand ich in kleinen Pariser Hotels. Paris ist übervoll von solchen Hotels. Die Menschen in solchen Hotels sind schlicht. Ich kenne viele solcher kleinen Hotels, die von kurzzeitiger Zimmervermietung für die freie Liebe leben. Freie Liebe nenne ich die Liebe, bei der man gern sein Glied und den Schoß der Frau erregt. Ich mag keine Erregung, und deshalb will ich kein Fleisch essen. Heute habe ich Fleisch gegessen und wollüstiges Verlangen nach einem Straßenmädchen verspürt. Ich liebte diese Frau nicht, doch die Wollust trieb mich hinter ihr her. Ich wollte sie lieben, doch Gott hielt mich zurück. Ich fürchte die Wollust, denn ich weiß, wie das ist mit ihr. Die Wollust ist der Tod des Lebens. Ein wollüstiger Mensch ist wie ein wildes Tier. Ich bin kein wildes Tier, und deshalb machte ich mich auf den Heimweg. Unterwegs hielt mich Gott an, denn er wollte nicht, daß ich weiterging. Plötzlich sah ich wieder dieses Mädchen, mit einem Mann, den sie nicht in ein Restaurant hineinlassen wollte, da begann der Mann sie auf italienisch zu überreden, doch ihre Freundin in das Restaurant mitzunehmen. Ich blieb wie angewurzelt stehen. Das Gefühl hielt mich zurück. Ich stand lange so. Nachdem das Mädchen mit dem Mann in dem kleinen Restaurant verschwunden war, warf ein älterer Mann die Tür zu und sagte zu mir »guten Tag«. Ich erwiderte seinen Gruß. Ich habe mir angewöhnt, allen, ohne sie zu kennen,

»guten Tag« zu sagen. Ich habe begriffen, daß die Menschen alle gleich sind. Ich sage oft, man versteht mich bloß nicht, daß alle eine Nase und Augen usw. haben und daß wir deshalb alle gleich sind. Ich will damit sagen, daß man alle lieben muß. Ich liebe meine Frau mehr als alles auf der Welt. Ich habe es ihr heute bei Tisch gesagt, als wir zu Abend aßen. Ich esse kein Fleisch, aber heute hat Gott gewollt, daß ich welches esse. Ich weiß nicht, warum, aber er wollte es so haben. Ich habe seine Anweisung befolgt und Fleisch gegessen. Mir war schwer ums Herz, deshalb aß ich schnell, schlang große Bissen hinunter. Ich war mir nicht sicher, was sein Geheiß zu bedeuten hatte, aber ich befolgte seine Anweisungen. Er wollte es so, denn ich fühlte es. Wahrscheinlich wird man sagen, Nijinsky spielt den Geisteskranken, um sich seine abscheulichen Handlungen erlauben zu können. Ich muß sagen, daß abscheuliche Handlungen eine abscheuliche Sache sind, und deshalb mag ich sie nicht und will sie nicht mehr tun. Früher habe ich sie getan, denn ich habe Gott nicht verstanden. Ich fühlte ihn, verstand ihn aber nicht. So, wie es heute alle Menschen tun. Alle Leute besitzen ein Gefühl, aber sie verstehen nichts von Gefühl. Ich will dieses Buch schreiben, denn ich will erklären, wie das ist mit dem Gefühl. Ich weiß, viele werden sagen, daß sei meine Auffassung des Gefühls, aber ich weiß, daß das nicht stimmt, denn diese Auffassung geht von göttlichen Weisungen aus. Ich bin ein Mensch, der, wie auch Christus, göttliche Weisungen befolgt. Ich habe Angst vor den Leuten, denn ich glaube, daß sie tierische Absichten haben und mich mißverstehen und deswegen lynchen könnten. Ich weiß, wie das ist mit dem Lynchen. Lynchen ist eine schreckliche Sache. Lynchen ist tierisches Handeln. Der Lynchende ist ein wildes Tier. Der Lynchende ist nicht Gott. Ich bin Gott. Gott ist in mir. Ich habe Irrtümer begangen, aber ich habe sie mit meinem Leben gutgemacht. Ich habe mehr als irgend jemand auf der Welt gelitten. Ich mag Fränkel. Er ist ein guter Arzt. Er beginnt mich zu fühlen. Er beginnt mich zu verstehen. Seine Frau ist klug. Sie fühlt mich und vermittelt ihm deshalb ihr Gefühl. Er liebt sie und tut deshalb alles, was sie will. Er hat mich ins Restaurant eingeladen, damit ich mir den Tänzer Wilson ansehe, aber ich habe abgelehnt, ich habe gesagt, ich könne ihn mir nicht ansehen, denn er tue mir leid. Seine Frau gab mir recht und er auch. Ich lud sie ein, mit uns eine Ausfahrt nach Maloja zu unternehmen, das etliche Werst* von St. Moritz entfernt liegt. Eine hübsche Ausfahrt, wenn das Wetter schön ist. Ich liebe die russische Natur, denn ich bin in Rußland aufgewachsen. Ich liebe Rußland. Meine Frau hat Angst vor Rußland. Mir ist es egal, wo ich lebe. Ich lebe, wo Gott es will. Ich werde mein ganzes Leben umherreisen, wenn Gott das will. Ich habe Christus ohne Bart mit langem Haar gemalt. Ich sehe ihm ähnlich, nur daß sein Blick ruhig ist, meiner dagegen ständig in Bewegung. Ich bin ein Mensch in ständiger Bewegung, kein sitzender. Ich habe andere Gewohnheiten als Christus. Er saß gern. Ich tanze gern. Gestern war ich bei der kleinen Kyra, die wegen ihrer Bronchitis kaum Luft bekam. Ich weiß nicht, warum man Kyra eine Maschine zum Einatmen von Dämpfen mit Medikamenten gegeben hat. Ich bin gegen alle Medikamente. Ich will nicht, daß

* Alte russische Maßeinheit, 1 Werst = 1,067 km.

die Menschen Medikamente verwenden. Medikamente sind etwas Erfundenes. Ich kenne Leute, die aus Gewohnheit Medikamente einnehmen. Die Leute glauben, daß Medikamente eine notwendige Sache seien. Ich finde, Medikamente sind nur als Hilfsmittel unbedingt notwendig, aber in ihnen liegt kein Sinn, denn sie können keine Gesundheit geben. Tolstoi mochte keine Medikamente. Ich mag Medikamente, weil sie eine notwendige Sache sind. Ich habe gesagt, daß Medikamente unnötig sind, weil in ihnen kein Sinn liegt. Ich habe die Wahrheit gesagt, weil das so ist. Wenn Sie mir nicht glauben wollen, lassen Sie es bleiben. Ich vertraue Gott, und deshalb schreibe ich alles, was er mir sagt. Meine Frau sagte mir heute, alles, was ich gestern bei der abendlichen Darbietung gemacht hätte, erinnere an Spiritismus, denn ich hätte im Tanzen innegehalten, wo es nicht sein durfte. Darauf erwiderte ich ihr, ich hätte keine wiegenden Bewegungen gemacht, wie man sie bei spiritistischen Séancen zu machen pflege. Im spiritistischen Trancezustand glichen die Leute Betrunkenen, ich aber sei nicht betrunken gewesen, denn ich hätte alles gefühlt, was ich gemacht hätte. Ich bin kein Trinker, aber ich weiß, wie das ist bei Trinkern, denn ich habe Wein probiert und war betrunken. Ich will nicht, daß die Leute trinken und spiritistische Séancen veranstalten, denn das schadet der Gesundheit. Ich bin ein gesunder Mensch, aber mager, weil ich nicht viel esse. Ich esse, was Gott mich essen heißt.

Ich will über Nietzsche und Darwin sprechen, weil sie gedacht haben. Darwin und Nietzsche stammen gleichermaßen vom Affen ab. Sie ahmen jene nach, die bereits Erfindungen gemacht haben. Sie denken, sie hätten Amerika entdeckt. Amerika entdecken nenne ich, wenn jemand von etwas spricht, was bereits vollbracht ist. Darwin hat nicht als erster den Affen erfunden. Der Affe stammt vom Affen ab und der Affe von Gott. Gott stammt von Gott ab und Gott von Gott. Ich fühle gut, denn ich verstehe alles, was ich schreibe. Ich bin ein Gottesmensch und kein Affenmensch. Ich bin ein Affe, wenn ich nicht fühle, ich bin Gott, wenn ich fühle. Ich weiß, daß viele meine Vernunft bewundern werden, und ich werde mich freuen dürfen, weil mein Ziel erreicht ist. Ich werde tanzen, um Geld zu verdienen. Ich will meiner Frau ein Haus bieten mit allem Interieur. Sie möchte ein Kind, einen Jungen, von mir haben, denn sie fürchtet, daß ich bald sterben werde. Sie glaubt, ich sei geisteskrank, denn sie denkt sehr viel. Ich denke wenig und verstehe deshalb alles, was ich fühle. Ich bin das Gefühl im Fleisch und nicht der Verstand im Fleisch. Ich bin das Fleisch. Ich bin das Gefühl. Ich bin Gott im Fleisch und im Gefühl. Ich bin ein Mensch und nicht Gott. Ich bin schlicht. Man muß mich nicht denken. Man muß mich fühlen und über das Gefühl verstehen. Die Wissenschaftler werden über vieles nachzudenken haben und sich darüber den Kopf zerbrechen, denn ihr Denken wird ergebnislos bleiben. Sie sind dumm. Sie sind wilde Tiere. Sie sind Fleisch. Sie sind der Tod. Ich spreche einfach und ohne alles Gehabe. Ich bin kein Affe. Ich bin ein Mensch. Die Welt stammt von Gott ab. Der Mensch von Gott. Den Menschen ist es nicht gegeben, Gott zu verstehen. Gott versteht Gott. Der Mensch ist Gott, deshalb versteht er Gott. Ich bin Gott. Ich bin ein Mensch. Ich bin gut und kein wildes Tier. Ich bin ein vernunftbegabtes Tier. Ich habe Fleisch. Ich bin das Fleisch.

Ich stamme nicht vom Fleisch ab. Das Fleisch stammt von Gott ab. Ich bin Gott. Ich bin Gott. Ich bin Gott ...

Ich bin glücklich, denn ich bin Liebe. Ich liebe Gott, und darum lächle ich mir selbst zu. Die Leute glauben, daß ich den Verstand verlieren werde, denn sie glauben, daß es bei mir aushaken wird. Ausgehakt hat es bei Nietzsche, weil er dachte. Ich denke nicht, deshalb wird es bei mir nicht aushaken. Mein Kopf ist fest, und in meinem Kopf ist auch alles fest. Ich habe auf dem Kopf gestanden im Ballett *Scheherazade*, wo ich ein verwundetes Tier darzustellen hatte. Ich stellte es gut dar, deshalb verstand mich das Publikum. Jetzt werde ich das Gefühl darstellen, und das Publikum wird mich verstehen. Ich kenne das Publikum, denn ich habe es gut studiert. Das Publikum staunt gern, es weiß wenig und staunt deshalb. Ich weiß, was nötig ist, um das Publikum in Staunen zu setzen, deshalb bin ich mir meines Erfolgs sicher. Wollen wir wetten, daß ich Millionen haben werde? Ich will Millionen haben, damit die Börse kracht. Ich will die Börse ruinieren. Ich verabscheue die Börse. Die Börse ist ein Bordell. Ich bin kein Bordell. Ich bin das Leben, und das Leben ist Menschenliebe. Die Börse ist der Tod. Die Börse raubt die armen Leute aus, die ihr letztes Geld zu seiner Vermehrung hintragen, in der Hoffnung, ihre Lebensaufgaben erfüllen zu können. Ich liebe die Armen, deshalb werde ich an der Börse spielen, um die Börsianer zu vernichten. Börsianer sind alle, die mit riesigen Summen an der Börse spielen. Riesige Summen sind der Tod, deshalb sind die Summen nicht Gott. Ich will an der Börse Geld gewinnen, deshalb werde ich in den nächsten Tagen nach Zürich fahren. Meine Frau drängt mich, nach Zürich zu einem Nervenarzt zu fahren, um mein Nervensystem untersuchen zu lassen. Ich habe ihr hunderttausend Franken versprochen, wenn sie recht hat, daß meine Nerven nicht in Ordnung sind. Ich gebe sie ihr, wenn der Arzt feststellt, daß ich nervenkrank bin. Ich werde ihr dieses Geld nicht geben, wenn sie verliert. Ich habe nicht so viel Geld, aber ich habe es versprochen. Gott will, daß ich an der Börse spiele. Ich werde spielen, aber dazu muß ich ein paar Wochen in Zürich bleiben. Ich fahre in den nächsten Tagen nach Zürich. Ich habe kein Geld, aber ich hoffe, daß meine Frau mir welches geben wird. Ich fahre mit meiner Frau. Sie nimmt mich auf ihre Kosten mit. Ich habe ein wenig Geld auf der Bank, etwa zweihundert Franken. Ich werde an die Börse gehen und sie einsetzen. Ich will mein letztes Geld verlieren, damit mir Gott neues gibt. Ich bin überzeugt, Gott wird mich gewinnen lassen, deshalb gehe ich an der Börse spielen. Ich habe keine Angst vor der Börse, denn ich weiß: Gott will, daß ich gewinne. Er will, daß ich die Börse vernichte. Ich werde durch die Börse zu Geld kommen und nicht durchs Tanzen. Ich werde bald nach Zürich fahren und morgens zur Börse gehen. An der Börse werde ich mir die Papiere ansehen und danach welche kaufen, ich werde sie für mein ganzes Geld kaufen. Ich kann nicht deutsch lesen, aber ich werde verstehen, was ich verstehen muß.

Ich war heute morgen vor dem Frühstück betrunken, denn ich bin zu Hanselmann gegangen. Ich vergaß mich, denn Gott wollte es so. Ich wollte mich nicht dumm verhalten, denn das ist für mich der Tod. Ich kann meine

Frau nicht dazu bringen, Gemüse statt Fleisch zu essen. Sie ißt Fleisch, denn sie mag Fleisch. Sie hat die Wucht meines Faustschlags auf die Nuß fühlen können. Ich habe unvermittelt zugeschlagen mit der Kraft eines Giganten. Ich bin sehr stark. Meine Faust ist hart. Sie ist vor mir erschrocken und hat gesagt, ich hätte mit Absicht zugeschlagen. Sie hat es richtig gefühlt, denn ich habe mit Absicht zugeschlagen. Sie fühlt mich besser. Ich habe heute so getan, als sei ich krank von dem bei Hanselmann Getrunkenen. Ich hatte Pasteten gegessen und danach ein Gläschen getrunken. Das Schwindelgefühl stellte sich wesentlich später ein. Ich bin mit Tessa hinausgegangen, und nach wenigen Schritten spürte ich Schwäche in den Beinen. Die Knie knickten mir ein. Ich war nahe daran umzufallen, und Tessa hatte ihre Freude an mir. Sie mag Betrunkene, deshalb ist sie eine Trinkerin. Ich kenne ihre Gewohnheiten. Sie liebt einen Mann. Sie betrinken sich zusammen. Sie ist eine schlechte Frau, denn sie hat viele Gewohnheiten. Ich bin ein schlechter Mensch, weil ich mitmache. Gott hat gewollt, daß ich Tessa verstehen lerne. Sie ist gestern mit mir spazierengegangen, damit ich ihr Stiefel schenke. Ich habe ihr heute Stiefel gekauft, denn sie hat keine. Ich habe Stiefel, deshalb brauche ich keine. Ich habe ihr meine Stiefel gegeben, denn sie passen ihr. Meine Füße sind etwas größer als ihre, aber sie zieht sie ungeschickt an, denn sie versteht nicht, was sie tut. Sie fühlt geistige Getränke, Fleisch u. dgl. m. Mich fühlt sie nicht, wenn ich bei Tisch mit ihr spreche. Sie fühlt Fleisch u. dgl. m. Zu meiner Frau sage ich bei allen möglichen Anlässen: »Fleisch essen ist nicht gut.« Meine Frau versteht mich, will aber nicht nur Gemüse essen, denn sie hält das alles für Erfindungen von mir. Ich meinte es gut mit ihr und bat sie, abends keine Wurst zu essen, weil ich deren Wirkung kenne. Sie sagt zu mir, was für dich gut ist, muß nicht für mich gut sein. Sie verstand mich nicht, als ich ihr sagte, jeder müsse das tun, was er fühlt. Sie denkt, und deshalb ist sie ohne Gefühle. Ich habe keine Angst davor, daß sie mich verlassen könnte, denn ich werde nicht wieder heiraten. Ich liebe sie sehr, und darum werde ich sie um Verzeihung bitten, wenn Gott das will. Gott will nicht, daß ich um Verzeihung bitte, denn er will nicht, daß meine Frau Fleisch ißt. Sie ißt schnell, denn sie fühlt, daß das nicht gut ist.

Ich habe meiner Frau das ganze Geld gegeben, und sie geht nicht sparsam damit um. Ich habe ihr oft gesagt, wenn wir kein Fleisch essen, werden wir allerhand sparen können. Sie hört mir zu, macht dann aber nicht, worum ich sie bat. Ich habe es nachgeprüft. Sie liebt mich und macht sich deshalb Sorgen um meine Gesundheit. Ich habe ihr gesagt, wenn ihr alles mißfällt, was ich tue, dann können wir uns scheiden lassen. Ich werde einen guten und reichen Mann für sie finden. Ich sagte ihr, daß ich so nicht leben könne, denn meine Geduld sei groß. Ich wurde auf Gottes Geheiß nervös und hieb mit der Faust auf die Nuß. Meine Frau erschrak und wurde nervös. Als ich die Nerven meiner Frau sah, ging ich schreiben.

Tessa fühlt mich nur deswegen, weil ich ihr viele Geschenke mache. Geschenke bekommt sie gern. Tessa fühlt außerdem Musik und Tanz, deshalb versteht sie alles, was ich mache. Romola fühlt meine Ideen nicht, aber sie versteht sie, denn sie weiß, daß alle meine Unternehmungen im Hinblick auf Geld und andere Vorhaben erfolgreich waren. Romola, das ist der Vorname meiner Frau. Sie hat einen italienischen Vornamen, denn ihr Vater, Károly de Pulszky, war ein Mann von großem Verstand, der das Italien vergangener Jahrhunderte liebte. Ich habe nichts für vergangene Jahrhunderte übrig, denn ich lebe. Ich kann nicht mit dieser Tinte schreiben, denn ich fühle sie nicht. Ich liebe den Bleistift, denn ich bin ihn gewohnt. Ich weiß nicht, warum ich den Füller genommen habe, denn ich kann gut mit einem Bleistift schreiben. Ich schreibe nicht schön, denn ich verstehe nichts vom Fountain-Plume. Ich mag den Fountain-Plume, denn er ist sehr praktisch. Man kann ihn in der Tasche bei sich tragen mit Tinte. Das ist eine sehr raffinierte Erfindung, denn viele wollen so einen Füller haben. Ich mag den Fountain-Plume nicht, denn er ist unpraktisch. Ich werde damit schreiben, weil ich ihn von meiner Frau zu Weihnachten geschenkt bekommen habe. Weihnachten heißt diese Gewohnheit, die über den ganzen Erdball verbreitet ist, überall wo es Christen gibt. Ich mag das Christentum nicht, deshalb bin ich kein Christ. Katholizismus und Orthodoxie, das ist Christentum. Ich bin Gott und kein Christ. Ich mag die Christen nicht. Ich bin Gott und kein Christ. Heute habe ich das kleine Kreuz getragen, das meine Kyra von ihrer Großmutter Emma geschenkt bekommen hat. Emma, so wird Emilia Márkus, die Mutter meiner Frau, gerufen. Sie liebt mich und Kyra auch, deshalb glaubt sie, daß sie dieses ganze dumme Zeug verschenken muß. Sie glaubt, Liebe zeige sich in Geschenken. Ich finde, daß ein Geschenk keine Liebe ist. Ein Geschenk ist eine Gewohnheit. Geschenke muß man Armen machen und nicht Leuten, die viel besitzen. Kyra besitzt genug, deshalb braucht sie keine Geschenke. Ich gebe Kyra genug, denn ich verdiene durchs Tanzen. Emilia zahlt in der Bank auf Kyras Namen Geld ein, während Tessa, ihre Tochter, keine Stiefel hat. Emilia versteht nichts von Geld, und darum wirft sie es zum Fenster hinaus. Sie weiß, daß ich sie verstehe, deshalb liebt sie mich. Sie glaubt, damit ich sie liebe, müsse sie meiner Kyra Geschenke machen. Ich fände es besser, sie würde ihre Geschenke Bedürftigen machen. Emilia ist eine gute Frau, sie mag die Armen und gibt ihnen viel. Ich finde, es reicht nicht, viel zu geben, man muß den Armen stetig helfen. Man muß Arme ausfindig machen, statt sein Geld Gesellschaften zu überlassen. Ich werde allein deshalb für Gesellschaften tanzen, weil ich damit Reklame für mich selbst machen kann. Ich möchte für meine eigenen Aufgaben dasein. Meine Aufgaben sind die Aufgaben Gottes, und darum werde ich alles zu ihrer Erfüllung tun. Ich schreibe, weil Gott es mich tun heißt. Ich will mit dem Schreiben dieses Buches kein Geld verdienen, denn wir haben genug. Ich will nicht reich werden. Gott will, daß ich reich werde, denn er kennt meine Absichten. Ich liebe nicht das Geld. Ich liebe die Menschen. Die Menschen werden mich verstehen lernen, wenn ich ihnen Geld zum Existieren gebe. Arme Menschen können nicht das nötige Geld verdienen. Reiche Menschen müssen ihnen helfen. Ich helfe keinem, wenn ich mein ganzes Geld einer Armengesellschaft überlasse. Armengesellschaften werden immer reicher und können nicht organisieren. Armengesellschaften tragen Uniformen, um die Armen einzuschüchtern. Der Arme sucht keine Gesellschaft, denn er schämt sich, man könnte ja schlecht von ihm denken.

Arme mögen unverhoffte Geschenke. Ich schenke unverhofft, ohne große Worte. Ich rede nicht von Christus, wenn ich ein Geschenk mache. Ich laufe vor dem Armen davon, wenn er mir danken will. Ich mag keine Bedankungen. Ich gebe nicht, damit man sich bei mir bedankt. Ich gebe, weil ich Gott liebe. Ich bin ein Geschenk. Ich bin Gott im Geschenk. Ich liebe Gott, und Gott will, daß ich Geschenke mache, denn ich weiß, wie man sie machen muß. Ich werde nicht wie Christus von Wohnung zu Wohnung gehen. Ich werde die Bekanntschaft aller machen, und man wird mich einladen. Danach werde ich die Familien beobachten und ihnen auf jede erdenkliche Weise helfen. Damit meine ich Hilfe aller Art. Geld ist ein Mittel zu helfen und keine Hilfe an sich. Ich werde kein Geld geben, denn der Arme weiß nicht damit umzugehen. Tessa ist ein armer Mensch. Sie besitzt keine Kleidung und keine Vernunft. Ich greife zu allen möglichen Listen, um ihr helfen zu können. Ihr Mann ist ein Trinker, und darum trinkt sie auch. Ich mag die Trinker nicht, deshalb greife ich zu allen nur möglichen Listen, um sie zur Einsicht zu bringen. Sie hat mich verstanden, aber sie will ihr Leben nicht ändern. Wer sein Leben nicht ändern will, der ist kein Mensch. Der stammt von Darwins Affen ab. Ich stamme nicht von Darwins Affen ab, deshalb habe ich keine Angewohnheiten. Ich stamme von Gott her. Meine Frau ist besser, Tessa behindert bloß ihre Entwicklung. Sie erzählt ihr auf ungarisch dummes Zeug. Ich verstehe Ungarisch. Die ungarische Sprache ist einfach und deshalb sehr leicht zu verstehen, wenn man fühlt. Verstehen bedeutet nicht, alle Wörter zu kennen. Die Wörter sind nicht die Rede. Ich verstehe in allen Sprachen, was geredet wird. Ich kenne wenig Wörter, habe aber ein sehr gut entwickeltes Gehör. Ich mag es, mein Gehör zu entwickeln, denn ich möchte alles verstehen, was geredet wird. Ich mag schmutzige Juden, deren Körper verlaust ist. Ich weiß, daß sie mir recht geben werden, wenn sie mich hören. Sie werden mich anhören und verstehen. Läuse sind keine nützlichen Tiere, deshalb darf man sie töten. Ich bin meiner Abstammung nach Jude, denn ich bin Christus. Christus ist ein Jude. Christus haben die Juden nicht verstanden. Ein Jude ist nicht Christus, denn er ist Jude. Die Juden sind Buddhas. Buddhas sind dumme Leute, denn sie mögen Läuse. Ich töte Läuse. Ich töte wilde Tiere. Ich bin ein Raubtier, das alles tötet, was für die Existenz der anderen schädlich ist. Für mich ist es kein Morden, wenn ich den Läusen keine Nahrung gebe. Läuse sind dort, wo Schmutz ist. Schmutz ist eine notwendige Sache, bloß nicht am Körper. Der Körper muß sauber sein, denn die Epidemie bringt den Menschen um. Der Mensch ist ein notwendigeres Wesen als die Laus. Die Laus ist eine dumme Sache, der Mensch ist ein vernunftbegabtes Wesen. Die Buddhisten verstanden Gott nicht, denn sie sagten, daß keine Kreatur getötet werden darf. Die Kreatur ist ein Ding und nicht Gott. Gott ist keine Kreatur unter den Dingen. Ich bin eine Kreatur, aber kein Ding. Ich mag Schläfenlocken, aber nicht mit Läusen. Die Läuse mögen Schläfenlocken, denn Schläfenlocken sind Läusenester. Die Läuse hassen Leute mit kurzgeschnittenen Haaren. Die Juden mögen keine kurzgeschnittenen Haare. Ich mag Juden mit kurzgeschnittenen Haaren und mit Schläfenlocken ohne Läuse. Ich hasse Schmutz, der die Läuse vermehrt. Ein Jude, der sich den Kopf kratzt, ist wie der

Darwinsche Affe. Darwin war ein Affe, hatte aber keine Läuse. Ich mag Darwin seiner Sauberkeit wegen. Er schrieb sauber. Ich schreibe gern sauber, aber ich habe einen schlechten Füller. Ich habe ihn geschenkt bekommen, deshalb liebe ich diesen Füller. Ich werde mit diesem Füller schreiben, solange Gott es will. Ich fühle meine Hand ermüden. Auf der Feder steht »Ideal«, aber mein Füller ist nicht ideal. Ich liebe Ideale, aber solche, von denen keiner spricht. Ich bin ein Ideal. Mein Füller ist kein Ideal. Als Ideal bezeichnet man etwas Vollkommenes. Ich habe herausgefunden, wie man einen idealen Füllhalter macht, und deshalb werde ich viel Geld verdienen, ich werde aber ein Patent anmelden, denn ich will viel Geld haben. Ich kenne den Fehler der Feder, und wenn ich nach Amerika fahre, melde ich ein Patent an, denn ich will viel Geld haben. Dieses Geld werde ich den Armen geben. Nach den Armen werde ich mit allen möglichen Listen suchen. Ich werde mich sterbend, krank usw. usf. stellen, um Einlaß zu finden in der Hütte des Armen. Ich fühle die Armen, wie der Hund das Wild wittert. Ich bin ein guter Hund, der mit seiner Witterung nach Armen sucht. Ich wittere sehr gut. Ich werde die Armen finden, ohne daß sie sich melden müssen. Ich brauche das nicht. Ich werde meiner Witterung folgen. Ich werde nicht fehlgehen. Ich werde dem Armen kein Geld schenken, ich werde ihm das Leben schenken. Das Leben ist nicht Armut. Armut ist nicht das Leben. Ich will das Leben. Ich will Liebe. Ich fühle, daß meine Frau Angst vor mir hat, denn sie machte eine gezierte Bewegung, als ich sie bat, mir Tinte zu geben. Sie verspürte Kälte und ich auch. Ich fürchte Kälte, denn Kälte ist der Tod. Ich werde schnell schreiben, denn ich habe nicht genug Zeit. Ich hätte es sehr gern, wenn Kostrowski* mir helfen würde, denn er versteht mich. Ich würde sprechen, und er würde schreiben, und auf diese Weise könnte ich nebenbei noch etwas machen. Ich will schreiben und an anderes denken. Ich schreibe das eine und denke das andere. Ich bin Gott im Menschen. Ich bin das, was Christus fühlte. Ich bin Buddha. Ich bin ein buddhistischer und ein Gott jedweder Art. Ich kenne alle. Ich weiß alles. Ich spiele meiner Ziele wegen den Geisteskranken. Ich weiß, wenn alle zu der Ansicht gelangen, ich sei ein harmloser Geisteskranker, dann wird niemand Angst vor mir haben. Ich mag die Leute nicht, die meinen, ich sei ein Geisteskranker, der anderen Böses antun kann. Ich bin ein Geisteskranker, der die Menschen liebt. Meine Geisteskrankheit ist Menschenliebe. Ich habe zu meiner Frau gesagt, daß ich eine Feder erfunden habe, die mir viel Geld bringen wird, aber sie glaubt mir nicht, denn sie meint, ich verstehe nichts von dem, was ich mache. Ich habe ihr eine Feder und einen Bleistift gezeigt zur Erläuterung der Feder, die ich jetzt erfunden habe. Ich werde Steinhardt, meinem Anwalt und Freund, meine Erfindung schicken und bitten, daß er mir einen einfachen Fountain-Plume macht und das Patent herschickt. Steinhardt ist ein Mensch mit Verstand, deshalb wird er die Stärke meiner Erfindung erkennen und mir das Patent schicken, aber ich will ihm eine Lehre erteilen und ihn deshalb bitten, daß er die Feder erforschen läßt, denn ich weiß nicht, wie sie zu machen ist. Ich werde ihn bitten, mir

* Dmitri Kostrowski, Tänzer in Djagilews Truppe, Freund Nijinskys; besaß als Tolstoianer großen Einfluß auf ihn. Er wurde 1917 geisteskrank.

Geld aus dem Patentverkauf zu schicken. Ich will das Patent für fünf Millionen Dollar verkaufen. Wenn man darauf eingeht, werde ich das Patent verkaufen, wenn nicht, zerreiße ich es. Ich werde Steinhardt bitten, in einer Zeitung eine großgedruckte Anzeige meiner Erfindung zu bringen und zu sagen, daß das Patent Nijinsky gehört. Diese Feder wird Gott heißen. Ich will mich Gott statt Nijinsky nennen, deshalb werde ich darum bitten, daß diese Feder den Namen Gott erhält. Ich will viel Geld haben und werde deshalb zu allen möglichen Tricks greifen, um es mir zu verschaffen. Ich werde bald nach Paris fahren und dort einen armen Mann finden, mit dem ich eine Abmachung treffen will. Er zeichnet mir meine Erfindung auf, und ich bezahle ihn. Er wird mein Ingenieur sein. Ich werde eine Brücke konstruieren, und er wird sie aufzeichnen. Ich werde eine Brücke zwischen Europa und Amerika bauen, die nicht teuer sein wird. Ich weiß bereits, wie bei dieser Brücke vorzugehen ist, denn Gott sagt es mir. Ich weiß, wie beim Bau dieser Brücke vorzugehen ist, und deshalb werde ich nach meiner Ankunft in Paris an die Realisierung dieser Brücke gehen. Die Brücke wird eine großartige Sache werden. Ich kenne großartige Sachen. Ich werde sie hergeben, wenn mich die Leute darum bitten. Ich bin nicht reich und will keinen Reichtum. Ich will Liebe, und darum will ich allen Geldschmutz abwerfen. Die Geldläuse werden auseinanderlaufen, ohne sterben zu müssen. Ich werde ihnen ihr Leben schenken. Sie werden nicht verhungern. Ich bin der Hunger. Ich bin der, welcher nicht verhungert, denn ich weiß, was man braucht, um nicht zu verhungern. Ich weiß, daß man wenig essen muß, dann gewöhnt sich der Organismus an die

Nahrung, die ihm das Leben gibt. Der Mensch wird ein anderer, und seine Gewohnheiten werden andere. Er ist verdorben, deshalb kann er einfache Dinge nicht begreifen. Ich bin kein Wunderkind, das zur Schau gestellt werden muß. Ich bin ein vernunftbegabter Mensch. Millionen von Jahren sind vergangen, seit es Menschen gibt. Die Leute glauben, Gott sei da, wo die Technik groß ist. Gott war dort, wo die Menschen keine Industrie besaßen. Industrie wird alles genannt, was erfunden wurde. Ich erfinde auch, deshalb bin ich Industrie. Die Leute meinen, früher habe es keine Industrie, aber dafür Truthähne gegeben, und daher meinen die Historiker, sie seien Götter mit Stahlfedern.* Stahl ist eine notwendige Sache, Stahlfedern hingegen sind eine schreckliche. Ein Truthahn mit Stahlfedern ist etwas Schreckliches. Ein Aeroplan ist etwas Schreckliches. Ich habe in einem Aeroplan gesessen und geweint. Ich weiß nicht, weswegen ich geweint habe, aber mein Gefühl brachte mich zu der Erkenntnis, daß die Aeroplane die Vögel vernichten werden. Alle Vögel stürzen beim Anblick eines Aeroplans ab. Der Aeroplan ist eine gute Sache, deshalb darf man damit keinen Mißbrauch treiben. Der Aeroplan ist eine gottgegebene Sache, deshalb liebe ich sie. Den Aeroplan soll man nicht als kriegerische Sache verwenden. Der Aeroplan ist Liebe. Ich liebe den Aeroplan, und darum werde ich dort fliegen, wo es keine Vögel gibt. Ich liebe die Vögel. Ich will ihnen keine Angst einjagen. Ein bekannter Flieger stieß bei einem Flug in der Schweiz mit einem Adler zusammen. Der Adler ist ein großer Vogel. Der Adler mag keine Vögel.

* »Industrie« und »Truthahn« klingen im Russischen ähnlich (industrija/indjuk).

Der Adler ist eine räuberische Sache, aber den Adler soll man nicht töten, denn Gott hat ihm das Leben gegeben. Wieder schreibe ich Gott groß, weil Gott es so will, aber ich werde das ändern, denn die Kleinschreibung* ist einfacher. Ich mag es nicht, ohne Weichheits- und Härtezeichen zu schreiben, denn sie machen das Schreiben und Lesen anspruchsvoller. Ich mag die Buchstaben »i« und »ъ«**, weil sie die Wörter herausheben. Das Wort muß herausgehoben werden, darum bitte ich den Übersetzer, meine Wörter zu korrigieren. Ich bin ungebildet, deshalb kann ich den Buchstaben »ъ« nicht schreiben. Ich kann das Weichheits- und das Härtezeichen schreiben. Ich mag die Korrekturen anderer, deshalb bitte ich darum, mich stets und in allem zu korrigieren. Ich bin ein Mensch mit Fehlern. Ich mag die Gelehrten, aber ihre Lehren mag ich nicht. Ich wiederhole mich nicht, wenn ich über Dinge schreibe, die die ganze Welt interessieren. Ich kenne die Welt, deshalb will ich Frieden für alle. Ich habe »Frieden« mit dem hervorhebenden »i«*** geschrieben, aber ich bin mir dieses Buchstabens nicht sicher, deshalb bitte ich darum, mich zu korrigieren. Ich werde alles korrigieren, wenn alles, was ich jetzt schreibe, fehlerhaft gedruckt wird. Ich will Fehler haben, deshalb mache ich sie absichtlich. Ich habe Rechtschreibung in zwei Petersburger Schulen gelernt, wo ich ausreichenden Unterricht erhielt. Ich hatte keine Universität nötig, denn ich brauchte nicht so viel zu wissen. Ich mag die Universitäten nicht, denn sie befassen sich mit Politik. Politik ist der Tod. Innen- und

---

* Im Russischen sind beide Schreibungen möglich. ** Beide Buchstaben fielen durch die Rechtschreibreform von 1917/18 weg. *** Bis zur Rechtschreibreform gab es zwei russische »i«.

Außenpolitik. Alles, was für die Regierung erdacht wurde, ist Politik. Die Menschen haben sich verirrt und können einander nicht verstehen, deshalb haben sie sich in Parteien aufgeteilt. Ich habe den Aeroplan ganz vergessen, der mit dem Adler zusammengestoßen war. Der Adler ist ein göttlicher Vogel, und man soll ihn nicht töten, deshalb soll man auch keine Zaren, Kaiser, Könige und ähnliche Vögel töten. Ich bin kein Raubvogel, deshalb werde ich keinen Raubvogel töten. Ich weiß, man wird mir sagen, daß der Raubvogel ein schädliches Wesen ist, darauf sage ich das gleiche, was ich über die Läuse in den Schläfenlocken gesagt habe. Ich mag die Zaren und die Aristokraten, aber ihr Tun ist nicht gut. Ich werde ihnen ein Beispiel sein, statt sie zu vernichten. Ich werde ihnen ein Medikament gegen Trunksucht geben. Ich werde ihnen auf jede erdenkliche Weise helfen, denn ich bin Gott, aber ich bitte alle, mir dabei zu helfen, denn ich vermag nicht, alles allein auszuführen, was Gott will. Ich will, daß alle mir helfen, deshalb bitte ich, mich um Hilfeleistung zu ersuchen. Ich bin Gott, und meine Adresse ist in Gott. Ich wohne nicht Moika* Nr. …, sondern in den Menschen. Ich will keine Briefe, ich will am Gefühl arbeiten. Spiritismus ist kein Gefühl. Spiritismus ist eine erdachte Wissenschaft. Ich bin ein einfaches Gefühl, wie es jedermann besitzt. Ich will keine Menschen mit schlechtem Gefühl. Ich werde fühlen, und Du wirst schreiben. Ich schreibe, weil Du schreibst. Ich werde innehalten, wenn Du innehältst. Dem Krieg wurde nicht Einhalt geboten, weil die Menschen denken. Ich weiß, wie man dem Krieg

---

* Uferstraße am gleichnamigen Fluß in St. Petersburg.

Einhalt gebieten kann. Wilson* will dem Krieg Einhalt gebieten, doch die Menschen verstehen ihn nicht, Wilson ist kein Tänzer. Wilson ist Gott in der Politik. Ich bin Wilson. Ich bin eine vernünftige Politik. Wilson will eine vernünftige Politik, deshalb mag er den Krieg nicht. Er wollte den Krieg nicht, aber die Engländer haben ihn ihm aufgezwungen. Er wollte den Krieg vermeiden. Er ist nicht käuflich. Ich möchte reden, aber Gott gestattet es mir nicht. Ich wollte einen politischen Namen nennen, aber Gott gestattet es nicht, denn er wünscht mir nichts Böses. Lloyd George** ist ein simpler Mensch, besitzt aber einen immensen Verstand. Sein Verstand hat das Gefühl vernichtet, darum besitzt er in der Politik keine Vernunft. Hätte er auf Wilson gehört, so hätte er dem Krieg Einhalt gebieten können. Lloyd George ist ein schrecklicher Mensch. Djagilew ist ein schrecklicher Mensch. Ich mag keine schrecklichen Menschen. Ich werde ihnen nicht schaden. Ich möchte nicht, daß man sie umbringt. Sie sind Adler. Sie lassen die kleinen Vögel nicht in Ruhe leben, deshalb muß man sich vor ihnen hüten. Ich will ihren Tod nicht. Ich liebe sie, denn Gott hat ihnen das Leben gegeben, und er hat ein Recht auf ihre Existenz. Nicht ich habe ihr Richter zu sein, sondern Gott. Ich bin Gott, und ich werde ihnen die Wahrheit sagen. Durch das Aussprechen der Wahrheit werde ich alles Böse tilgen, das sie getan haben. Ich werde sie daran hindern, Böses zu tun. Ich weiß, daß Lloyd George keine Menschen mag, die ihm im Weg stehen, und daß er zum Mittel des Mords greift, des-

* Thomas Woodrow Wilson (1856-1924), 1913-1921 Präsident der USA. ** David Lloyd George (1863-1945), britischer liberaler Politiker; 1916-1922 Premierminister.

halb bitte ich alle, mich zu beschützen, denn er wird mich umbringen. Djagilew auch. Djagilew ist kleiner als Lloyd George, aber auch er ist ein Adler. Der Adler darf die kleinen Vögel nicht in ihrer Existenz beeinträchtigen, deshalb muß man ihm zu essen geben, womit seine räuberischen Absichten bezwungen werden können. Lloyd George nährt sich von Politik für Engländer mit imperialistischen Ideen. Djagilew ist ein böser Mensch und liebt Knaben. Man muß sie mit allen Mitteln daran hindern, ihre Absichten zu verwirklichen. Man braucht sie nicht in Gefängnisse zu stecken. Sie sollen nicht leiden. Christus hat gelitten, aber er hätte nicht leiden müssen. Christus ist kein Antichrist, wie Mereschkowski* behauptet. Dostojewski hat über einen Stock mit zwei Enden geschrieben. Tolstoi sprach von einem Baum, der Wurzeln und Äste hat. Die Wurzel ist kein Ast, und der Ast ist keine Wurzel. Ich mag die Wurzel, denn sie ist notwendig. Ich mag den Antichrist, denn er ist der umgekehrte Christus. Christus ist Gott, der Antichrist ist nicht Gott. Ich mag den Antichrist, weil er nicht Gott ist. Er ist Abfall vergangener Zeiten. Abfall vergangener Zeiten sind Museen und Geschichte. Ich mag Geschichte und Museen nicht, denn sie riechen nach Friedhof. Djagilew ist ein Friedhof, deshalb ist er das andere Ende des Stocks. Dostojewski ist kein Stock. Dostojewski ist ein großer Schriftsteller, der sein Leben in Gestalt verschiedener Romanfiguren beschrieben hat. Tolstoi sagte, Dostojewski habe seine Eigenheiten. Ich sage, daß Dostojewski Gott ist. Dostojewski sprach über Gott auf seine Weise. Er liebte Gott und ver-

---

* Dmitri Sergejewitsch Mereschkowski (1865-1941), russischer Schriftsteller; seit 1919 im Exil.

stand ihn. Es war ein Irrtum von ihm, Nikolai zur Kirche zu schicken. Nikolai oder wie er in den *Brüdern Karamasow* heißt, ich weiß es nicht, meine jedenfalls den, der zur Kirche ging*, ist keiner mit Eigenheiten. Er ist zur Kirche gegangen, weil man dort Gott sucht, aber Gott ist nicht in der Kirche. Gott ist in der Kirche und überall, wo man nach ihm sucht, deshalb werde ich zur Kirche gehen. Ich mag die Kirche nicht, weil man in der Kirche nicht von Gott, sondern von Wissenschaft spricht. Die Wissenschaft ist nicht Gott. Gott ist die Vernunft, und die Wissenschaft ist der Antichrist. Christus ist nicht Wissenschaft. Die Kirche ist nicht Christus. Der Papst ist Wissenschaft und nicht Christus, und deshalb sind die Leute, die ihm die Schuhe küssen, wie die Läuse, die in Schläfenlocken sitzen. Ich drücke mich bewußt drastisch aus, um besser verstanden zu werden und nicht, um die Leute zu kränken. Sie werden gekränkt sein, denn sie werden denken und nicht fühlen. Ich weiß, daß die ganze Welt von dieser Fäulniskrankheit befallen ist, die den Baum nicht leben läßt. Tolstois Baum ist das Leben, deshalb muß man ihn lesen. Ich kenne seine *Karenina*, habe sie aber ein wenig vergessen. *Krieg und Frieden* habe ich bis zur Hälfte gelesen. *Krieg und Frieden* ist sein Werk, deshalb muß man es lesen, aber seine letzten Werke besitze ich nicht. Tolstoi ist ein großer Mann und Schriftsteller. Tolstoi war die Schriftstellerei peinlich, denn er meinte, bloß ein Mensch zu sein. Ein Mensch ist ein Schriftsteller. Ein Schriftsteller ist ein Journalist. Ich mag die Journalisten, die die Menschen mögen. Journalisten,

---

* Gemeint ist Alexej Karamasow, der ins Kloster geht.

die dummes Zeug schreiben, sind Geld. Geld ist gleich Journalist. Ich bin ein Journal ohne Geld. Ich mag das Journal, die Zeitschrift. Zeitschriften sind Leben. Ich bin eine Zeitschrift im Leben. Mensch, Zeitschrift, Leben, Schriftsteller, Tolstoi, Dostojewski. Mereschkowski und Filossofow* sind Djagilews. Sie waren bei der Zeitschrift *Mir iskusstwa***. Sie haben dummes Zeug geschrieben, weil sie studiert haben. Mereschkowski schreibt schön. Filossofow schreibt klug. Ich kenne die Zeitschriftenpolemik zwischen Filossofow und einer anderen Zeitschrift, die *Nowoje wremja**** heißt. *Nowoje wremja* war die Kerze und *Retsch***** das Benzin. Weder Kerze noch Benzin sind Gott, denn die Kerze ist Wissenschaft der Kirche, und das Benzin ist Wissenschaft der Gottlosigkeit. Filossofow verstand Mereschkowski nicht. Mereschkowski suchte Gott und fand ihn nicht, Filossofow war Darwins Affe. Ich wollte meine Hand massieren, denn sie ist vom Schreiben ermüdet, doch ich fühlte, daß Massieren so etwas wie Filossofow ist, und ließ meine Hand in Ruhe. Massieren ist Verstand. Ich mag kein Massieren. Doktor Bernhard hat mein Bein nicht massiert, aber er hat mich wiederbestellt, damit ich ihm mein Bein zeige, das ich mir ein wenig zerkratzt habe. Meine Kratzer sind nicht schlimm, deswegen hätte ich nicht zum Doktor gehen müssen. Ich mag Doktor Bernhard, deshalb bin ich bei ihm vorbeigegangen. Ich dachte, er würde es mir übelnehmen, wenn ich nicht zu ihm komme, und glauben, ich hielte ihn für einen schlechten Doktor. Er hat gemerkt,

---

* Dmitri Filossofow, Cousin und einflußreicher Mitarbeiter Djagilews bei der Herausgabe der Zeitschrift *Mir ikusstwa*. ** *Welt der Kunst*. *** *Neue Zeit*. **** *Rede*.

daß ich ihn als Chirurgen mag und nicht als Doktor der Medizin. Doktor der Medizin ist Doktor Fränkel, deshalb gebe ich auch ihm die Möglichkeit, Geld zu verdienen. Doktor Fränkel und Doktor Bernhard sind reiche Leute. Ich kenne einen sehr guten Doktor, er heißt ... ich habe seinen Namen vergessen. Doktor Gott ist der Doktor, den ich vergessen habe. Ich habe ihn vergessen, weil ich an den Doktor dachte, der meine kleine Kyra behandelt hat. Ich hatte ihn geholt, weil ich dachte, er sei arm. Dieser Doktor ist nicht arm, aber er ist neidisch, denn er macht Doktor Bernhard schlecht. Ich kenne Doktor Bernhard. Er ist ein reicher Mann, und ich hoffe, er wird von mir kein Geld verlangen für die Konsultation. Ich werde ihm mein Bein zeigen und, während ich warte, traurige Dinge spielen, denn er operiert Leute. Gott will keine Operationen. Gott mag die Wissenschaft nicht. Gott mag die Philosophie von Darwin und Nietzsche nicht. Gott vernichtet die Krankheiten, ohne dazu Medikamente zu verwenden. Medikamente helfen nicht. Medikamente sind Geld. Medikamente sind keine Hilfe, sondern eine Belastung für das Leben. Wilson braucht nur zu wollen, dann wird er das Geld vernichten. Wenn er es nicht will, kann er Gott nicht verstehen. Ich verstehe ihn, deshalb werde ich Wilson bei seinen Aufgaben helfen. Ich weiß, wie man das Geld vernichten kann. In meinem nächsten Buch werde ich die Vernichtungsmethoden beschreiben. »Ich habe eine Mücke auf dein Heft geschickt, damit du einen Fehler machst.« Ich will, daß meine Fehler gedruckt werden. Mir wäre es lieber, man würde meine Schrift photographieren, statt sie zu drucken, denn das Drucken zerstört die Handschrift. Die Handschrift ist eine schöne

Sache, deshalb muß man sie festhalten. Ich will, daß man meine Schrift photographiert zur Veranschaulichung meiner Hand, denn meine Hand ist göttlich. Ich will göttlich schreiben, deshalb werde ich meine Schrift nicht korrigieren. Ich korrigiere meine Schrift nicht. Ich schreibe mit Absicht schlecht. Ich kann sehr schön schreiben. Ich verstehe etwas von Schreibweise, denn ich fühle sie. Ich schreibe nicht schön, denn ich will nicht vollkommen sein. Ich bin das Volk und kein Aristokrat mit Geld. Ich liebe das Geld. Ich liebe die Aristokraten, aber ich will Liebe zu den Menschen. Ich liebe meine Köchin, und ich liebe meine Frau. Meine Frau liebt mich nicht und die Köchin auch nicht. Ich verstehe meine Frau. Ich kenne ihre Gewohnheiten. Sie hat Liebenswürdigkeiten gern. Ich verstehe mich nicht auf Liebenswürdigkeiten, weil ich sie nicht will. Meine Liebe ist einfach. Ich schreibe, ohne zu überlegen. Ich habe mich unter der Nase gekratzt, weil ich dachte, daß es mich juckt, aber ich habe begriffen, daß Gott das getan hat, damit ich mein Heft in Ordnung bringe. Gott schreibt das alles für mein und der Menschen ... Gott will die Dinge nicht voreilig aussprechen, deshalb hat er innegehalten. Er will die Dinge nicht vor der Zeit aussprechen. Ich weiß, daß ich nicht Gott bin, und deshalb ist es mir egal, was meine Hand schreibt. Meine Hand wird steif. Gott hat mir gezeigt, wie die Hand ausruhen kann, deshalb weiß ich, wie sie zu behandeln ist. Ich lasse jetzt das Schreiben und werde dann wieder schreiben können.

Ich bin sehr spät aufgestanden, um neun Uhr, und als erstes habe ich mich ans Schreiben gemacht. Ich schreibe ordentlich, denn meine Hand ist nicht müde. Ich werde ordentlich schreiben, damit alle sehen, daß ich schreiben kann. Ich mag Schönschrift, denn darin ist Gefühl. Ich mag Handschriften, aber ich mag keine Handschrift ohne Gefühl. Ich weiß, wenn ich meine Schrift jemandem zeige, der die Zukunft zu lesen versteht, so wird er sagen, daß dies ein außergewöhnlicher Mensch ist, denn seine Schrift hüpft. Ich weiß, daß hüpfende Schrift Güte bedeutet, deshalb werde ich gute Menschen an ihrer Schrift erkennen. Ich fürchte die Guten nicht, und die Bösen können den Guten nichts Böses antun, denn ich kenne gewisse Mittel. Djagilew ist ein böser Mensch, aber ich kenne ein Mittel, mit dem ich mich vor seiner bösen Polemik schützen kann. Er glaubt, daß allein meine Frau über Verstand verfügt, deshalb fürchtet er meine Frau. Mich fürchtet er nicht, denn ich habe den Nervösen gespielt. Er mag keine nervösen Menschen, dabei ist er selbst nervös. Djagilew ist nervös, weil er sich um den Nerv bekümmert. Djagilew erregt Mjassins* Nerv, und Mjassin erregt Djagilews Nerv. Mjassin ist ein sehr guter Mensch, nur langweilig. Mjassins Ziel ist simpel. Er will reich werden und alles erlernen, was Djagilew weiß. Mjassin weiß nichts. Djagilew weiß nichts. Djagilew glaubt, er sei der Gott der Kunst. Ich glaube, daß ich Gott bin. Ich will Djagilew zum Duell herausfordern, so, daß die ganze Welt es miterlebt. Ich will beweisen, daß Djagilews gesamte Kunst die reinste Torheit ist. Wenn man mir hilft, werde ich den Leuten

* Leonid Fjodorowitsch Mjassin (1896-1979), russischer Tänzer, 1914 von Djagilew entdeckt; nahm, nachdem es zum Bruch mit Nijinsky gekommen war, dessen Stelle ein und durfte schon bald erste Choreographien besorgen.

helfen, Djagilew verstehen zu lernen. Ich habe mit Djagilew fünf Jahre lang ohne Erholungspause gearbeitet. Ich kenne alle seine Schliche und Gewohnheiten. Ich habe Djagilew gehört. Ich kenne Djagilew besser als er sich selbst. Ich kenne seine schwachen und starken Seiten. Ich habe keine Angst vor ihm. Madame Edwards* hat Angst vor ihm, denn sie hält ihn für den Gott der Kunst. Sert** ist ihr Mann, ohne Papier. Er ist ihr Mann, weil er mit ihr zusammenlebt. Sert heiratet sie nicht, denn er meint, es stehe einem Mann von Welt nicht an, eine Frau zu heiraten, die bereits mit Edwards*** zusammengelebt hat. Madame Edwards besitzt ein Gefühl fürs Geld. Sert ist ein reicher Mann, denn seine Eltern haben ihm ein Erbe hinterlassen. Sert ist ein dummer Maler, denn er versteht nicht, was er tut. Sert glaubt, ich sei dumm. Sert glaubt, ich hätte Djagilew aus Dummheit verlassen. Sert glaubt, ich sei dumm, und ich glaube, er ist dumm. Ich werde ihm als erster eine Ohrfeige geben, denn ich empfinde Zuneigung zu ihm. Sert wird mich niederschießen, wenn ich ihm eine Ohrfeige gebe. Sert ist von spanischem Blut. Die Spanier mögen das Blut des Stiers, deshalb mögen sie auch Morde. Die Spanier sind schreckliche Leute, denn sie betreiben das Stiermorden. Die Kirche, an ihrer Spitze der Papst, ist nicht imstande, dem Stiermorden Einhalt zu

---

* Marie Sophie Olga Zenaïde Edwards, geb. Godebska, gesch. Natanson (1872-1950), bekannt als Misia Sert, Gönnerin Djagilews; befreundet mit Mallarmé, Toulouse-Lautrec, Renoir und Vuillard. ** José Maria Sert (1876-1945), spanischer Maler; Gönner Djagilews, dessen Truppe er zusammen mit Misia mehrfach vor dem Ruin bewahrte. *** Alfred Edwards (1846-1914), Verleger der Tageszeitung Le Matin.

gebieten. Die Spanier glauben, daß der Stier ein wildes Tier ist. Der Torero weint, bevor er den Stier umbringt. Dem Torero zahlt man viel, aber er mag diese Tätigkeit nicht. Ich kenne viele Toreros, denen der Stier den Bauch aufgeschlitzt hat. Als ich sagte, daß ich das Abschlachten der Stiere nicht mag, verstand man mich nicht. Djagilew sprach mit Mjassin darüber, daß der Stierkampf eine großartige Kunst sei. Ich weiß, Djagilew und Mjassin werden sagen, daß ich verrückt sei und man mir nicht böse sein könne, denn Djagilew bedient sich immer solcher schlauen Winkelzüge. Lloyd George macht das gleiche mit den Politikern. Er ist ein Djagilew, denn er glaubt, die anderen verstünden ihn nicht. Ich verstehe beide, deshalb fordere ich sie nicht zum Stierkampf, sondern zum Brüllkampf. Ich bin ein Brüll- und kein Stierkämpfer. Ich brülle, der getötete Stier brüllt nicht. Ich bin Gott und Stier. Ich bin Apis. Ich bin ein Ägypter. Ich bin ein Hindu. Ich bin ein Indianer. Ich bin ein Neger, ich bin ein Chinese, ich bin ein Japaner. Ich bin ein Fremdling, ein Ausländer. Ich bin ein Seevogel. Ich bin ein Erdvogel. Ich bin Tolstois Baum. Ich bin Tolstois Wurzeln. Tolstoi ist mein. Ich bin sein. Tolstoi hat zu meiner Zeit gelebt. Ich habe ihn geliebt, aber ich habe ihn nicht verstanden. Tolstoi ist groß, und ich hatte Angst vor den Großen. Die Zeitungen haben Tolstoi nicht verstanden, denn sie erhoben ihn in einer der Zeitungen nach seinem Tode zum Giganten und glaubten, damit den Herrscher herabsetzen zu können. Ich weiß, daß der Herrscher ein Mensch ist, deshalb wollte ich seine Ermordung nicht. Ich erzählte allen Ausländern von seiner Ermordung. Mir tut der Herrscher leid, denn ich habe ihn gemocht. Er hat den Märtyrertod durch wilde Tiere in Menschengestalt erlitten. Die wilden Tiere sind die Bolschewiken. Die Bolschewiken sind keine Götter. Die Bolschewiken sind Bestien. Ich bin kein Bolschewik. Ich mag jegliche Arbeit. Ich arbeite mit Händen und Füßen und Kopf und Augen und Nase und Zunge und Haut und Magen und Gedärm. Ich bin kein Truthahn mit Stahlfedern. Ich bin ein Truthahn mit Gottesfedern. Ich koller wie ein Truthahn, aber ich weiß, was ich koller. Ich bin eine Koll-Bulldogge, denn ich habe große Augen. Ich bin ein Koll-Bull, weil ich die Engländer mag. Die Engländer sind kein John Bull*. John Bull hat den Bauch voll Geld, ich habe ihn voll Gedärm. Mein Gedärm ist gesund, denn ich esse nicht viel Geld. John Bull ißt viel Geld, deshalb ist sein Gedärm aufgebläht. Ich mag kein aufgeblähtes Gedärm, denn es behindert beim Tanzen. Die Engländer tanzen nicht gern, denn sie haben in ihrem Bauch viel Geld. Ich sitze nicht gern mit übergeschlagenen Beinen da, aber manchmal sitze ich so da, damit keiner Angst vor mir hat. Ich kenne Leute, die sagen werden, daß alles, was ich schreibe, spiritistische Trance sei. Ich wünschte, daß alle sich in solchem Trancezustand befänden, denn Tolstoi befand sich in solchem Trancezustand. Dostojewski und Zola auch. Ich mag Zola, obwohl ich sehr wenig von ihm gelesen habe. Ich kenne seine kleine Geschichte, deren Lektüre mir Zola verständlich gemacht hat. Ich will viel von Zola lesen, denn er hat viel geschrieben. Ich denke voll Gram an Zola, denn man hat ihn mit Gas kaltgemacht. Ich weiß, wer ihn kaltgemacht hat. Ihn haben Leute kaltgemacht, die Angst vor der Wahrheit

* Spottname des schwerfälligen, starrköpfigen Engländers (»Hans Stier«).

hatten. Mich wird man kaltmachen, wenn ich das will. Ich fürchte den Tod nicht, deshalb können die Mörder um mich herumspazieren, solange sie wollen. Ich werde dem Mörder mehr Geld geben als derjenige, der mich umbringen wollte. Ich will den Tod des Mörders nicht, darum bitte ich, wenn man mich ermordet, den Mörder nicht zu lynchen oder auf andere Weise umzubringen, denn nicht er ist schuld. Der Mörder riskiert seinen Tod. Der Mörder ist Lloyd George, denn er hat Millionen unschuldiger Menschen umgebracht. Ich bin ein Mensch unter einer Million. Ich bin nicht allein. Ich bin eine Million, denn ich fühle mehr als eine Million. Lloyd George wird Mörder ausschicken, deshalb bitte ich, vor ihm auf der Hut zu sein. Lloyd George ist der Mörder der Vernunft. Die Vernunft ist das Leben und nicht der Tod. Ich schreibe Philosophie, aber ich philosophiere nicht. Ich mag kein Philosophieren, denn Philosophieren ist Geschwätz. Ich trage die Krawatte der Truthenne und des Truthahns. Frau und Mann sind gleich, deshalb werden keine Frauenvertreterinnen gebraucht. Ich gebe Verheirateten den Vorzug, denn sie kennen das Leben. Verheiratete irren sich, aber sie haben das Leben. Ich bin Mann und Frau. Ich mag die Frau. Ich mag den Mann. Ich mag die Frau und den Mann nicht, die sich der Zuchtlosigkeit hingeben, weil sie sich alle möglichen unzüchtigen japanischen und sonstigen Bücher ansehen und danach alle Bewegungen in fleischlicher Liebe ausführen. Ich bin das Fleisch, aber nicht die fleischliche Liebe. Ich will schnell schreiben, denn ich will dieses Buch herausbringen, bevor ich nach Paris fahre. Ich will dieses Buch in der Schweiz herausbringen. Ich habe keine Angst vor der Regierung, deshalb können sie mich fortjagen, soviel es ihnen gefällt. Ich bin kein Bolschewik oder irgendein Rebell. Ich bin die Menschenliebe. Ich will, daß die Regierung mir erlaubt zu leben, wo ich will. Meine Frau ist eine gute Frau und mein Kind auch, deshalb soll man sie in Ruhe lassen.

Wenn die Engländer Angst vor mir bekommen und Mörder in die Schweiz schicken, werde ich sie erschießen, bevor sie mich erschießen. Man wird mich lebenslänglich ins Gefängnis stecken, weil die Engländer das so wollen. Die Engländer sind unglaublich bösartige Leute. Sie nehmen zu allen möglichen heuchlerischen Finten Zuflucht. Der Engländer ist ein Heuchler. Der Engländer ist nicht Gott. Gott ist der Engländer, der Vernunft besitzt statt Verstand. Die Leute in England betreiben Spiritismus, um alles eher zu erfahren als die anderen. Ich bin kein Spiritismus. Ich bin das Leben, und deshalb will ich leben. Ich bitte das Schweizer Volk, mich zu beschützen. Ich will dieses Buch in Schweizerisch herausbringen, denn ich lebe in der Schweiz. Ich mag die einfache Schweiz. Ich mag den Schweizer nicht, der ein Truthahn mit Stahlfedern ist. Ich will dieses Buch in der Schweiz herausbringen als sehr preiswerte Ausgabe. Ich will ein bißchen Geld verdienen, denn ich bin arm. Ich habe kein Geld, lebe aber wie ein Reicher. Ich bin ein heuchlerischer Engländer, denn ich denke mir allerlei Möglichkeiten aus, meine Kredite zu verlängern. Ich mag die Gläubiger nicht. Ich bin nicht gern Schuldner.

Ich will an der Börse spielen. Ich will räubern. Ich will einen Reichen töten, aber er soll nicht den physischen Tod erleiden, sondern den geistigen. Ich bin nicht Verstand. Ich bin Vernunft. Mit Vernunft werde ich mehr erreichen als mit Verstand. Ich habe mir ein Ballett ausgedacht, in dem ich Verstand und Vernunft und das ganze Leben der Menschen darstellen werde, dabei müßte ich bloß Unterstützung finden. Ich dachte an Vanderbilt*, habe es mir aber überlegt, denn Vanderbilt verleiht Geld. Ich mag die Schuldner nicht, deshalb werde ich das Geld für dieses Ballett selbst verdienen. Djagilew ist ein Schuldner. Er schuldet mir Geld. Djagilew glaubt, er hätte mir alles ausbezahlt. Djagilew hat den Prozeß in Buenos Aires verloren. Ich habe einen Prozeß von fünfzigtausend Franc gewonnen. Djagilew schuldet mir noch an die zwanzigtausend Franc. Ich will die fünfzigtausend Franc nicht, aber ich will mein verdientes Geld, das Djagilew mir noch schuldet aus dem Prozeß, den mein englischer Advokat Lewis gewonnen hat. Auf englisch wird er Sir Lewis genannt. Ich mag keine Sirs, die sind zum Scheißen** zu dumm. Ich scheiße wie jeder Mensch, ich scheiße kein Geld. Ich mag das Geld als Hilfsmittel und nicht, damit es John Bull den Wanst vollstopft. Ich bin ein Engländer, aber ohne Geld im Bauch. Die Bank ist John Bull. Die Engländer haben John Bull sehr wohl verstanden, aber sie haben ihn nicht fühlen gelernt.

Ich will dieses Heft verstecken, denn Tessa hat erfühlt, daß ich ihre Anwandlungen kenne. Sie weiß, daß ich klug bin, denn ich habe es ihr bewiesen. Sie wird das »Tigerlein« genannt. Ihre Zehennägel sind wie beim Tiger. Sie kümmert sich um die Sauberkeit ihrer Zehen, aber nicht um ihren weiblichen Schoß. Ich mag Frauen nicht, die

---

* Cornelius Vanderbilt (1794-1877), amerikanischer Großindustrieller, einer der reichsten Männer seiner Zeit. ** Assoziation auf Grund des ähnlichen Klangs im Russischen (scheißen = srat').

sich zuviel um ihren Schoß kümmern. Ihre Pisse ist ganz verfärbt. Sie hatte in ihrem Zimmer den Nachttopf vergessen, und als ich hineinging, um zu lüften, weil es stank, sah ich den Topf mit ihrer Pisse. Die Pisse meiner Frau ist sauber. Tessas Pisse ist schmutzig. Ich habe begriffen, daß sie sich zuviel um ihren Schoß kümmert. Sie kümmert sich aus mehreren Gründen. Erstens, weil sie die Männer liebt, und zweitens, weil ihr Mann bereits eine Geschlechtskrankheit gehabt hat. Tessa hat mir das alles erzählt, als wir in Wien waren während des Krieges. Ich habe nicht alles, was mir erzählt wurde, vergessen. Tessa sieht mich haßerfüllt an, glaubt sie doch, daß ich sie nicht liebe. Sie hat erfühlt, daß ich sie liebe, und ist in Tränen ausgebrochen, denn ich habe ihr zu verstehen gegeben, daß sie von mir einen Ring bekommt. Sie mag Ringe. Ich mag Ringe nicht. Ich will nicht, daß sie beschämt wird. Ich will die ganze Wahrheit sagen. Ich habe keine Angst vor ihrem Mann, deshalb werde ich dieses Buch zu ihren Lebzeiten herausbringen. Man wird mir den Prozeß machen, aber das ist mir egal. Sie wird sagen, ich sei genauso einer wie Dodo Hempel. Dodo Hempel ist ein Djagilew. Dodo Hempel muß für Djagilew arbeiten. Ich bin nicht Hempel. Ich bin Gott im Menschen. Ich spreche deswegen darüber, weil alle von Tessas Treiben wissen sollen. Ich meine es nicht böse mit ihr, deshalb werde ich ihr auf jede nur mögliche Weise helfen, damit sie nicht verhungert. Tessa ist eine gewitzte Frau. Sie macht jedem etwas vor. Tessa glaubt, daß niemand ihre Anwandlungen versteht. Ich habe Tessa sehr wohl verstanden, denn ich habe bemerkt, daß sie mit mir kokettiert. Sie legte sich aufs Bett in Unterwäsche, um meine Wollust zu erregen.

Sie glaubt, daß man mit Seidenschlüpfern Wollust erregen kann. Sie trägt kleine Seidenschlüpfer und dünne Hemdchen zur Erregung. Ich verstehe Tessa gut. Ich kenne ihre Verschlagenheit. Ihre Verschlagenheit ist die des Tigers, der seiner Beute auflauert. Ich bin extra in ihr Zimmer gegangen, wenn sie nackt war. Sie hat sich nicht geniert vor mir. Eine Frau mit weltlicher Erziehung muß sich vor einem Mann genieren. Tessa hat viele Männer gesehen, denn sie geniert sich nicht vor ihnen. Tessa hat Doktor Fränkel zur Schlichtung unseres Familienstreits geholt. Ich bin kein Streit, deshalb habe ich nicht gestritten. Ich habe meiner Frau die Wahrheit gesagt und genauso Tessa. Ich habe keine Angst vor meiner Scheidung. Ich habe Doktor Fränkel gesagt, daß er ein sehr guter Mensch ist. Er war gerührt, ich habe ihm die Hand gedrückt. Meine Frau hat Angst vor mir bekommen, denn ich bin in das Zimmer gelaufen, in dem Tessa war. Tessa ist eine gewitzte Frau, deshalb hat sie den Doktor gerufen. Der Doktor ist ein guter Mensch. Ich liebe ihn, denn er will alles einrenken. Tessa liebt mich nicht, denn sie ist mit dem Ring und den Stiefeln hereingekommen, die ich ihr geschenkt hatte, und hat über mich geredet. Sie hat meine Worte auf deutsch erfühlt. Ich verstehe Deutsch. Ich werde sie bitten, schnellstens abzufahren, wenn sie mir den Ring und die Stiefel zurückgibt. Ich weiß, daß sie sie mir nicht zurückgeben wird, denn sie hat kein Gewissen. Sie hat in St. Moritz etliche Männer geliebt. Ich habe das bemerkt, weil ich sie beobachtet habe. Ich kenne ihre Verschlagenheit. Sie hat Angst vor mir, denn sie denkt, ich sei böse. Sie kennt mich. Ich kenne sie. Ich werde ihr später sagen, daß sie, wenn sie meine Geschenke weiterverschenkt, von mir eine Ohrfeige bekommt. Ich werde es ihr auf dem Bahnhof sagen vor ihrer Abfahrt. Ich werde es durch Zufall erfahren, wenn sie diese Sachen weitergibt. Ich werde diese Leute finden und diese Sachen zurückholen. Ich werde den Schal bei dem Mann suchen gehen, dem sie ihn geschenkt hat. Ich kenne diesen Mann. Ich werde ihn bitten, mir diesen Schal zurückzugeben, und ihn dann meiner Frau überlassen. Ich werde sagen, daß ich ihn gefunden habe. Ich werde nicht sagen, daß ich ihn Tessa abgenommen habe. Tessa geht auf die Straße, um Männer zu finden. Ich weiß, daß sie die Stiefel und den Ring verkaufen wird, und deshalb bekommt sie eine Ohrfeige von mir. Ohrfeigen heißt bei mir nicht ins Gesicht schlagen. Ich schlage mit Liebe. Ich werde ihr dieses Buch zum Geschenk machen. Ich rede nicht mehr mit Tessa. Ich werde ihr vor ihrer Abreise sagen, daß ich ihren listigen Charakter kenne und daß ich alles aufschreiben werde, was ich von ihr weiß. Sie wird meinen, daß ich nichts weiß. Ich kenne ihre Gewohnheiten. Sie lächelt die jungen Männer an und liebt sie ohne Bezahlung. Sie ist ein Mann und keine Frau, denn sie sucht sich einen Mann. Sie mag den Schwanz. Sie braucht einen Schwanz. Ich kenne Schwänze, die sie nicht mögen. Ich bin ein Schwanz, der sie nicht mag. Ich weiß, daß dieses Wort alle genieren wird, gerade deshalb habe ich es hingeschrieben, denn ich will, daß alle wissen, was das Leben darstellt. Ich mag das heuchlerische Leben nicht. Ich weiß, was das Leben darstellt. Das Leben ist kein Schwanz. Der Schwanz ist nicht das Leben. Der Schwanz ist nicht Gott. Gott ist ein Schwanz, der Kinder macht mit einer Frau. Ich bin ein Mensch, der Kinder macht mit einer Frau. Ich bin neunundzwanzig Jahre alt. Ich liebe meine Frau nicht zum Kindermachen, sondern geistig. Ich mache Kinder mit ihr, wenn Gott es will, aber ich werde keine machen, denn ich habe Angst vor ihr. Ich will keine klugen Kinder. Kyra ist ein kluges Kind. Ich bin ein vernünftiger Mensch. Ich möchte nicht, daß sie ein kluges Köpfchen wird. Ich werde sie mit allen Mitteln an der geistigen Entwicklung hindern. Ich mag dumme Leute. Ich mag Dummheit nicht, weil ich kein Gefühl in der Dummheit sehe. Dummheit ist kein Gefühl im Menschen. Ich weiß, daß Dumme nicht fühlen. Verstand beeinträchtigt die Entwicklung der Menschen. Ich bin ein kluger Mensch, denn ich fühle. Ich fühle Gott, und Gott fühlt mich. Ich mag Tessa, deshalb meine ich es gut mit ihr. Tessa liebt mich nicht, denn sie weiß, daß ich sie nicht liebe. Ich liebe Tessas Gewohnheiten nicht, denn sie sind der Tod. Ich liebe Tessa, denn sie ist ein Mensch. Ich will ihren Tod nicht. Ich will ihr Angst einjagen, denn ich meine es gut mit ihr. Tessa hat mich vergessen, denn sie glaubt, daß Doktor Fränkel mir Angst eingejagt hat. Tessa versteht, aber fühlt mich nicht. Tessa will nicht fühlen, deshalb ist sie ein wildes Tier, ein »Tiger«. Ich wollte sie »Tigerlein« nennen, habe mir aber überlegt, daß das eine zu schöne Bezeichnung wäre. Ich meine es gut mit Tessa. Ich werde sie behindern bei allem, was sie sich vornimmt. Sie liebt mich nicht. Tessa liebt mich nicht, aber sie liebt Doktor Fränkel und hofft auf seine Liebe. Der Doktor liebt Tessa nicht, denn er fühlt ihre Blicke. Doktor Fränkel liebt seine Frau. Fränkels Frau liebt ihn als Mann. Sie ist sehr schlau. Ich habe ihr schlaues Mienenspiel bemerkt. Sie ist wie ein Affe mit Gefühl. Sie rennt wie ein Eichhörnchen im Rad. Doktor

Fränkel ist kein Eichhörnchen, und darum fühlt er mehr Liebe zu ihr als sie zu ihm. Dr. Fränkel ist ein guter Mensch. Ich habe ihn nicht verstanden, als ich dachte, er sei böse. Er ist nicht böse, denn er will den Menschen helfen. Ich weiß, daß solche Hilfe keine Pflicht der Doktoren ist. Medizinische Hilfe ist Pflicht der Doktoren. Ich will keine menschliche Hilfe, wenn ich sehe, daß sich die Doktoren in Dinge einmischen, die nicht zu ihren Obliegenheiten gehören. Dr. Fränkel hat mit mir als Freund gesprochen, deshalb habe ich ihn angehört. Ich wußte, wovon er sprechen würde, noch ehe er zu sprechen anfing. Er bemerkte, ich hätte die Nerven verloren. Ich sagte, ich sei nicht Gott, sondern ein Mensch und hätte deshalb Fehler. Ich sei ein Mensch mit Fehlern. Ich wolle sie korrigieren, aber ich wisse nicht im voraus, ob ich es schaffen werde, sie zu korrigieren. Dr. Fränkel war den Tränen nahe und sagte mir, er brauche kein Versprechen, denn ich hätte ihm gesagt, ich würde alles tun, daß meine Frau nicht nervös ist. Ich sagte, ich wolle, daß ihre Mutter bald herkommt, denn ich wolle nicht, daß meine Frau vor mir Angst hat, und darum wolle ich, daß Emma, die Mutter meiner Frau, bei uns wohnt. Ich habe keine Angst vor englischen Autoritäten, deshalb ist es mir gleichgültig, wenn sie sich mein ganzes Geld aneignen. Ich will nicht, daß sie sich dieses Geld aneignen, deshalb werde ich zu allen möglichen Listen Zuflucht nehmen. Ich will meine Frau nicht ruinieren. Ich habe ihr mein Geld für ihr Leben gegeben. Ich fürchte das Leben nicht, deshalb brauche ich kein Geld. Meine Frau wird weinen, wenn ich sterbe, aber ich weiß, daß sie mich bald vergessen wird. Meine Frau fühlt mich nicht. Tolstois Frau fühlt auch nicht. Tolstois

Frau kann ihn nicht vergessen, weil er ihr Geld gegeben hat.

Ich habe mein Geld meiner Frau gegeben. Meine Frau fühlt mich, weil ich ihr mein ganzes Geld gegeben habe. Ich mag Prahlen nicht, deshalb höre ich auf von Geld zu reden. Ich liebe meine Frau und Kyra mehr als alles andere. Ich kann nicht schnell schreiben, denn meine Hand ermüdet, aber ich weiß, daß ich mich bald daran gewöhnen werde, denn ich werde nicht an den Buchstaben denken. Ich schreibe schon besser, ich kann keine Pausen machen, deshalb schreibe ich schlecht. Ich mag Shakespeares Hamlet nicht, denn er denkt. Ich bin ein Philosoph, der nicht denkt. Ich bin ein Philosoph, der fühlt. Ich will keine Erfindungen aufschreiben. Ich mag Shakespeare wegen seiner Liebe zum Theater. Shakespeare hat das Theater als Erfindung begriffen. Ich habe das Theater aus dem Leben heraus begriffen. Ich bin keine Erfindung. Ich bin das Leben. Theater ist Leben. Ich bin das Theater. Ich kenne seine Gewohnheiten. Theater ist Gewohnheit, Leben aber ist nicht Gewohnheit. Ich bin ohne Gewohnheiten. Ich mag kein Theater mit geraden Kulissen. Ich mag rundes Theater. Ich werde ein rundes Theater bauen. Ich weiß, was das Auge ist. Das Auge ist das Theater. Das Gehirn ist das Publikum. Ich bin das Auge im Gehirn. Ich sehe gern in den Spiegel und das Auge mitten auf der Stirn. Ich zeichne oft ein einzelnes Auge. Ich mag kein Auge mit schwarzgestreifter roter Mütze. Ich mag das Auge mit Haaren auf dem Kopf. Ich bin das göttliche und nicht das kriegerische Auge. Ich mag keine Polemik, deshalb kann man über mein Buch schreiben, was man will, ich werde dazu schweigen. Ich bin zu der Überzeugung gelangt, daß es besser ist, zu schweigen, als dummes Zeug zu reden. Djagilew hatte begriffen, daß ich dumm bin, und sagte mir, ich solle nicht reden. Djagilew ist ein Schlaukopf. Wassili, sein Diener, sagte, Djagilew habe keinen Sou in der Tasche, aber sein Verstand mache seinen Reichtum aus. Ich muß sagen, daß ich weder einen Sou noch Verstand besitze, dafür aber Vernunft. Als Vernunft bezeichne ich alles, was sich gut fühlen läßt. Ich fühle gut, und darum bin ich ein vernunftbegabtes Wesen. Früher war ich dumm, denn ich dachte, alles Glück hänge am Geld, jetzt denke ich nicht ans Geld. Ich weiß, viele werden sagen, daß ich ans Geld denke, darauf antworte ich, daß ich dumm bin und nichts von Geld verstehe. Geld brauche ich für meine Aufgaben. Man wird mir sagen, daß alle Aufgaben haben und deshalb zur Erfüllung ihrer Aufgaben Geld verdienen. Ich weiß, daß es unterschiedliche Aufgaben gibt. Ich bin eine Aufgabe Gottes und nicht des Antichrist. Ich bin nicht der Antichrist. Ich bin Christus. Ich werde den Leuten helfen. Ich werde nach Genf zur Erholung fahren, denn der Doktor hat es mir verordnet. Er glaubt, ich sei erschöpft, denn meine Frau beginnt nervös zu werden. Ich bin nicht nervös, darum bleibe ich zu Hause. Meine Frau kann allein fahren. Sie hat viel Geld. Ich bin völlig blank. Ich prahle nicht damit, daß ich kein Geld habe. Ich besitze gern Geld, deshalb werde ich mich danach umtun, um es meiner Frau und den Armen zu geben. Ich weiß, viele werden sagen, daß Nijinsky vorgibt, Christus zu sein. Ich gebe nichts vor, denn ich liebe seine Werke. Ich habe keine Angst vor Angriffen, deshalb werde ich alles sagen. Ich kenne Tessa. Sie ist auf die Straße gegangen, wie ich als verheirateter Mann es getan habe. Ich habe meine Frau betrogen, denn ich hatte eine solche Samenmenge, daß ich sie abspritzen mußte. Ich spritzte den Samen nicht in die Kokotte, sondern ins Bett. Ich verwendete einen Kondom, auf diese Weise holte ich mir keine venerische Krankheit. Ich bin nicht Venus, deshalb werde ich meine Frau nicht mehr betrügen. Ich habe viel Samen, und ich spare ihn auf für ein neues Kind, denn ich hoffe, mit einem Jungen beschenkt zu werden. Ich liebe meine Frau, und deshalb meine ich es nicht böse mit ihr. Sie fühlt mich, und deshalb hat sie Angst vor mir. Sie glaubt, daß ich alles nur tue, um sie zu schrecken. Ich tue alles für ihre Gesundheit. Sie ißt Fleisch, deshalb ist sie nervös. Ich habe heute Fleisch gegessen, weil Gott es gewollt hat. Gott wollte beweisen, daß es nicht auf das Fleisch, sondern auf ein gerechtes Leben ankommt. Meine Frau weiß, daß ein gerechtes Leben eine gute Sache ist, aber sie weiß nicht, was unter einem gerechten Leben zu verstehen ist. Als gerechtes Leben bezeichnet man ein gottgefälliges Leben. Die Menschen verstehen Gott nicht, deshalb fragen sie sich, was denn das für ein Gott ist, dem man gefällig sein muß. Ich weiß, wie das ist mit Gott, deshalb kenne ich seine Wünsche. Ich liebe Gott. Ich weiß nicht, was ich schreiben soll, denn ich habe an Fränkel und meine Frau gedacht, die sich im anderen Zimmer unterhalten. Ich weiß, daß sie meine Einfälle nicht mögen, aber ich werde damit fortfahren, solange Gott es will. Ich fürchte keinerlei Komplikationen. Ich werde alle um Unterstützung bitten und deshalb keine Angst bekommen, wenn man mir sagt: »Ihre Frau hat den Verstand verloren, denn Sie haben sie zu sehr gequält, deshalb werden wir Sie lebenslang ins Gefängnis stecken.« Ich habe keine Angst vor dem Gefängnis, denn ich werde dort mein Leben finden. Ich werde im Gefängnis sterben, wenn man mich lebenslang einsperrt. Ich meine es nicht böse mit meiner Frau. Ich liebe sie zu sehr, um ihr Böses anzutun. Ich verstecke mich gern vor den Menschen, deshalb bin ich es gewöhnt, allein zu leben. Maupassant schreckte die Einsamkeit. Monte Christo mochte die Einsamkeit seiner Rache wegen. Maupassant schreckte die Einsamkeit, weil er die Menschen liebte. Mich wird die Einsamkeit schrecken, aber ich werde nicht weinen, denn ich weiß, Gott liebt mich, und darum bin ich nicht allein. Ich fühle voraus, was mit mir wird, wenn Gott mich verläßt. Ich weiß, wenn Gott mich verläßt, dann werde ich sterben. Ich will nicht sterben, deshalb werde ich leben wie andere, damit die Menschen mich verstehen. Gott ist die Menschheit. Gott mag diejenigen nicht, die seinen Zielen im Wege stehen. Ich stehe seinen Zielen nicht im Wege, im Gegenteil. Ich bin Gottes Werkzeug. Ich bin ein Mensch Gottes. Ich mag die Menschen Gottes. Ich bin kein Bettler. Ich nehme Geld an, wenn ein Reicher mir welches überläßt. Ich mag die Reichen. Ich weiß, wie das ist mit den Reichen. Ein Reicher hat viel Geld, und ich habe keins. Ich weiß, wenn alle erfahren, daß ich nicht reich bin, werden sie zurückschrecken und sich von mir abwenden, deshalb werde ich nicht täglich, sondern stündlich reicher werden. Ich kenne ein Mittel, reich zu werden. Ich werde ein Pferd ausleihen und mich von dem Pferd kostenlos nach Hause fahren lassen. Mein Frau wird bezahlen. Wenn sie nicht bezahlt, werde ich eine Möglichkeit der Bezahlung finden. Ich will, daß meine Frau mich liebt, deshalb tue ich alles für ihre Entwicklung. Der Entwicklungsgrad ihres Verstandes ist hoch, der ihres Gefühls aber niedrig. Ich will zu ihrer Entwicklung ihren Verstand vernichten. Ich weiß, viele werden sagen, ein Mensch ohne Verstand ist ein Verrückter oder ein Strohkopf. Darauf sage ich, daß einer mit Verstand ein Verrückter oder ein Strohkopf ist. Ein Verrückter ist kein vernunftbegabtes Wesen. Ein Verrückter ist einer, der nicht weiß, was er tut. Ich weiß, was ich Schlechtes und Gutes tue. Ich bin ein Mensch mit Vernunft. In Tolstois Buch *Für alle Tage* ist viel von Vernunft die Rede. Ich habe viel in diesem Buch gelesen, deshalb weiß ich, wie das ist mit der Vernunft. Ich fürchte keine Leute mit Verstand. Leute mit Verstand fürchten Leute mit Vernunft, denn sie fühlen ihre Stärke. Ich bin stark, denn ich fühle, was man über mich spricht. Ich weiß, daß sie sich ausdenken, wie sie mich beruhigen können. Dr. Fränkel ist ein guter Mensch. Meine Frau ist auch gut, aber sie denken viel. Ich fürchte um ihren Verstand. Ich kenne Leute, die von ihren großen Ideen um den Verstand gebracht worden sind, und ich habe Angst um sie, denn sie denken viel. Ich will nicht, daß sie den Verstand verlieren, deshalb werde ich alles für ihre Gesundheit tun.

Ich bereitete meiner Frau Kummer, weil ich sie nicht verstand, und entschuldigte mich, da wurden mir bei jeder Gelegenheit alle meine Fehler vorgehalten. Ich habe Angst vor meiner Frau, denn sie versteht mich nicht. Sie glaubt, ich sei geistesgestört oder böse. Ich bin nicht böse, denn ich liebe sie. Ich schreibe das Leben und nicht den Tod. Ich bin nicht Nijinsky, wie sie denken. Ich bin Gott im Menschen. Ich mag Doktor Fränkel, denn er fühlt mich. Doktor Fränkel ist ein guter Mensch. Meine Frau ist auch gut. Meine Frau glaubt, alles, was ich tue, geschehe mit Absicht. Ich habe sie in meine Pläne eingeweiht, sie hat alles Fränkel erzählt, im Glauben, mir damit einen Gefallen zu tun. Meine Frau versteht meine Ziele nicht, denn ich habe sie ihr nicht anvertraut. Ich will sie ihr nicht anvertrauen. Ich werde fühlen, und sie wird verstehen. Ich verstehe, und sie wird fühlen. Ich will nicht denken, denn denken ist der Tod. Meine Frau hat Angst vor mir, denn sie meint, ich sei ein boshafter Mensch. Ich weiß, was ich tue. Ich meine es nicht böse mit dir. Ich habe dich lieb. Ich will das Leben, und deshalb werde ich mit dir zusammensein. Ich habe mit dir gesprochen. Ich will kein geistiges Gespräch. Die Reden Fränkels sind geistig und die meiner Frau auch. Ich fürchte beide. Ich will sie dich fühlen lassen. Ich weiß, wie weh dir zumute ist. Deine Frau leidet deinetwegen. Ich will den Tod nicht, deshalb greife ich zu allen nur möglichen Kniffen. Mein Ziel werde ich nicht verraten. Sollen sie ruhig denken, daß du ein Egoist bist. Sollen sie dich ins Gefängnis stecken. Ich werde dich befreien, denn ich weiß, daß du mein bist. Ich mag keine kluge Romola. Ich will, daß sie dich im Stich läßt. Ich will, daß du mein bist. Ich will nicht, daß du sie mit der Liebe des Mannes liebst. Ich will, daß du sie mit der Liebe des Gefühls liebst. Ich weiß, wie sich alles, was geschehen ist, vereinfachen läßt. Ich will, daß Doktor Fränkel dich fühlt. Ich will dich beschuldigen, denn er denkt, daß deine Frau eine nervöse Frau ist. Dein Kreuz hat so viel Unheil angerichtet, daß du da nicht wieder herauskommst. Ich kenne deine Fehler, denn ich habe sie begangen. Ich habe das Kreuz absichtlich umgehängt, denn sie fühlte dich. Doktor Fränkel fühlt dich. Er ist extra hergekommen, um deine Absichten zu studieren, und begreift nichts. Er fühlt, daß du recht hast, er fühlt, daß Romola recht hat. Er denkt, und deshalb fällt ihm das Begreifen schwer. Ich weiß, wie man begreifen kann. Ich denke besser als Doktor Fränkel. Ich habe Angst um dich, weil du Angst hast. Ich kenne deine Gewohnheiten. Du liebst mich grenzenlos, denn du unterwirfst dich meinen Anweisungen. Ich weiß, was ich denke. Du weißt, was du denkst. Wir werden wissen, was wir denken. Ich werde alles tun, um dich verstehen zu lernen. Ich liebe deine Frau und dich. Ich meine es gut mit ihr. Ich bin Gott in dir. Ich werde dein sein, wenn du mich verstehen lernst. Ich weiß, was du denkst. Er ist hier und sieht dich unverwandt an. Ich möchte, daß er dich ansieht. Ich will mich nicht umdrehen, denn ich fühle seinen Blick. Ich will ihm zeigen, was du geschrieben hast. Er wird glauben, du seist krank, weil du so viel schreibst. Ich kenne deine Gefühle. Ich verstehe dich gut. Ich schreibe, weil er dich fühlt. Ich will, daß du alles aufschreibst, was ich dir sage. Die Leute werden dich verstehen, denn du fühlst. Deine Frau wird dich verstehen, denn du fühlst. Ich kenne mich darin besser aus als du, darum bitte ich dich, dich nicht umzudrehen. Ich mag Fränkel. Fränkel ist ein guter Mensch. Ich kenne deine Absichten. Ich will sie ausführen, aber du mußt leiden. Alle werden fühlen, wenn sie deine Leiden sehen. Ich weiß, daß er da oben ist. Du hast dich geirrt, denn du hast mich gefühlt. Ich wollte, daß du fühlst, daß Doktor Fränkel hier ist.

Ich will von dem Gespräch erzählen, das ich mit meiner Frau und mit Doktor Fränkel im Speisezimmer führte. Ich habe den Egoisten gespielt, um Doktor Fränkel nachsichtig zu stimmen. Ich weiß, er wird es mir übelnehmen, wenn er von meinen Einfällen erfährt, aber das ist mir gleichgültig, denn ich bin kein böser Mensch. Ich liebe meine Frau und Doktor Fränkel gleichermaßen. Ich bin ein Mensch von gleicher Liebe. In mir ist gleiche Liebe für alle. Ich mache in der Liebe keine Unterschiede. Ich schrieb, daß ich meine Frau über alles liebe, weil ich mein Verhältnis zu meiner Frau zeigen wollte. Ich liebe Tessa gleichermaßen, sie versteht mich bloß nicht. Ich kenne ihre Einfälle. Sie fühlt mich, denn sie fährt in den nächsten Tagen weg. Ich will sie nicht hierhaben. Ich will, daß die Mutter meiner Frau herkommt, denn ich will sie studieren auf mögliche Unterstützung. Ich studiere nicht, um dann darüber zu schreiben. Ich will schreiben, um den Leuten Gewohnheiten zu erklären, durch die das Gefühl stirbt. Ich will dieses Buch nach dem Gefühl benennen. Ich werde dieses Buch *Das Gefühl* betiteln. Ich liebe das Gefühl, deshalb werde ich viel schreiben. Ich will ein großes Buch über das Gefühl, denn darin wird dein ganzes Leben enthalten sein. Ich will das Buch nicht nach deinem Tod herausbringen. Ich will es jetzt herausbringen. Ich fürchte um dich, denn du fürchtest um dich. Ich will die Wahrheit sagen. Ich will niemand kränken. Vielleicht wird man dich für dieses Buch ins Gefängnis werfen. Ich werde mit dir sein, denn du liebst mich. Ich kann nicht schweigen. Ich muß sprechen. Ich weiß, daß man dich nicht ins Gefängnis werfen wird, denn du hast keinen juristischen Fehler begangen. Sollte man darauf verfallen, dir den Prozeß zu machen, dann sagst du, daß alles, was du sagst, Gott sagt. Dann kommst du ins Irrenhaus. Du wirst im Irrenhaus sitzen, und du wirst die Irren verstehen lernen. Ich will, daß man dich ins Gefängnis oder ins Irrenhaus steckt. Dostojewski war Zwangsarbeiter, deshalb kannst du auch irgendwo sitzen. Ich kenne die Liebe von Menschen, deren Herz nicht verstummt, deshalb werden sie es nicht gestatten, daß man dich einsperrt. Du wirst frei sein wie ein Vogel, denn dieses Buch wird in Tausenden von Exemplaren herauskommen. Ich will der Reklame wegen mit Nijinsky unterschreiben, aber mein Name ist Gott. Ich liebe Nijinsky nicht als Narziß, sondern als Gott. Ich liebe ihn, weil er mir das Leben gegeben hat. Ich will keine Komplimente machen. Ich liebe ihn. Ich kenne seine Gewohnheiten. Er liebt mich, denn er kennt meine Gewohnheiten. Ich bin frei von Gewohnheiten. Nijinsky hat Gewohnheiten. Nijinsky ist ein Mensch mit Fehlern. Auf Nijinsky muß man hören, denn er spricht mit dem Munde Gottes. Ich bin Nijinsky. Nijinsky, das bin ich. Ich will nicht, daß man Nijinsky weh tut, darum werde ich ihn beschützen. Ich fürchte um ihn, denn er fürchtet um sich. Ich kenne seine Kraft. Er ist ein guter Mensch. Ich bin ein guter Gott. Ich mag keinen schlechten Nijinsky. Ich mag keinen schlechten Gott. Ich bin Gott. Nijinsky ist Gott. Nijinsky ist ein guter und kein böser Mensch. Die Menschen haben ihn bisher nicht verstanden und werden ihn auch nicht verstehen, wenn sie denken. Ich weiß, wenn ein paar Wochen auf mich gehört würde, dann käme Großes dabei heraus. Ich weiß, alle werden von mir lernen wollen, deshalb hoffe ich auf das Verständnis meiner Lehre. Alles, was ich schreibe, ist eine Lehre, derer die Menschheit unbedingt bedarf. Romola fürchtet sich vor mir, denn sie fühlt, daß ich ein Prophet bin. Romola will keinen Propheten zum Mann haben. Romola möchte einen jungen, schönen und reichen Mann haben. Ich bin reich, schön und jung. Sie fühlt mich nicht, denn sie versteht meine Schönheit nicht. Ich habe keine ebenmäßigen Gesichtszüge. Ebenmäßige Gesichtszüge sind nicht Gott. Gott ist nicht ebenmäßige Gesichtszüge. Gott ist das Gefühl im Gesicht. Ein Buckliger ist Gott. Ich mag die Buckligen. Ich mag die Häßlichen. Ich bin ein häßlicher Mensch mit Gefühl. Ich tanze Bucklige und Gerade. Ich bin ein Künstler, der Gestalten und Schönheit aller Art liebt. Schönheit ist keine relative Angelegenheit. Schönheit ist Gott. Gott ist Schönheit mit Gefühl. Schönheit im Gefühl. Ich liebe Schönheit, denn ich fühle sie, und deshalb verstehe ich sie. Denkende Leute schreiben dummes Zeug über die Schönheit. Über Schönheit debattiert man nicht. Schönheit kritisiert man nicht. Schönheit ist keine Kritik. Ich bin keine Kritik. Kritik ist Besserwisserei. Ich treibe keine Besserwisserei. Ich bin auf Schönheit bedacht. Ich fühle Liebe zur Schönheit. Ich suche keine geraden Nasen. Ich liebe gerade Nasen. Ich liebe die Nase meiner Frau, denn sie hat Gefühl.

Ich will das Böse nicht. Ich will die Liebe. Man hält mich für einen bösen Menschen. Ich bin kein böser Mensch. Ich liebe alle. Ich habe die Wahrheit geschrieben. Ich habe die Wahrheit gesagt. Ich mag die Unwahrheit nicht. Ich will das Gute und nicht das Böse. Ich bin kein Schreckgespenst. Ich bin die Liebe. Man hält mich für ein Schreckgespenst, weil ich mir einmal ein kleines Kreuz umgehängt habe, das mir gefiel. Ich habe es umgehängt, um den Leuten zu zeigen, daß ich katholischen Glaubens bin. Die

Leute haben daraus geschlossen, daß ich geistesgestört sei. Ich war nicht geistesgestört. Ich hatte das Kreuz umgehängt, damit die Leute mich beachteten. Die Leute mögen ruhige Menschen. Ich bin kein ruhiger Mensch. Ich liebe das Leben. Ich will das Leben. Ich mag den Tod nicht. Ich will Menschenliebe. Ich will, daß man mir glaubt. Ich habe die Wahrheit über Tessa, Djagilew, Lloyd George und mich gesagt. Ich bin ein böser Mensch, denn ich will das Gute. Ich will keine Kriege, und deshalb will ich die Leute dazu bringen, mich zu verstehen. Ich will keine Morde. Ich habe zu meiner Frau gesagt, daß ich den, der meine Hefte anrührt, erschieße. Ich werde weinen, wenn ich ihn erschieße. Ich bin kein Mörder. Ich liebe die Menschen. Ich weiß, daß mich keiner liebt. Sie glauben, ich sei krank. Ich bin nicht krank. Ich bin ein Mensch mit Vernunft. Das Zimmermädchen ist hier und paßt auf mich auf, weil sie glaubt, ich sei krank. Ich bin nicht krank. Ich bin ein gesunder Mensch. Ich fürchte um mich, denn ich weiß, was Gott will. Gott will, daß meine Frau mich im Stich läßt. Ich will das nicht, denn ich liebe sie. Ich werde beten, daß sie bei mir bleibt. Ich weiß nicht, was sie jetzt am Telephon zu besprechen haben. Ich denke mir, daß sie mich ins Gefängnis stecken wollen. Ich weine, denn ich liebe das Leben. Ich habe keine Angst vor dem Gefängnis. Ich werde im Gefängnis leben. Ich habe meiner Frau das mit dem Revolver erklärt. Sie ängstigt sich nicht mehr vor mir, aber ihr ist unwohl zumute. Sie glaubt, ich sei ein Bandit. Ich habe schroff gesprochen, um sie zum Weinen zu bringen, denn ich mag Tränen. Ich mag keine durch Leid hervorgerufenen Tränen, deshalb gehe ich jetzt und gebe ihr einen Kuß. Ich will sie nicht küssen, damit sie meint, ich wolle meine Liebe zeigen. Ich liebe sie, ohne es zu zeigen. Ich will sie. Ich will ihre Liebe. Tessa hat erfühlt, daß ich sie liebe, und sie bleibt bei uns. Sie fährt nicht weg. Sie hat angerufen, daß man ihre Fahrkarte verkaufen soll. Ich weiß es nicht genau, aber ich fühle es. Meine kleine Tochter singt: Ah! Ah! Ah! Ah! Ich verstehe nicht, was das heißen soll, aber ich fühle es. Sie will sagen, daß alle Ah! Ah! nicht Angst, sondern Freude ausdrücken.

[Zweites Heft]

Ich kann meiner Frau nicht mehr vertrauen, denn mein Gefühl sagt mir, daß sie diese Hefte Doktor Fränkel für seine Untersuchungen überlassen will. Ich habe gesagt, daß niemand das Recht hat, meine Hefte anzurühren. Ich will nicht, daß jemand anderes sie sich ansieht. Ich habe sie versteckt, und dieses Heft werde ich bei mir behalten. Ich werde alle meine Hefte verstecken, denn die Menschen lieben die Wahrheit nicht ... Ich fürchte für die Menschen, denn ich glaube, daß sie mich kaltmachen werden. Ich liebe die Menschen, selbst wenn sie mich kaltmachen, denn sie sind göttliche Geschöpfe, aber ich werde sie ihrer tierischen Handlungsweise wegen hassen. Ich liebe meine Frau. Sie liebt mich, aber sie glaubt, daß Doktor Fränkel Gott sei. Gott bin ich und nicht Doktor Fränkel. Ich kenne seine Gewohnheiten. Ich verstehe ihn. Er will mein Gehirn untersuchen. Ich will seine Vernunft untersuchen. Ich habe schon seine Vernunft untersucht. Er kann mein Gehirn nicht untersuchen, denn er hat es nicht gesehen. Ich habe für ihn Gedichte aufgeschrieben. Diese Gedichte habe ich extra deshalb gemacht, damit er mein Gehirn sehen kann. Ich habe vernünftige Dinge aufgeschrieben. Doktor Fränkel hat unvernünftige Dinge gefragt, denn er wollte meine Nerven untersuchen. Ich habe ihm schnell und zusammenhängend geantwortet. Meine Frau hat schnell und unzusammenhängend geantwortet. Ich habe die Gedichte für ihn aufgeschrieben, damit er sie zur Erinnerung sicher aufbewahrt. Ein Gedicht wollte er nicht annehmen, weil er glaubte, dieses Gedicht sei für die psychische Untersuchung unwichtig. Der Doktor hat all das gemacht, weil er dachte, daß ich nicht weiß, was ich tue. Ich weiß alles, was ich tue, deshalb fürchte ich ihre Angriffe nicht. Doktor Fränkel ist heute in Samaden. Er glaubt, ich wisse nichts von seinen Einfällen. Er glaubt, ich verstehe nichts von dem, was er tut. Er glaubt, daß ich das Begriffsvermögen verloren habe. Ich habe ihm absichtlich diese Rolle vorgespielt, damit er mich ins Irrenhaus steckt. Ich weiß, daß Tessa meinetwegen Doktor Fränkel angerufen hat. Ich habe keine Angst vor ihren Einfällen. Ich kenne die Liebe meiner Frau. Sie wird mich nicht im Stich lassen. Sie hat Angst vor mir, aber sie wird mich nicht im Stich lassen. Ich habe Angst, daß man mich ins Irrenhaus steckt und daß ich meine Arbeit ganz verliere. Ich habe die Hefte hinter dem Schrank versteckt. Ich liebe meine Hefte zu sehr, um ihren Verlust in Kauf zu nehmen. Ich habe notwendige Dinge aufgeschrieben. Ich will den Tod des Gefühls nicht. Ich will, daß die Leute mich verstehen. Ich kann nicht so weinen, daß Tränen auf meine Hefte fließen. Ich weine tiefinnerlich. Ich bin betrübt. Ich liebe alle. Ich schreibe schnell, aber sauber. Ich weiß, daß den Leuten meine Schrift gefallen wird. Ich schreibe gern sauber, denn ich möchte, daß man versteht, was ich schreibe. Ich habe keine Angst davor, gedruckt zu werden. Ich werde gern gedruckt, aber beim Drucken läßt sich das Gefühl des Aufgeschriebenen nicht wiedergeben. Ich mag das Maschinenschreiben nicht. Ich mag keine Stenographie. Ich mag die Stenographie, wenn etwas schnell niedergeschrieben werden soll. Ich halte es für notwendig, stenographieren zu können. Ich werde schnell sprechen, und meine Rede wird mitstenographiert werden. Ich mag die Stenographen. Ich will nicht, daß der Stenograph sein ganzes Leben der Stenographie widmet. Ich mag die Stenographie, die die Reden Wilsons mitschreibt. Ich mag die Stenographie nicht, die die Reden Lloyd Georges mitschreibt. Ich mag beide Stenographien, aber ich will, daß die Leute ihren Sinn verstehen. Ohne die Rede Lloyd Georges ist die Rede Wilsons nicht zu verstehen. Ich will, daß Wilson seine Aufgaben erfüllt, denn seine Aufgaben sind der Wahrheit näher. Ich fühle den Tod Wilsons. Ich fürchte, daß man ihm eine Kugel in den Kopf jagen wird oder in irgendein anderes Organ, das so etwas nicht verträgt. Ich habe Clemenceaus* Tod befürchtet. Clemenceau ist ein guter Mensch. Seine Politik ist dumm, deshalb hängt sein Leben an einem seidenen Faden. Die Leute spüren seine Fehler. Die Leute glauben, daß Clemenceau Franzose sei. Ich glaube, Clemenceau ist Engländer. Ich weiß, daß er in Frankreich aufgewachsen ist. Ich weiß, daß seine Mutter und sein Vater Franzosen sind. Ich weiß, daß sein Verstand bei den Engländern ist. Er weiß das nicht, und deshalb hängt sein Leben an einem seidenen Faden. Ich mag Clemenceau, denn er ist ein Kind. Ich kenne Kinder, die unbeabsichtigt schreckliche Dinge tun, weil sie schreckliche Gouvernanten haben. Clemenceau ist das Kind, und England ist die Gouvernante, die ihm Englisch beibringt. Ein Franzose kann seine Sprache nicht aufgeben und eine fremde erlernen, denn der Franzose ist lebendig. Die Engländer wollen Frankreich dazu bringen, auf dem Hahnenkopf die engli-

---

* Georges Benjamin Clemenceau (1841-1929), französischer Politiker; 1917-1920 Ministerpräsident.

sche Kappe zu tragen. Der französische Hahn mag keinen Widerspruch, deshalb wollen sie den Hahn erschießen. Der Hahn kann nicht fliegen, denn er ißt viel. Die Engländer essen nicht viel, deshalb ist es schwierig, sie zu töten. Der Engländer ißt viel, wenn er den französischen Hahn ordentlich gefüttert hat. Wenn der französische Hahn vollgestopft ist, platzt er, und der Engländer kann ihn auflesen. Lloyd George weiß nicht, daß man ihn verstehen wird, deshalb trägt er den Kopf hoch. Ich will Lloyd Georges Kopf von seiner Höhe herunterholen, deshalb will ich dieses Buch herausbringen, sobald er tot ist. Sein Tod wird unerwartet kommen, denn er glaubt, daß ihn alle mögen. Ich mag ihn, aber ich schreibe die Wahrheit. Ich weiß, daß Clemenceau mich verstehen wird, wenn er dieses Heft liest. Ich will ihm dieses Heft als erstem zeigen. Ich werde nach Frankreich fahren und dieses Heft ins Französische übersetzen. Ich werde Clemenceau sagen, daß in diesem Heft von ihm die Rede ist und daß er es deshalb ganz lesen muß. Ich werde ihn beeindrucken. Er wird keine Angst bekommen, denn er fühlt seine Fehler. Ich habe gestern Clemenceau verteidigt, als ich der Präsidentengattin Harriman* sagte, daß Clemenceau ein Mensch sei und kein wildes Tier. Ich weiß, daß Clemenceau nicht käuflich ist, denn ich fühle seine Reden. Ich weiß, daß Clemenceau Wilson mag. Clemenceau ist die Politik Frankreichs. Poincaré** bleibt genauso untätig wie der englische König. Clemenceau ist ein Mensch, der

---

* Gemeint ist der Bürgermeister von St. Moritz Hartmann. ** Raymond Poincaré (1860-1934), französischer Politiker; 1912-1913 Ministerpräsident und Außenminister, 1913-1920 Staatspräsident.

viel arbeitet. Clemenceau liebt Frankreich. Clemenceau ist ein Mensch mit Liebe. Clemenceau ist ein Irrtum unterlaufen, als er Frankreich in den Tod schickte. Clemenceau ist ein Mensch, der nach dem Guten strebt. Clemenceau ist ein Kind mit ungeheurem Verstand. Lloyd George ist ein Heuchler. Lloyd George ist Djagilew. Djagilew will keine Liebe zu allen. Djagilew will Liebe zu sich selbst. Ich will Liebe zu allen. Ich werde Dinge schreiben, die Clemenceau versteht. Mir gefällt an Clemenceau, daß er Wilson fühlen ließ, er stimme mit seinen Ideen überein. Ich fürchte um Clemenceaus Leben. Clemenceau ist ein freier Mensch. Seine Zeitung sagt alles, was er fühlt. Seine Zeitung irrte sich, als sie sagte, daß Krieg geführt werden müsse. Ich weiß, alle werden sagen, daß er der Mörder von Millionen sei. Ich weiß, daß alle ihn hassen. Ich weiß, daß er ein guter Mensch ist, der nicht vorhatte, Frankreich umzubringen. Ich verstehe die Machenschaften Lloyd Georges. Die Machenschaften Lloyd Georges sind gräßlich. Er will Clemenceau umbringen, weil der ihm den Rücken gekehrt hat. Ich weiß, daß Clemenceau nach der Wahrheit sucht, deshalb ist seine Politik gut. Ich will Clemenceau helfen, deshalb werde ich schon bald nach Frankreich fahren. Ich werde den englischen Behörden sagen, daß ich Pole bin und zugunsten armer Polen in Frankreich tanzen will. Ich bin Pole mütterlicher- und väterlicherseits, aber ich bin Russe, denn dort wuchs ich auf. Ich liebe Rußland. Ich bin Rußland. Ich mag die Scheinheiligkeit der Polen nicht. Die Polen sind ein schreckliches Volk, denn Pederewski* hat mit Lloyd George ein Kom-

* Ignacy Jan Paderewski (1860-1941), polnischer Pianist, Komponist und Politiker.

plott geschmiedet. Pederewski ist ein Mann der Politik. Pederewski hat nichts mit Päderastie zu tun. Ich bin keine Päderasterei. Pederewski ist kein Päderast. Pederewski ist ein geistvoller Pianist. Ich mag keine geistvollen Pianisten. Geistvolle Musik ist eine Maschine. Gefühlvolle Musik ist Gott. Ich mag Pianisten, die mit Gefühl spielen. Ich mag keine Technik ohne Gefühl. Ich weiß, man wird mir sagen, Pederewski sei ein Musiker mit Gefühl. Darauf sage ich, daß Pederewski ein Musiker ohne Gefühl ist. Ich mag keine Politik. Pederewski mag die Politik. Ich hasse die Politiker, die ihre Staaten zu vergrößern trachten. Ich mag eine Politik, die die Staaten vor Kriegen bewahrt. England zettelt gern Streit an. England will Streit zwischen Amerika und Japan. Ich weiß, warum England Streit zwischen Amerika und Japan will. Ich kenne die Anwandlungen der Japaner. Die Japaner sind schlau, deshalb werden sie England durchschauen, wenn ich ihnen alles sage. Ich kenne die Japaner. Ich mag die Japaner. Ich mag die japanische Flotte nicht, denn sie bedroht Amerika. Ich mag Amerika. Ich habe in Amerika Geld verdient. Ich wünsche Amerika Glück. Ich weiß, daß man Taft* umgebracht hat. Ich weiß, wer Taft umgebracht hat. Taft hatte seinen Irrtum erkannt und Wilsons Politik befürwortet, da schickte England einen Banditen aus, der ihn erschossen hat. Ich kenne diesen Banditen. Diesen Banditen trifft keine Schuld. Man hat ihm viel Geld gegeben, er hat sich aus Amerika abgesetzt. Ich werde sein Leben nicht behindern. Ich mag ihn. Dieser Mann ist arm und wollte gut leben. Ich weiß, daß die Polizei nach ihm

* William Howard Taft (1857-1930), amerikanischer Politiker; 1909-1913 Präsident der USA.

sucht, die Engländer ihn aber schützen. Ich kenne die Geheimagenten. Ich weiß, was nötig ist, um ihn aufzuspüren. Ich werde ihn nicht suchen. Nach ihm braucht man nicht zu suchen, ihn trifft keine Schuld an Tafts Tod. Tafts Tod ist die englische Politik. Ich habe keine Angst vor dem Tod, deshalb können sie auf mich schießen, soviel sie wollen. Ich habe Angst, verwundet zu werden. Ich mag keine Schmerzen. Ich weiß, wenn die Engländer lesen, was ich schreibe, werden sie mich erschießen. Ich habe keine Angst, erschossen zu werden. Sie haben Angst davor, daß ich die ganze Wahrheit sage. Ich werde die ganze Wahrheit nach meinem Tod sagen, denn ich hinterlasse Erben. Meine Erben werden weiterführen, was ich begonnen habe.

Ich werde die Wahrheit schreiben. Ich bin Zola, aber ich schreibe nicht gern Romane. Ich will sprechen und keine Romane schreiben. Romane stören das Verständnis des Gefühls. Ich mag Romane, weil Romola sie mag. Ich suche in Romanen nicht Romane, sondern die Wahrheit. Zola hat mit seinen Romanen die Wahrheit verschleiert. Ich mag keine Verschleierungen. Verschleierung ist ein heuchlerisches Prinzip. Ich bin das Prinzip. Ich bin die Wahrheit. Ich bin das Gewissen. Ich bin die Liebe zu allen. Ich will nicht, daß Banditen ins Gefängnis gesteckt oder getötet werden. Banditen oder Diebe sind nichts Schlimmes. Ich habe keine Angst vor Banditen. Ich habe Angst vor dem Revolver. Ich weiß, daß alle Revolver waren während des Krieges der ganzen Welt auf dem Erdball. Ich weiß, daß alle Banditen waren. Ich weiß, daß die Regierung sich vor die Banditen gestellt hat, denn das

Banditentum der Regierungen steht unter dem Schutz der Regierungen. Ich weiß, daß Gott einer kriegführenden Regierung keinen Schutz gewährt. Ich weiß, daß Gott diesen Krieg gewollt hat. Ich weiß, daß Gott keine Kriege will und deshalb den Menschen schreckliche Prüfungen auferlegt hat. Ich bin selbst ein Bandit, denn ich töte den Verstand. Ich will nicht die Ausprägung des Verstandes, sondern die der Vernunft. Ich mag Leute mit Verstand, deshalb werde ich sie nicht mit dem Revolver töten. Ich bin kein Revolver. Ich bin Gott. Ich bin die Liebe. Ich will Doktor Fränkel einen Brief schicken. Ich werde diesen Brief in mein Heft und nicht auf Briefpapier schreiben.

Lieber Freund Fränkel. Ich habe dich gekränkt, aber ich wollte dich nicht kränken, denn ich liebe dich. Ich meine es gut mit dir, deshalb habe ich den Geisteskranken gespielt. Ich wollte, daß du mich erfühlst. Du hast mich nicht erfühlt, denn du glaubst, ich sei geisteskrank. Ich habe mich als nervös ausgegeben, damit du erfühlst, daß ich nicht nervös bin. Ich bin ein Mensch, der sich als ein anderer ausgibt. Ich meine es nicht böse mit meiner Frau. Ich liebe sie. Ich liebe dich. Ich bin die Politik Christi. Ich bin Christus. Ich mag nicht verlacht werden. Ich bin nicht lächerlich. Ich liebe alle, und alle zu lieben ist nichts Lächerliches. Ich kenne dich. Du fühlst. Du liebst deine Frau. Ich liebe auch. Du magst keine beunruhigenden Dinge, denn deine Nerven sind schwach. Meine Nerven sind stark. Ich will keine Propaganda zur Vernichtung nervöser Leute. Ich bin keine Propaganda. Ich mache keine Propaganda. Ich weiß, daß du ein Deutscher bist.

Du bist in der Schweiz geboren, aber deine Erziehung ist deutsch. Ich mag die Deutschen. Die Deutschen haben Kriege geführt, und du hast sie gemocht. Ich habe die Deutschen nicht gemocht, aber ich habe dich meiner Frau wegen geholt. Du hast sie geheilt. Ich mag dich, denn du magst sie. Die Behandlung müßtest du kostenlos machen, denn du bist reich. Ich verstehe dich. Du willst deiner Frau alles geben, was sie glücklich machen kann, aber du vergißt, daß es viele Menschen gibt, die leiden. Du sagst, daß du Deutschland liebst. Ich liebe es auch. Du bist reich, spendest aber kein Geld für arme Deutsche. Die Deutschen sterben vor Hunger. Ich weiß, du wirst mir sagen, daß die Schweiz den Deutschen nicht helfen kann, weil sie selbst nicht genug hat. Ich verstehe die Lage der Schweiz sehr gut. Die Schweiz ist zwischen zwei Feuer geraten. Das englische und das deutsche. Beide Feuer sind schrecklich. Ich mag kein Feuer, das Leben zerstört. Ich liebe wärmendes Feuer. Ich weiß, daß ohne Feuer kein Heizen möglich ist, deshalb bitte ich alle, mir zu helfen. Regierungsgesellschaften zu gründen ist nicht nötig. Ich bin die Regierung. Die Liebe wird Schluß machen mit dem Regieren. Ich liebe die Regierung von Wilson. Ich will die Liebe. Ich will, daß Wilson die Regierungen vernichtet. Ich verstehe, daß das nicht sofort zu machen ist. Alles muß erst heranreifen. Ich mag keine Eiterbeulen. Ich will sie beseitigen. Die Eiterbeule ist eine schreckliche Sache. Wenn die Eiterbeule platzt, verursacht sie Schmerzen, und nach den Schmerzen hinterläßt sie ein Loch, aus dem Blut fließt. Ich will kein Blut, deshalb bitte ich Doktor Fränkel, mir zu helfen. Ich mag ihn und hoffe, daß er mir helfen wird. Ich will nicht den Tod meiner Frau. Ich liebe sie. Ich habe schlecht gehandelt, damit der Doktor mir hilft. Ich will, daß der Doktor einen Einschnitt macht. Ich will nicht, daß die Eiterbeule meiner Frau Schmerzen verursacht. Ich bin keine Eiterbeule. Ich bin Liebe. Ich weiß, daß meine Einfälle meine Frau nervös machen. Ich weiß, daß man mich zwingen wird, von hier wegzufahren. Ich weiß, daß meine Sachen schon gepackt sind. Ich weiß, was es heißt, zugrunde zu gehen. Zugrunde zu gehen ist eine furchtbare Sache. Ich werde meine Frau um Vergebung bitten, wenn der Doktor es mir sagt. Ich kenne ein Heilmittel, aber das nenne ich dir nicht. Ich will, daß du meine Frau gesund machst. Ich kann mich nicht bessern. Ich will mich nicht bessern. Ich bin böse, weil ich es gut mit meiner Frau meine. Ich habe vor nichts Angst. Ich habe Angst vor dem Tod der Vernunft. Ich will den Tod des Verstandes. Meine Frau wird nicht den Verstand verlieren, wenn ich ihn getötet habe. Verstand ist Dummheit, und die Vernunft ist Gott. Der Doktor glaubt, daß ich alles auf dem Gefühl aufbaue, deshalb glaubt er, daß ich ohne Verstand sei. Ein Mensch, der alles auf dem Gefühl aufbaut, ist nicht schrecklich. Seine Gefühle sind schrecklich. Ich mag keine schlechten Gefühle, deshalb gehe ich meiner Frau einen Kuß geben.

Ich will von zu Hause weggehen, ohne zu frühstücken, aber Gott will, daß alle meinen Appetit sehen, deshalb werde ich essen. Ich werde essen kommen, wenn man mich ruft. Ich werde sagen, daß Gott es mich tun heißt. Ich habe keine Angst vor Fränkel. Fränkel wird mich verstehen. Fränkel wird mir ein enger Freund sein. Fränkel fühlt mich. Ich will ihm helfen. Er ist ein Mensch, der Gedichte fühlt. Ich fühle sie auch. Ich will jetzt für ihn ein Gedicht schreiben, damit er es fühlen kann. Ich werde eine Abschrift von diesem Gedicht machen.

> Ich bin Liebe, ich bin Blut.
> Ich bin Christi Blut.
> Ich liebe dich.
> Ich liebe alle.
> Ich bin Liebe in dir
> Du bist Liebe in mir.
> Ich will sagen dir, Liebe, das ist Blut
> Ich bin Blut in dir nicht.
> Ich bin Blut in dir
> Ich lieb das Blut, doch nicht Blut im Blut.
> Ich lieb das Blut.
> Ich hab Christus lieb.
> Ich bin Christi Blut nicht.
> Ich bin Christus.

Ich schreibe gern Gedichte, aber Gedichte zu schreiben ist schwer, denn ich bin es nicht gewöhnt. Ich versuche es mit noch einem.

> Sagen will ich von dem Blut,
> Meine Liebe ist nicht dort,
> Ich will lieben ...
> Ich will sagen ...
> Ich will ...
> Ich ...
> Ich lieb dich ...
> Ich will lieben alle ...

Ich will nicht ...
Ich will ...

Ich kann nicht in Versen sprechen, denn ich fühle sie nicht. Ich werde Verse schreiben, wenn Gott es will. Ich wollte an einem Beispiel unfertige Verse zeigen. Ich mag das Bereiten von Versen nicht, deshalb habe ich von dem Gedicht gelassen, das ich nicht gefühlt habe.
Ich will in Versen schreiben.

> Ich will lieben lieben dich
> Ich will schelten schelten dich
> Ich will Dich* nur Dich
> Ich will Ihn nur Ihn.
> Ich will lieben lieben ihn, wenn auch du ihn hast geliebt
> Ich will lieben lieben dich, wenn auch Er gewinnt dich lieb
> Ich will lieben lieben dich, ich will Lieb in dir
> Ich kann lieben lieben dich, ich bin dein, und Du bist mein
> Ich will lieben lieben dich, du kannst fühlen nicht.
> Ich will lieben lieben dich, denn du liebst mich nicht.
> Ich will sagen sagen dir. Du bist klug, Du bist dumm
> Ich will sagen sagen dir. Du bist Gott, ich bin in dir.
> Ich will sagen sagen dir. Ich lieb dich lieb dich mein Gott.
> Du willst Gutes nicht für mich. Ich will Gutes nur für dich.

* Die Groß- und Kleinschreibung der Pronomen entspricht dem Original. Die Interpunktion ist dem Original nachempfunden.

Weinen werde ich nicht so, sondern weinen so.
Ich will Liebe nur für dich. Du kannst es mir
   sagen nicht.
Ich hab allezeit dich lieb. Ich bin dein, und du
   bist mein.
Ich will dich will dich mein Gott. Du bist mein, und
   ich bin dein.
Ich will sagen sagen dir. Du bist Lieb in mir.
Ich will sagen sagen dir. Du bist Lieb in meinem Blut.
Ich bin Blut nicht selbst in dir. Ich bin Blut.
Ich bin Blut bin Blut in dir. Ich bin Blut nicht.
Ich bin in der Seele Blut. Ich bin Seel in dir.
Du bist Blut nicht in der Seel. Ich bin Seel in dir.
Ich hab allezeit dich lieb. Ich will lieben dich.
Ich hab allezeit dich lieb. Ich will Liebe allezeit.
Ich will dich, nur dich allein. Ich bin Gott, ich
   bin Gott.
Ich bin der, der fühlet dich. Ich lieb allezeit nur dich.
Ich will dich, nur dich allein. Ich will dich, nur dich
   allein. Ich bin allezeit dein.
Ich bin allezeit in dir. Ich bin allezeit in dir.
Ich hab allezeit dich lieb. Eiapopeia, eiapopei.
Du schläfst nicht, ich schlafe nicht, immer schlafen
   kannst du nicht.
Ich seh wachsen deinen Schlaf. Ich wachs wie
   dein Schlaf.
Ich lieb deinen Schlaf in dir. Ich will Gutes nur
   für dich.
Ich lieb deines Schlafes Macht. Ich will Lieb zu dir.
Ich weiß nicht, was sagen dir, ich weiß nicht, was
   schweigen.

Ich hab allezeit dich lieb, ich will lieben allezeit dich.
Ich will Gutes nur für dich. Ich will das für allezeit.
Ich bin allezeit allezeit. Ich bin alles alles.
Ich will Gutes nur für dich. Ich lieb allezeit ja dich.
Ich will dich ...

Ich kann nicht länger in Versen schreiben, denn ich wiederhole mich. Ich ziehe es vor, einfach zu schreiben. Die Einfachheit erlaubt mir zu erklären, was ich fühle. Ich mag Fränkel. Ich weiß, daß er ein sehr guter Mensch ist. Ich kenne ihn. Er meint es gut mit meiner Frau. Er will die Dinge einrenken. Ich mag das Einrenken. Ich mag die Liebe. Mir wären fast die Tränen gekommen, als er mir sagte, er sei mein Freund. Ich weiß, daß er mich fühlt, denn er hat meine Gedichte zu fühlen vermocht. Ich habe ihm meine Verse gegeben. Ich weine, und fast fangen meine Tränen an zu tropfen. Ich will nicht weinen, denn die Leute werden denken, daß ich ihnen etwas vormache. Ich mag die Leute, deshalb will ich sie nicht betrüben. Ich werde sehr wenig essen. Ich will abmagern, denn meine Frau fühlt mich nicht. Sie wird zu Fränkels gehen. Ich werde allein bleiben. Ich werde allein weinen. Ich weine immer mehr, aber ich werde das Schreiben nicht lassen. Ich habe Angst, daß Doktor Fränkel, mein Freund, hereinkommt und mich weinen sieht. Ich will ihn nicht mit meinen Tränen rühren. Ich werde schreiben und meine Tränen wegwischen. Ich weine nicht laut, und nebenan hören sie mich nicht. Ich weine so, daß ich niemanden störe. Ich fühle den Husten des Doktors, der einen weinerlichen Husten hat. Er fühlt Weinen und Husten. Husten ist Weinen, wenn man den Husten fühlt. Ich mag Fränkel. Ich mag Tessa. Ich kenne kein Weinen. Ich will ...

Ich kann nicht weinen, denn ich fühle Tessas Weinen. Sie fühlt mich. Ich liebe sie. Ich wünsche ihr nichts Schlechtes. Ich mag sie. Sie fühlt mich, wenn ich weine. Ich werde sie nicht verabschieden. Ich kenne ihre Gedanken. Sie glaubt, ich spiele ihr etwas vor, aber ich spiele nichts vor. Ich werde zu meiner Frau gehen, wenn sie abgefahren ist. Ich will keine Szenen. Ich mag die Ruhe. Ich werde jetzt nicht weinen, denn alle werden mich bedauern. Ich mag es nicht, bedauert zu werden, ich will geliebt werden. Ich habe sie nicht verabschiedet, denn Gott will nicht, daß ich das Schreiben lasse. Ich habe Tessa zum Abschied geküßt, während ich diese Worte niederschrieb. Ich will nicht, daß sie meint, ich sei ein schwacher Mensch. Sie hat meine Tränen gesehen, aber sie sah nicht meine Schwäche. Ich habe mich schwach gestellt, denn Gott wollte es. Ich kenne die Liebe der Meinigen, die meine Frau nicht allein lassen wollen. Ich werde nicht zu meiner Frau gehen, denn der Doktor will es nicht. Ich bleibe hier, um zu schreiben. Sollen sie mir mein Essen herbringen. Ich will an keinem Tisch mit aufgelegtem Tuch essen. Ich bin arm. Ich habe nichts und ich will nichts. Ich weine nicht, während ich diese Zeilen schreibe, aber mein Gefühl weint. Ich wünsche meiner Frau nichts Böses. Ich liebe sie über alles. Ich weiß, wenn man uns trennt, werde ich verhungern müssen. Ich weine ... Ich kann meine Tränen nicht zurückhalten, die auf meine linke Hand und auf meine seidene Krawatte tropfen, aber ich will sie nicht zurückhalten. Ich werde viel schreiben, denn ich fühle, daß ich zugrunde gehen muß. Ich will nicht zugrunde gehen, deshalb will ich Liebe für sie. Ich weiß nicht, was ich zu tun habe, aber ich will schreiben. Ich werde essen gehen und mit Appetit essen, wenn Gott es will. Ich will nicht essen, denn ich liebe ihn. Gott will, daß ich esse. Ich will die Meinigen nicht gegen mich aufbringen. Wenn ich sie gegen mich aufbringe, muß ich verhungern. Ich liebe Luise und Maria. Maria gibt mir zu essen, und Luise umsorgt mich.

Ich bin müde, aber meine Frau fühlt nicht, sie denkt im Schlaf. Ich denke nicht, deshalb werde ich nicht schlafen gehen. Ich schlafe nicht durch Pulver. Egal, welches Medikament man mir gibt, ich schlafe nicht. Und wenn sie mir Morphium unter die Haut spritzen, ich schlafe trotzdem nicht ein. Ich kenne meine Gewohnheiten. Morphium mag ich, aber den Tod mag ich nicht. Morphium ist der Tod. Ich bin kein Morphium. Meine Frau hat ein Pulver mit Morphium eingenommen, deshalb ist sie ganz benommen. Sie schläft nicht. Ich weiß, daß der Doktor will, daß sie schläft. Ich will nicht, daß sie schläft, aber ich werde ihr den Schlaf geben. Das wird ein großer Schlaf sein. Sie wird nicht sterben. Sie wird leben. Ihr Tod ist bereits da, denn sie vertraut Fränkel nicht. Sie hat ein Pulver eingenommen und kann nicht einschlafen. Ich bin lange bei ihr gewesen. Ich bin lange sitzen geblieben. Ich habe mich schlafend gestellt. Mein Gefühl veranlaßt mich, das zu tun. Ich fühle, und ich handle. Ich tue nichts gegen mein Gefühl. Ich will kein Vortäuschen. Ich bin kein Verstellen. Ich bin das göttliche Gefühl, das mich zum Handeln veranlaßt. Ich bin kein Fakir. Ich bin kein

Hexenmeister. Ich bin Gott im Körper. Alle haben dieses Gefühl, nur macht niemand davon Gebrauch. Ich mache Gebrauch davon. Ich kenne seine Wirkung. Ich liebe seine Wirkung. Ich will nicht, daß man denkt, mein Gefühl sei spiritistische Trance. Ich bin keine Trance. Ich bin Liebe. Ich bin das Gefühl in der Trance. Ich bin Liebestrance. Ich bin ein Mensch im Trancezustand. Ich will es ausdrücken und kann nicht. Ich will es beschreiben und kann nicht. Ich will im Trancezustand schreiben. Ich bin Trance mit Gefühl, und diese Trance heißt Vernunft. Alle Menschen sind vernunftbegabte Wesen. Ich will keine Wesen ohne Vernunft, deshalb möchte ich, daß sich alle in Gefühlstrance befinden. Meine Frau ist in Pulvertrance, und ich bin in Gottestrance. Gott möchte, daß ich schlafe. Ich schlafe und schreibe. Ich sitze und schlafe. Ich schlafe nicht, denn ich schreibe. Ich weiß, viele werden sagen, daß ich dummes Zeug schreibe, aber ich muß sagen, alles, was ich schreibe, hat einen tiefen Sinn. Ich bin ein Mensch mit Sinn. Ich mag keine Menschen ohne Sinn. Ich will einen anderen Spaziergang beschreiben.

Einmal war ich in den Bergen und stieß auf einen Weg, der auf einen Berg hinaufführte. Ich folgte ihm ein Stück und machte halt. Ich wollte auf dem Berg reden, denn ich verspürte das Verlangen danach. Ich habe nicht geredet, denn ich dachte, alle würden sagen, dieser Mensch ist geistesgestört. Ich war nicht geistesgestört, denn ich fühlte. Ich fühlte keinen Schmerz, sondern Menschenliebe. Ich wollte vom Berg ins Städtchen St. Moritz hinunterschreien. Ich habe nicht geschrien, denn ich fühlte, daß ich weitergehen mußte. Ich ging weiter und sah einen Baum. Der Baum sagte mir, das sei hier kein Ort zum Reden, denn die Leute verstünden nichts von Gefühl. Ich setzte meinen Weg fort. Es tat mir leid, mich von dem Baum zu trennen, denn er hatte mich gefühlt. Ich ging also. Ich stieg bis auf zweitausend Meter hinauf. Ich stand lange. Ich spürte eine Stimme und rief auf französisch: »Parole!« Ich wollte sprechen, aber meine Stimme war so stark, daß ich nicht sprechen konnte und losschrie: »Ich liebe alle, und ich will das Glück! Ich liebe alle! Ich will alle!« Ich kann nicht Französisch sprechen, aber ich werde es lernen, wenn ich allein spazierengehe. Ich will laut sprechen, damit man mich fühlt. Ich will alle lieben, deshalb will ich in allen Sprachen sprechen. Ich kann nicht in allen Sprachen sprechen, deshalb schreibe ich, und was ich aufschreibe, wird übersetzt werden. Ich werde Französisch sprechen, so gut ich kann. Ich fing an, Französisch sprechen zu lernen, wurde aber gestört, denn mir kamen Leute entgegen, die sich verwunderten. Ich wollte nicht, daß die Leute sich meinetwegen verwunderten, deshalb machte ich den Mund zu. Ich machte ihn zu, sobald ich es fühlte. Ich fühle, ehe ich etwas sehe. Ich weiß als erster, was kommt. Ich werde es den Leuten nicht im voraus sagen. Ich weiß, was mein Füller braucht, um gut zu schreiben. Ich verstehe meinen Füller. Ich kenne seine Gewohnheiten, und deshalb kann ich mir einen besseren ausdenken. Ich werde mir einen besseren ausdenken, denn ich fühle, was dazu gebraucht wird. Ich mag nicht aufdrücken, der Fountain-Plume aber mag das Aufdrücken. Ich bin es gewöhnt, mit Bleistift zu schreiben, denn er ermüdet mich weniger. Der Fountain-Plume ermüdet meine Hand, denn ich muß aufdrücken. Ich werde mir einen Füllhalter ohne Aufdrücken ausdenken. Das Aufdrücken des Fountain-Plume läßt keine Schönschrift zu, deshalb drückt man besser nicht auf. Das Aufdrücken ist nicht gut für die Schrift, aber ich werde mich von meinem Füller nicht trennen, bevor ich mir einen neuen ausgedacht habe. Wenn mein Füller kaputtgeht, lasse ich ihn reparieren. Wenn die Feder ermüdet, gehe ich mir eine neue kaufen. Ich werde diesen Füller nicht wegwerfen, solange er schreibt. Ich werde mich von dem Füller nicht trennen, bevor ich mir einen neuen ausgedacht habe. Ich will, daß die Menschen an seiner Vervollkommnung arbeiten, deshalb werde ich mit diesem Füller schreiben. Ich liebe vollendete Dinge. Ich liebe die Dinge als solche nicht. Ich liebe Dinge, wenn sie nötig sind. Ich halte nichts von der Reklame, denn sie lügt. Ich liebe die Reklame, denn sie ist die Wahrheit. Ich liebe die Wahrheit, deshalb werde ich mit diesem Füller die ganze Wahrheit schreiben.

Ich ging spazieren und dachte an Christus. Ich bin ein polnischer Christ von katholischer Konfession. Ich bin ein Russe, denn ich spreche russisch. Meine Tochter spricht kein Russisch, denn der Krieg hat mein Leben geformt. Meine Kleine singt russisch, denn ich singe ihr russische Lieder vor. Ich liebe die russischen Lieder. Ich liebe die russische Sprache. Ich kenne viele Russen, die keine Russen sind, denn sie sprechen fremdländisch. Ich weiß, daß der ein Russe ist, der Rußland liebt. Ich liebe Rußland. Ich liebe Frankreich. Ich liebe England. Ich liebe Amerika. Ich liebe die Schweiz. Ich liebe Spanien, ich liebe Italien, ich liebe Japan, ich liebe Australien, ich liebe China, ich liebe Afrika, ich liebe Transvaal, ich will alle lieben, und darum bin ich Gott. Ich bin kein Russe und kein Pole. Ich bin kein Fremder und kein Kosmopolit. Ich liebe die russische Erde. Ich werde mir ein Haus in Rußland bauen. Ich weiß, daß die Polen über mich schimpfen werden. Ich verstehe Gogol, denn er liebte Rußland. Ich liebe Rußland auch. Rußland fühlt am meisten von allen. Rußland ist die Mutter aller Staaten. Rußland liebt alle. Rußland ist keine Politik. Rußland ist Liebe. Ich werde nach Rußland fahren und dieses Buch vorstellen. Ich weiß, daß mich viele in Rußland verstehen werden. Rußland, das sind nicht die Bolschewiken. Rußland, das ist meine Mutter. Ich liebe meine Mutter. Meine Mutter lebt in Rußland. Sie ist Polin, aber sie spricht Russisch. Sie hat sich ihren Lebensunterhalt in Rußland verdient. Ich habe mich von russischem Brot und Kohlsuppe ernährt. Ich mag die Kohlsuppe ohne Fleisch. Ich bin Tolstoi, denn ich liebe ihn. Ich will Liebe zu meinem Rußland. Ich kenne seine Unzulänglichkeiten. Rußland hat die Kriegspläne zunichte gemacht. Der Krieg wäre eher zu Ende gegangen, hätte Rußland nicht den Bolschewiken hereingelassen. Der Bolschewik ist nicht das russische Volk. Der Bolschewik ist nicht das Arbeitervolk. Das russische Volk ist ein Kind. Man muß es lieben und gut leiten. Ich will das Haupt der Bolschewiken nennen und kann mich nicht an seinen Namen erinnern, denn ich bin kein Bolschewik. Die Bolschewiken vernichten alles, was ihnen nicht gefällt. Ich kenne Leute, die sagen werden, ich sei auch ein Bolschewik, weil ich Tolstoi liebe. Darauf sage ich, daß Tolstoi kein Bolschewik ist. Die Bolschewiken sind eine Partei, Tolstoi aber mochte keine Parteizugehörigkeiten. Ich bin keine Partei. Ich bin das Volk. Ich will Kostrowski regieren sehen und nicht Kerenski*. Kerenski ist eine Partei. Sasonow** ist eine Partei. Ich will den Namen des Hauptes der Bolschewiken nicht nennen, denn ich fühle ihn nicht. Ich kenne seinen Namen, aber ich fühle ihn nicht, deshalb werde ich ihn nicht aussprechen. Ich will seinen Tod nicht, denn er ist ein Mensch mit Gewissen. Er will meinen Tod nicht, denn ich bin ein Mensch und kein wildes Tier. Ich kenne seine Gewohnheiten. Er bringt alle ohne Ausnahme um. Er mag keinen Widerspruch. Lloyd George mag auch keinen Widerspruch. Lloyd George ist genauso einer wie das Haupt der Bolschewiken. Ich mag beide nicht, deshalb wünsche ich ihnen nichts Böses. Ich weiß, wenn alle auf mich hören werden, wird es keine Kriege geben. Ich kann mich nicht mit Politik befassen, denn Politik ist der Tod. Ich mag die Politik Wilsons, aber Demokratie ist auch eine Partei. Ich mag keine Parteizugehörigkeiten, aber ich mag eine vollendete Partei. Demokratie ist eine vollendete Partei, denn alle haben gleiche Rechte. Ich mag das Recht nicht, denn niemand hat Rechte. Ich bin Gott, und ich habe Rechte. Ich will keine Menschenrechte. Alle Menschenrechte sind Erfindungen. Napoleon hat sich Rechte ausgedacht. Seine Rechte waren die besten, doch bedeutet das nicht, daß diese Rechte göttliches Recht sind. Ich weiß, viele werden sagen, daß man ohne Rechte nicht leben kann, denn die Menschen werden sich gegenseitig umbringen. Ich weiß, daß die Menschen es noch nicht dazu gebracht haben,

---

* Alexander Fjodorowitsch Kerenski (1881-1970), russischer Politiker; 1917 Minister in der Provisorischen Regierung, Ministerpräsident. ** Sergej Dmitrijewitsch Sasonow (1960-1927), 1910-1916 russischer Außenminister.

einander zu lieben. Ich weiß, daß die Menschen einander lieben werden, wenn ich ihnen die Wahrheit sage. Ich mußte mehrfach Prozesse führen. Ich habe gegen Djagilew prozessiert. Ich habe meine Prozesse gewonnen, weil ich im Recht war. Ich weiß, daß Djagilew den Prozeß zu gewinnen hoffte, obwohl er im Unrecht war. Ich kenne einen Mann, der Butt heißt. Er ist Direktor der Palace Music Hall in London. Gegen ihn prozessiere ich schon über fünf Jahre. Die Rechte lassen die Möglichkeit zu, Prozesse endlos in die Länge zu ziehen. Ich weiß, daß mein Advokat einer der besten von London ist. Ich weiß, daß er mich genommen hat, weil er hoffte, viel mehr zu verdienen, als ich ihm gebe. Ich weiß, daß er meinen Prozeß verlieren wird, denn Lady Ripon*, meine Freundin, ist gestorben. Ich weiß, daß er auf die Protektion von Lady Ripon gebaut hat. Lady Ripon wollte ihm nicht helfen, denn er ist Jude. Ich mag die Juden, deshalb war mir das einerlei. Ich weiß, daß er den Prozeß gewinnen kann, wenn ich ihn dabei verdienen lasse. Ich kann ihm nicht so viel Geld geben, wie er braucht. Ich weiß, daß Pederewski ein Geschäftsmann ist und sich aufs Geschäft versteht. Ich verstehe nichts von Geschäften, deshalb habe ich Bedenken, meine Geschäfte Sir Lewis anzuvertrauen. Ich mag ihn, aber ich vertraue ihm nicht, denn ich habe gemerkt, daß er den Prozeß in die Länge zieht. Ich verstehe genug, um seine Finten zu verstehen. Ich befürchte nicht, den Prozeß zu verlieren, denn ich weiß, daß ich im Recht bin. Ich befürchte nicht, daß man mich nicht nach England hineinläßt, weil ich den Prozeß verloren und nicht bezahlt

---

* Gwladys Ripon, englische Kunstliebhaberin.

habe. Ich kann keinen Prozeß bezahlen, wenn ich nicht schuldig bin. Zahlen muß ich, wenn ich nicht im Recht bin. Ich weiß, viele werden sagen, daß jeder auf seine Weise im Recht ist. Darauf sage ich: Nein, im Recht ist der, der fühlt, und nicht der, der versteht. Ich fühle, daß ich im Recht bin, weil ich meinen Prozeß gegen Djagilew gewonnen habe, deshalb will ich meine Rechte nicht in Anspruch nehmen. Ich will von Djagilew kein Geld, das ich nicht verdient habe. Butt will mich eine Vertragsstrafe zahlen lassen, wo ich ihm eine Arbeit geliefert habe, die mich fast das Leben gekostet hat*. Es gibt einen englischen Doktor, der das bezeugen kann. Meine Frau ist auch Zeugin. Den Rechten zufolge hat sie keinerlei Recht, Zeugin zu sein, aber ich werde den Prozeß so führen, daß meine Frau alle Rechte haben wird. Ich weiß, daß Gott mir helfen wird. Ich kann nicht sehr schnell schreiben, denn dieser Füller ist schlecht. Ich will nicht sterben, und darum gehe ich spazieren. Ich schreibe gern in Reimen, denn ich bin selbst ein Reim.

Ich bin spazierengegangen, aber ich habe keine Bekannten gesehen. Ich weiß, was Gott braucht. Ich kann nicht schön schreiben. Meine Hand schreibt nicht. Gott will nicht, daß ich aufdrücke. Ich werde nicht aufdrücken, denn meine Hand kann nicht schreiben. Meine Hand ist ermüdet. Ich will dummes Zeug schreiben. Ich weiß, daß meine Frau dumm ist, deshalb werde ich dummes Zeug schreiben. Ich kann nicht länger schreiben, denn meine Hand schreibt nicht. Ich kann nicht schreiben,

* Nijinsky meint sein Engagement im Londoner Palace Hall Theatre von 1914.

denn ich will, daß man mir Wasser gibt. Das Zimmermädchen Luise fühlt mich nicht, denn sie denkt, daß ich wegen Tessa geweint habe. Ich mag Tessa, aber geweint habe ich nicht ihretwegen. Ich wollte nicht deswegen weinen, weil ich ein weinerlicher Kerl bin. Ich bin kein weinerlicher Kerl. Ich bin ein Mensch mit sehr großer Willenskraft. Ich weine nicht oft, aber mein Gefühl hält keine Belastung aus. Ich mag Lloyd George. Ich habe die Zeitschrift *L'lllustration* gekauft. Eine französische Zeitschrift mit Photographien von Wilson. Wilson sieht man beim Verlassen einer Konferenz. Er ist sehr gut gekleidet. Mit Zylinder und Jackett. Wilson ist sehr schlecht getroffen, Lloyd George dagegen sehr gut. Auf den ersten Seiten sind Konferenzbilder. Ich habe die Bilder nur flüchtig gesehen, deshalb gehe ich sie genauer betrachten.

Die Zeitschrift ist dick. Außer dummem Zeug steht nichts drin. Diese Zeitschrift dient der reichen Klasse. Die reiche Klasse liebt Lloyd George. Wilson liebt sie nicht, denn aus seinem Gesicht spricht Trübsinn. Wilson wirkt auf dem Photo trübsinnig. Lloyd George ist selig. Lloyd George tut fröhlich. Wilson tut nicht trübsinnig. Mir ist die erste Seite in *L'lllustration* aufgefallen, die Wilsons Porträt zeigt. Dieses Porträt hat Lucien Tonas gezeichnet. Der Zeichner ist ein Engländer. Lloyd George hat Zeichner, die alles tun, was er will. Sie haben Wilson ein starres Gesicht mit heraustretenden Adern gegeben. Sein Arm ist wie steif Lloyd George will zu verstehen geben, daß Wilson ein trübsinniger Mensch ist. Ich verstehe Wilson gut, darum hat mir dieses Porträt über die politische Intrige Lloyd Georges völlige Klarheit verschafft. Ich mag Wilson, deshalb wünsche ich ihm nichts Böses. Ich will, daß er lebt, denn er ist ein Mann des freien Denkens und nicht des Denkens mit heraustretenden Stirnadern. Lloyd George hat viele Adern auf der Stirn, denn die können nicht zeichnen. Ihnen ist ein Fehler unterlaufen. Zwei Engländer hinter Wilson ziehen es vor, sich über etwas zu verständigen, statt Wilsons Rede zu lauschen. Ich habe Lloyd Georges Absicht verstanden. Lloyd George will zeigen, daß Wilsons Rede trübsinnig macht. Clemenceau wird dargestellt als ein Mann, der ohne Bedeutung ist und sich langweilt. Im Vordergrund ein Politiker, der Wilson nicht zuhört. An einer Säule einer in Militäruniform und mit Schnurrbart, der gähnt oder lacht. Auf der anderen Seite noch ein Uniformierter mit hochgezwirbeltem Schnurrbart und lächelndem Gesicht. Clemenceau gegenüber sitzt ein Mann, der einzuschlafen scheint. Der Gesamteindruck ist, daß Wilson eine trübselige Rede hält. Auf der ersten Seite der Samstagsausgabe vom 25. Januar 1919 zeigt *L'Illustration*, was als wichtig zu gelten hat. Diese Photographie macht auf mich den Eindruck von Trübseligkeit. Ich habe Lloyd Georges Absicht begriffen. Die Absicht Lloyd Georges besteht darin, daß diese Wilsons nicht ernst genommen werden sollen. Die Wilsons muß man ernst nehmen, denn was sie sagen, hat seinen Sinn. In Lloyd Georges Rede ist viel dummes Zeug. Ich mag keine dummen Reden. Ich will keine dummen Reden. Ich mag Lloyd George, weil er klug ist. Ich mag ihn nicht, weil er dumm ist. Dumm ist er darum, weil er keine guten Gefühle hat. Lloyd George will Wilsons Tod. Die Wilson-Partei will den Tod der Lloyd-Georgeler nicht. Clemenceau hat die politische Intrige Lloyd Georges erfühlt, denn er hat so getan, als sei er ein Lloyd-Georgeler, und darum wollte man ihn erschießen. Mich wird Lloyd George auch erschießen wollen, denn ich mag ihn nicht. Auf einer Seite dieser Ausgabe von *L'lllustration* ist ein Bild von Lloyd George zu sehen. Vor ihm steht in strammer Haltung ein Lakai. Dieser Lakai ist mit Medaillen behängt. Der Lakai bekommt diese Medaillen von Lloyd George, denn er führt seine Anweisungen aus. Lloyd George steht hinten und macht eine Geste, die alle erheitert. Lloyd George bedient sich immer dieser Finte. Lloyd George ist komisch. Das stimmt, aber seine Komik ist boshaft. Lloyd Georges spöttisches Lächeln erinnert an das Lächeln Djagilews. Ich kenne Djagilews Art zu lächeln. Djagilews Lächeln ist stets gekünstelt. Meine Kleine hat gelernt, wie Djagilew zu lächeln. Ich habe es ihr beigebracht, denn ich will, daß sie Djagilew gelegentlich anlächelt, wenn er bei mir sein wird. Ich will meiner Frau nichts sagen, denn sie wird erschrecken, wenn sie von meinen Anwandlungen erfährt. Ich werde ihr erst etwas sagen, wenn alle es erfahren. Ich sage ihr, daß alles, was ich schreibe, meine Memoiren sind. Ich will nicht meine Memoiren schreiben. Ich schreibe alles, was war, und alles, was ist. Ich bin, was ich bin, und nicht, was ich war. Lloyd George ist nicht, sondern war. Wilson ist, deshalb muß man auf ihn hören.

Von dem Bild auf der anderen Seite, auf dem Wilson zu sehen ist, zu sprechen verzichte ich, denn der Photograph war ein Engländer.

Wilsons Eindruck auf der Photographie ist gewollt. Er trägt einen Zylinder und einen langen Mantel. Er knöpft ihn zu. Lloyd George hat seinen Mantel extra aufgeknöpft, um zu zeigen, daß er anders ist. Bei den Lloyd-Georgelern sieht man viele Melonen, bei der Wilson-Partei viele Zylinder. Ich mag Melonen und Zylinder. Ich mag keinen Hut des Hutes wegen. Ich mag den Hut je nachdem, was unter dem Hut ist. Wilson hat einen reichen Hut, und in seinem Kopf ist ebensolcher Reichtum. Die Lloyd-Georgeler haben armselige Hüte, und in ihren Köpfen ist ebensolche Armseligkeit. Ich weiß, daß Lloyd George mich verstehen wird. Ich weiß, daß er so tun wird, als ob alles, was ich geschrieben habe, dummes Zeug wäre, oder schlimmer noch, er wird sagen, daß alles, was ich schreibe, die Wahrheit ist, und dabei wird er lächeln mit seinem wohlbekannten boshaften Lächeln. Ich bin sicher, daß es Wilson betrüben wird, das zu lesen, aber nicht, weil ich gut über ihn schreibe. Wilson wird mich mögen, denn er kennt meine Ideen. Wilson wird zu mir halten, denn er fühlt. Clemenceau hat keine Angst vor Lloyd George und dessen Hintermännern, deshalb wird er zu mir halten.

Mit den Lloyd-Georgelern ist es bald vorbei, denn ihre Machenschaften werden offenkundig werden. Ich leiste gern anderen Hilfe, deshalb werde ich zu Clemenceau gehen und ihm sagen, daß ich keinen Revolver habe. Ich weiß, daß Clemenceau nach meiner Hand fassen und sagen wird: »Hören Sie mich an. Ich will nicht sterben, aber wenn Sie mich töten wollen, so töten Sie mich.« Ich weiß, daß Clemenceau seinen Mörder milde stimmen wird. Die Mörder sind keine Engländer. Die Mörder sind Franzosen. Lloyd George weiß, wen er ausschicken muß. Die Lloyd-Georgeler lieben das Töten. Die Lloyd-Georgeler sind Mörder. Ich weiß alles, ohne am Ort des Verbrechens zu sein. Ich verstehe Caillaux*, den man ins Gefängnis gesteckt hat, damit Clemenceau Minister werden konnte. Caillaux ist kein guter Mensch, denn er wollte Frankreich betrügen. Frankreich hat ihn nicht ertappt, weil es keine Beweise gab. Lloyd George will nicht, daß Caillaux umgebracht wird, denn er hat sich für ihn eingesetzt. Die Lloyd-Georgeler wollen in Frankreich einen Mann haben, der im Gefängnis gesessen hat. Ich will die Wahrheit schreiben, deshalb lüge ich. Ich habe keine Angst vor der Presse, denn die Presse hat schon viel Schlechtes von mir behauptet. Ich kann nicht gut schreiben, darum kann ich es nicht gewandter ausdrücken. Ich schreibe, wie es sich ergibt. Ich täusche nichts vor. Ich schreibe die Wahrheit, denn ich will, daß alle Bescheid wissen. Ich weiß, alle werden sagen, daß Nijinsky den Verstand verloren hat, denn er schreibt über Dinge, in die er keinen Einblick hat. Ich habe in alles Einblick. Ich weiß alles. Ich habe die Polemik Lloyd Georges gegen Wilson gelesen. Ich weiß, viele werden sagen, daß Nijinsky nicht Französisch lesen kann. Ich kann Französisch lesen. Meine Frau übersetzt mir englische Zeitschriften. Ich lese gern Zeitschriften. Meine Frau liest und übersetzt mir sehr wichtige Reden. Ich kenne Wilsons Reden in England. Ich weiß, daß Wilson nicht nach England fahren wollte, weil er dachte, daß man ihn nicht verstehen würde. Ich weiß, daß Wilson in England war und gut gesprochen hat. Wilson hat auf die Anglikaner großen Eindruck gemacht.

Anglikaner heißen die Handwerker. Die Handwerker

---

* Joseph Caillaux (1863-1944), französischer Politiker; 1911/12 Ministerpräsident und Innenminister, 1913 Finanzminister; 1918 wegen angeblichen Landesverrats verhaftet.

haben Wilson in ihr Herz geschlossen. Wilson will mit den Handwerkern wie mit Gleichgestellten sprechen. Wilson hat die Wahrheit gesprochen, Wilson wollte nichts vortäuschen. Lloyd George versucht wettzumachen, was Wilson ihm mit seinen Reden verdorben hat. Wilson weiß, was Lloyd George für einer ist. Lloyd-Georgeler sind die Franzosen, die Dreyfus verbannt haben. Zola hat ihn befreit, aber dafür hat man Zola vergast. Ich habe meine Frau gefragt, ob es stimmt, daß Zola vergast worden ist. Auf meine Frage hat mir meine Frau geantwortet, daß Zola nicht vergast worden sei. Ich habe dazu nichts weiter gesagt, aber ich fühle, daß er vergast worden ist, deshalb fühle ich, daß man mich vergasen wird. Ich bin Zola. Ich bin die Liebe. Zola hat die Wahrheit gesagt, und auch ich sage die Wahrheit. Ich werde immer die Wahrheit sagen. Meine Frau seufzt, denn sie denkt, daß ich über Politik schreibe. Meine Frau fühlt, daß ich gegen die Franzosen schreibe. Ich kenne meinen Fehler, aber ich will ihn nicht korrigieren. Meine Frau will sehen, was ich schreibe, aber ich lasse sie nicht, denn ich verdecke es mit der Hand. Meine Frau hört nicht auf, tiefinnerlich zu weinen. Ich fürchte das Weinen meiner Frau nicht. Ich liebe sie, aber ich kann das Schreiben nicht aufgeben. Was ich schreibe ist zu wichtig, als daß ich auf das Weinen meiner Frau achtgeben könnte. Meine Frau hat Angst, daß ich anstößige Dinge schreibe. Sie weint, daß ihr die Tränen fließen. Ich lache über ihr Weinen, denn ich weiß, was ihre Tränen bedeuten. Ich würde sie gern beruhigen, aber meine Hand schreibt. Ich mache weiter mit Wilson. Wilson ist ein Mensch, und Lloyd George ist ein wildes Tier. Meine Frau liest, was ich schreibe. Sie späht unter meine

Hand. Ich werde ihr sagen, wenn sie alles vor den anderen wissen will, dann muß sie Russisch lernen. Ich will nicht, daß sie Russisch liest, denn ich will nicht, daß sie alles weiß, was ich schreibe. Ich mag es nicht, daß jemand etwas vor allen anderen weiß. Ich werde dieses Buch bald herausbringen. Ich bin nicht sicher, daß ich es in der Schweiz herausbringe, denn ich denke, daß die Schweizer es verbieten werden. Ich weiß, daß die Lloyd-Georgeler oder Anglikaner überall ihre Agenten haben. Ich kenne einen Agenten, der einen weißen Kopf hat. Er gibt vor, Franzose zu sein. Ich weiß, daß er Engländer ist. Er gibt vor, Maler zu sein, aber ich weiß, daß seine Bilder nichts taugen. Er ist ein Agent der Anglikaner. Meine Frau weint, denn sie glaubt, daß ich mit dem Schreiben aufhöre. Ich werde aufhören, wenn Gott es will.

Ich liebe meine Frau, denn sie hat fühlen gelernt, was ich schreibe. Sie fürchtet um mich. Sie befürchtet, daß sie und das Kind zu Waisen werden, wenn man mich umbringt, denn ihre Mutter liebt sie nicht. Ihre Mutter liebt sie, weil sie meine Frau ist. Romuschkas Mutter ist eine schreckliche Frau. Ich mag sie, aber ich weiß, wenn sie erfährt, daß ich kein Geld habe, wird sie mich verstoßen. Ihr Mann ist Jude, deshalb hat er ihr das Verständnis des Geldes beigebracht. Sie versteht nichts von Geld. Sie liebt es, weil ihr Mann es liebt. Romuschkas Mutter wirft das Geld zum Fenster hinaus. Sie legt Geld für Kyra zurück, aber sie glaubt, daß ich ihr Geld geben werde, wenn sie welches braucht. Sie hat mich gut erfühlt, denn mit ihren Schlichen hat sie größere Schlauheit bewiesen als ein Fuchs. Sie spricht diese Dinge mit ihrem Mann abends oder nachts im Bett ab, denn sie schläft nicht. Ihr Mann will schlafen, aber sie läßt ihn nicht. Sie mag es, nachts nachzudenken. Ich kenne ihre Gewohnheit, denn ich habe mit ihr zusammengelebt. Sie mag mich, denn sie weiß, daß ich eine Berühmtheit bin. Ich mag keine Berühmtheiten. Ich will ihr zu verstehen geben, daß ich geisteskrank bin, um sie zu begreifen. Ich liebe sie, aber ich kenne ihre Gewohnheiten. Sie hat ein gutes Herz, aber die Galle läuft ihr häufig über, denn sie zankt mit ihrem Mann. Meine Frau hat sehr unter ihrer Mutter gelitten, als ich bei ihnen wohnte. Ich litt auch, weil meine Frau litt. Ich kenne Leute, die sagen werden, das stimmt nicht, denn sie küßt meine Frau wie auch mich und die Kleine. Ich kenne den Judaskuß. Judas war bösartig. Er wußte, daß Christus ihn liebte. Er küßte ihn zum Schein. Ich küsse ihre Mutter zum Schein. Sie küßt mich ebenso wie meine Frau und Kyra zum Schein. Ich küsse sie zum Schein, weil sie denken soll, daß ich sie liebe. Sie küßt mich, damit ich denke, daß sie mich liebt. Ich weiß, daß sie keine Seele hat. Ich weiß, daß in ihrem Herzen Glas zerbricht, wenn sie davon redet, daß sie mich liebt. Sie versteht es, Weinen vorzutäuschen, denn sie spielt im Theater. Ich weiß, daß ihr Spiel ohne Gefühl, daß es Täuschung ist. Ich spreche gut von ihr, weil ich nicht will, daß alle denken, ich sei boshaft. Ich will nichts vortäuschen, deshalb schreibe ich die volle Wahrheit. Emilia Márkus ist ein Lloyd George. Sie täuscht vor, die einfachen Leute zu lieben, dabei verabreicht sie ihnen Ohrfeigen. Ich habe einmal Luise gekränkt, aber das tat mir dann so weh, daß ich keine Ruhe fand. Emilia ist sehr glücklich nach einer Ohrfeige. Sie erzählt allen davon. Ich habe Luise gekränkt, aber meine Frau hat meinen Fehler wiedergutgemacht, denn sie hat ihr gesagt, ich sei nervös und habe sie nicht kränken wollen, da ist Luise beschämt zu mir gekommen, um sich zu entschuldigen. Ich habe ihr die Hand gegeben und gesagt, daß ich sie mag. Sie hat mich erfüllt, und seitdem mögen wir einander. Ich liebe meine Frau und meine es gut mit ihr, deshalb werde ich Geld verdienen gehen, um sie glücklich zu machen. Ich will ihr keinen Kummer bereiten, deshalb werde ich so viel verdienen, daß sie für alle Fälle damit durchkommt, sollte ich umgebracht werden. Ich fürchte den Tod nicht, aber meine Frau fürchtet ihn. Sie meint, der Tod sei etwas Schreckliches. Seelische Leiden sind schrecklich. Ich will die Menschen begreifen lassen, daß der körperliche Tod nichts Schreckliches ist, deshalb möchte ich von einem Spaziergang erzählen.

Ich ging einmal gegen Abend spazieren. Ich stieg rasch bergauf. Ich machte halt auf dem Berg. Nicht auf dem Sinai. Ich war weit gegangen. Mir war kalt. Die Kälte war quälend. Ich fühlte, daß ich niederknien müsse. Ich kniete mich rasch hin. Danach fühlte ich, daß ich meine Hand in den Schnee legen müsse. Ich ließ sie lange so liegen und verspürte plötzlich einen Schmerz. Ich schrie auf vor Schmerzen und zog meine Hand zurück. Ich sah zu einem Stern hinauf, der mir nicht guten Tag sagte. Er blinzelte mir nicht zu. Ich erschrak und wollte davonrennen, konnte aber nicht, denn meine Knie waren wie mit dem Schnee verschmolzen. Ich begann zu weinen. Mein Weinen blieb ungehört. Niemand kam mir zu Hilfe. Ich ging gern spazieren, deshalb packte mich Entsetzen. Ich wußte nicht, was ich tun sollte. Ich verstand den Zweck meiner Verzögerung nicht. Nach ein paar Minuten drehte ich mich um und sah ein vernageltes Haus. Etwas weiter weg ein Haus mit Eis auf dem Dach. Ich erschrak und schrie aus vollem Halse: »Tod!« Ich weiß nicht, warum, aber ich begriff daß ich »Tod« schreien mußte. Danach verspürte ich Wärme in meinem Körper. Das Wärmegefühl ermöglichte es mir, mich zu erheben. Ich erhob mich und ging auf das Haus zu, in dem eine Lampe brannte. Das Haus war groß. Ich hatte keine Angst hineinzugehen, aber ich überlegte, daß ich es besser ließe, und deshalb ging ich weiter. Ich begriff, daß die Menschen, wenn sie ermüden, Hilfe brauchen. Ich wollte Hilfe, denn ich war sehr ermüdet. Ich konnte nicht länger gehen, aber plötzlich verspürte ich eine ungeheure Kraft und rannte los. Ich rannte nicht lange. Ich rannte, bis ich die Kälte spürte. Die Kälte schlug mir ins Gesicht. Ich bekam Angst. Ich begriff, daß der Wind von Süden wehte. Ich begriff, daß der Südwind Schnee bringen würde. Ich ging durch den Schnee. Der Schnee knirschte. Ich mochte den Schnee. Ich hörte das Knirschen des Schnees. Ich hörte meinen Schritt gern. Mein Schritt war voll Leben. Ich sah zum Himmel hinauf und entdeckte Sterne, die mir zublinzelten. Ich spürte die Fröhlichkeit der Sterne. Ich wurde fröhlich, und mir war nicht mehr kalt. Ich ging weiter. Ich ging schnell, denn ich hatte ein Wäldchen bemerkt, das ohne Laub war. Ich verspürte Kälte in meinem Körper. Ich sah zum Himmel empor und entdeckte einen reglosen Stern. Ich ging. Ich ging schnell, denn ich spürte Wärme in meinem Körper. Ich ging. Ich begann einen Weg hinabzusteigen, an dem nichts zu sehen war. Ich ging schnell, wurde aber durch einen Baum am Weitergehen gehindert, der meine Rettung war. Ich stand vor einem Abgrund. Ich bedankte mich bei dem Baum. Er konnte mich fühlen, denn ich klammerte mich an ihn. Der Baum empfing meine Wärme, und ich empfing die Wärme des Baums. Ich weiß nicht, wessen Wärme nötiger war. Ich ging weiter und hielt plötzlich inne. Ich sah einen Abgrund ohne Baum. Ich begriff, daß Gott mich am Weitergehen gehindert hatte, weil er mich liebt, und darum sagte ich: »Wenn du willst, stürze ich in den Abgrund, wenn du es nicht willst, werde ich gerettet werden.« Ich stand, bis ich mich vorwärtsgestoßen fühlte. Ich ging los. Ich stürzte nicht in den Abgrund. Ich sagte, daß Gott mich liebt. Ich weiß, daß alles Gute Gott ist, deshalb war ich sicher, daß Gott meinen Tod nicht wollte. Ich ging weiter. Ich stieg rasch den Berg hinab. Ich passierte das Hotel Chantarella. Ich überlegte, daß alle Namen wichtig seien, denn die Leute werden herkommen, um zu sehen, wo ich spazierengegangen bin. Ich begriff, daß Christus auch spazierengegangen war. Ich ging mit Gott spazieren. Ich ließ das Hotel hinter mir. Ich fühlte mich den Tränen nahe, denn ich begriff, daß das ganze Leben im Hotel Chantarella der Tod war. Die Menschen amüsieren sich, und Gott ist traurig. Ich begriff, daß es nicht die Schuld der Menschen war, wenn sie sich in solch einer Lage befanden, und darum gewann ich sie lieb. Ich wußte, daß meine Frau viel denkt und wenig fühlt, und begann so zu schluchzen, daß es mir die Kehle zuschnürte. Ich vergrub das Gesicht in den Händen, während ich so schluchzte. Ich schämte mich nicht. Ich war traurig. Ich hatte Angst um meine Frau. Ich meinte es gut mit ihr. Ich wußte nicht, was tun. Ich begriff, daß das ganze Leben meiner Frau wie auch der gesamten Menschheit der Tod war. Ich entsetzte mich und überlegte, wie gut es wäre, wenn meine Frau auf mich gehört hätte. Ich ging und ging. Ich weiß, alle werden sagen, daß meine Frau ein gutes Leben führt. Ich weiß, daß meine Frau gut lebt. Ich weiß, daß Strawinsky auch ein gutes Leben führt. Ich führe auch ein gutes Leben mit meiner Frau. Ich glaube, daß ich ein gutes Leben führe. Strawinsky, der Komponist, glaubt es auch. Ich weiß, wie das ist mit dem Leben. Strawinsky Igor weiß nicht, wie das ist mit dem Leben, denn er mag mich nicht. Igor meint, daß ich ein Feind seiner Ziele sei. Er strebt nach Reichtum und Ruhm. Ich will weder Reichtum noch Ruhm. Strawinsky ist ein guter Musikschriftsteller, aber was er schreibt, ist nicht dem Leben entnommen. Er denkt sich Sujets aus, die kein Ziel haben. Ich mag keine Sujets ohne Ziel. Ich gab ihm häufig zu verstehen, was ein Ziel ist, aber er glaubte, ich sei ein dummer Junge, deshalb sprach er mit Djagilew, der alle seine Einfälle guthieß. Ich hatte nichts zu sagen, weil ich als grüner Junge galt. Strawinsky war ein grüner Junge mit Langnase. Er war kein Jude. Sein Vater war Russe und sein Großvater Pole. Ich bin auch Pole, aber ohne Langnase. Strawinsky hat eine Spürnase. Ich habe keine Spürnase. Strawinsky ist mein Freund, der mich tiefinnerlich liebt, denn er fühlt mich, aber er hält mich für seinen Feind, weil ich ihm im Wege bin. Djagilew liebt Mjassin und nicht mich, deshalb fühlt sich Strawinsky unbehaglich. Strawinsky liebt seine Frau nicht, denn er zwingt sie, alle seine Launen mitzumachen. Strawinsky wird sagen, daß ich ihr Leben nicht kenne und deshalb nicht darüber sprechen könne. Darauf sage ich, daß ich ihr Leben kenne, denn ich habe die Liebe seiner Frau zu ihm erfühlt. Ich habe erfühlt, daß Strawinsky seine Frau nicht liebt, aber der Kinder wegen mit ihr zusammenlebt. Er liebt seine Kinder auf sonderbare Weise. Seine Liebe äußert sich darin, daß er seine Kinder zum Malen anhält. Seine Kinder malen gut. Er ist der Imperator, während Kinder und Frau samt Hausangestellten die Soldaten sind. Strawinsky erinnert mich an den Imperator Paul, aber ihn wird man nicht erdrosseln, denn er ist klüger als der Imperator Paul. Djagilew wollte ihn mehr als einmal erdrosseln, nur ist Strawinsky schlau. Er kann nicht ohne Strawinsky leben, und Strawinsky kann nicht ohne Djagilew leben. Beide verstehen sich. Strawinsky kämpft sehr geschickt mit Djagilew. Ich kenne alle Winkelzüge Strawinskys und Djagilews.

Einmal, das war, als man mich in Ungarn freigab*, fuhr ich nach Morges zu Strawinsky und bat ihn, voll Zuversicht, daß er es mir nicht abschlagen würde, er und seine Frau möchten mein Kind in ihre Obhut nehmen. Ich wußte, daß er viele Kinder hatte, deshalb sagte ich mir, daß er meine Kyra aufnehmen könne, wenn ich nach Nordamerika fuhr. Ich wollte meine Kleine nicht mitnehmen. Ich wollte sie in die Hände einer anderen liebenden Mutter geben. Glücklich bat ich Strawinsky, meine Kyra in seine Obhut zu nehmen. Strawinskys Frau war den Tränen nahe, er seinerseits sagte, es tue ihm leid, daß er mein Kind nicht nehmen könne, denn er befürchte eine Ansteckung und wolle nicht die Verantwortung für den Tod meiner kleinen Kyra tragen. Ich bedankte mich und sagte nichts weiter zu ihm. Ich sah traurig seine Frau an und erfühlte bei ihr die gleiche Antwort. Sie sagte nichts

---

* Anfang 1916, nach Aufhebung seines Hausarrests in Budapest.

zu mir, ich aber sprach mit meinen Tränen, die sie erfühlte. Sie ist eine Frau und fühlt deshalb, was das bedeutet, eine Zug- oder Schiffsreise mit einem kleinen Kind. Sie hatte Mitleid mit mir. Ich weiß, daß sie mit ihrem Mann nicht einverstanden war, weil ihr Mann seine Erklärung sehr schnell von sich gegeben hatte und seine Frau deutlich fühlen ließ, daß ihm die Sache nicht recht war. Ich sagte ihm, daß ich für alle durch Kyra verursachten Kosten aufkommen werde. Er wollte nicht einwilligen. Er riet mir, als ich mit ihm allein war, meine Kyra einer Gouvernante zu überlassen, die im Hotel wohnen werde. Ich sagte ihm, ich könne mein Kind nicht in fremde Hände geben, denn ich wisse nicht, ob diese Frau Kyra gern habe. Ich mag Leute nicht, die ihre Kinder in fremde Hände geben.

Ich kann nicht schreiben, weil man mich mit Gerede über dummes Zeug gestört hat. Ich will sagen, daß Kinder immer mit ihren Müttern zusammensein müssen. Ich habe meine Kyra nach Amerika mitgenommen. Strawinsky hat mich auf dem Bahnhof verabschiedet. Ich habe ihm sehr kühl die Hand gegeben. Ich mochte ihn nicht, deshalb wollte ich es ihn fühlen lassen, aber er hat mich nicht gefühlt, denn er hat mich geküßt. Ich weiß nicht, ob es ein Judas- oder ein Freundeskuß war, aber ich hatte ein schlechtes Gefühl dabei. Ich fuhr nach Amerika. Ich war anderthalb Jahre in Amerika. Ich mochte nicht mit dem Kind herumreisen, deshalb ließ ich es in New York. Strawinsky hat mir nichts geschrieben. Ich habe ihm auch nichts geschrieben. Jetzt lebe ich hier schon fast eineinhalb Jahre, und ich weiß nichts von ihm. Strawinsky ist ein trockener Mensch. Ich bin ein Mensch mit einer Seele. Ich mag keine Komplimente, deshalb will ich nicht antworten, wenn man mich fragt, ob ich ein Egoist bin oder nicht. Ich bin erschrocken vor dem Husten meiner Frau, denn sie hat sich gedacht, daß ich sie nicht liebe, weil ich ihre Frage unbeantwortet ließ. Ich kann nicht schreiben, denn mein Sitz ist hart. Ich sitze gern in einem harten Sessel.

Meine Frau hat ein Telegramm erhalten. Ich weiß nicht, was meine Frau denkt. Sie ...

Sie versteht mich nicht. Sie liebt mich. Meine Romuschka liebt mich, aber sie versteht mich nicht. Sie denkt, daß alles, was ich sage, schlecht sei. Sie kritisiert mich. Doktor Fränkel hat immer recht. Ich habe unrecht. Ich verstehe sie nicht, wenn Gott es nicht will. Gott will, daß ich sie verstehe, deshalb heißt er mich schreiben. Ich schreibe alles, was ich denke. Ich denke alles, was ich fühle. Meine Gefühle sind gut. Ich gehe, wenn ich mein Gehen fühle, ich spreche, wenn ich fühle, was ich spreche. Ich überlege mir nicht vorher, was ich sagen werde. Ich will mir meine Reden nicht überlegen. Meine Reden sind aufrichtig, weil ich sie mir nicht überlege. Keine meiner Reden ist überlegt, deshalb mache ich Fehler. Mir hilft Gott. Ich liebe Gott. Er liebt mich. Ich weiß, daß alle vergessen haben, wie das ist mit Gott. Alle meinen, das sei ein Hirngespinst. Die Wissenschaftler sagen, daß es Gott nicht gibt. Ich sage, daß es Gott gibt. Ich fühle ihn, statt ihn mir zu denken. Ich weiß, daß die Mütter mich eher verstehen werden, denn sie fühlen den Tod jedesmal vor der Niederkunft. Die Mutter weiß, daß kein Geburtshelfer oder Chirurg ihr das Leben retten kann, wenn Gott nicht mit ihr ist. Ich kenne Leute, die meinen, daß die Menschen nicht durch Gott existieren. Ich weiß, die Leute werden sagen, daß es keinen Gott gibt, daß alles, was wir tun, Bewegung von Materie ist. Ich kenne Leute, die wenig Materie haben. Ich kenne kranke Leute. Kranke fühlen mehr, denn sie glauben, daß sie bald sterben werden. Kranke arbeiten an Gott, ohne es zu wissen. Ich arbeite an ihm, wenn ich gesund bin. Ich bin kein kranker Mensch. Meine Frau glaubt mir, daß ich gesund bin, und will keine Doktoren mehr. Sie glaubt mir neuerdings, denn sie hat Dinge zu sehen bekommen, die sich ein einfacher Mensch nicht ausdenken kann. Ich habe mir einen neuen Fountain-Plume und eine Brücke ausgedacht, eine Drahtseilbahn, die Schluß machen kann mit allen Schiffen. Ich weiß, alle werden sagen, daß ich dummes Zeug rede, aber ich kann den Beweis antreten für die Wissenschaftler der Technik, die mich verstehen werden. Ich weiß, daß man durch meine Erfindung mit allen Eisenbahnen Schluß machen kann. Ich weiß, wenn ich mit allen Eisenbahnen Schluß gemacht habe, werden sich die Verkehrsgeschwindigkeiten auf das Zehnfache erhöhen, wenn nicht auf mehr. Ich kann nicht rechnen, aber mein Gefühl sagt es mir. Ich weiß, wie man mit den Kohlengruben Schluß machen kann. Ich mag die Leute nicht, die die Armen zwingen, in der Erde zu graben. Ich will die Menschen nicht zugrunde richten. Ich habe ein Verfahren erfunden, mit dem man ohne Kohle physikalische Kraft gewinnen kann. Ich kann den Wissenschaftlern meine Erfindung begründen, wenn sie das wünschen. Ich weiß, wenn Schluß ist mit der Kohle, wird es keinen Rauch mehr geben, der die menschliche Gesundheit schädigt. Ich weiß, wie das mit den Zügen ist. Ich mag keine Zugfahrten, deshalb werde ich mit dem Aeroplan reisen. Ich weiß, alle haben Angst vor dem Aeroplan, weil er vom Wetter abhängig ist. Ich kenne ein Verkehrsmittel, das vom Wetter unabhängig ist. Ich kenne die Technik, aber ich kann nichts darüber sagen, weil meine Manuskripte bei meiner Frau sind. Meine Frau will Geld haben, deshalb muß ich ihr welches beschaffen. Wenn man mir Geld in Aussicht stellt, werde ich diese Manuskripte vorweisen. Ich bin kein Lloyd George. Ich spreche die Wahrheit. Ich liebe die Menschen und meine es gut mit ihnen. Ich weiß, alle werden sagen, daß ich ein Egoist bin und diese Manuskripte meiner Frau gegeben habe, statt sie den Menschen zu übergeben. Ich weiß, daß man mich besser verstehen wird, wenn ich mich genauso gebe wie alle anderen Menschen, denn so werde ich leichter verstanden. Mir bleibt wenig Zeit zu leben, deshalb will ich meine Aufgaben möglichst schnell erfüllen. Meine Aufgaben sind die Aufgaben Gottes. Ich bin keine Verstellung. Ich bin die Wahrheit. Ich weiß, wenn ich die volle Wahrheit sage, dann werden mich die Leute umbringen. Ich habe keine Angst vor einem einzelnen Menschen. Ich habe Angst vor den Menschen. Mir tun die Menschen leid. Ich will ihnen helfen. Ich werde zu allen Finessen greifen, auf die mich Gott bringt, aber ich weiß, daß Gott weder meine Frau noch die Menschen leiden sehen will. Ich liebe meine Frau genauso wie die Menschen, deshalb will ich für sie das gleiche Glück wie für die Menschen. Die Leute werden sagen, daß man nicht einen einzelnen Menschen lieben soll, wenn das ganze Volk leidet. Darauf sage ich, daß das Leiden eines einzelnen Menschen für das Glück der Menschheit unnütz ist, denn ich weiß, daß Christus leiden mußte und niemand ihn verstanden hat. Ich kenne Leute, die ihn verstanden haben, aber sie haben das mit Romanen und Gedichten verschleiert. Tolstoi und andere Schriftsteller haben später, nach ihren Romanen, über Gott geschrieben. Sie haben begriffen, wie das ist mit Gott, aber sie fürchteten das Leben. Ich fürchte das Leben nicht. Meine Frau fürchtet um mich, deshalb überträgt sich ihre Furcht auf mich. Ich fürchte mich nicht. Ich habe Todesfurcht ausgestanden in einem Abgrund. Mich wollte niemand umbringen. Ich ging und stürzte in einen Abgrund, und ein Baum fing mich ab. Ich hatte nicht gewußt, daß ein Baum auf dem Weg stand. Ich war ein kleiner Junge, und mein Vater wollte mir das Schwimmen beibringen. Er warf mich in das Badewasser. Ich fiel hinein und sank auf den Grund. Ich konnte nicht schwimmen, aber ich fühlte, daß ich keine Luft hatte, da machte ich den Mund zu. Luft hatte ich wenig, aber ich hielt sie an, ich dachte, wenn Gott es wolle, würde ich Rettung finden. Ich ging geradeaus, wohin, weiß ich nicht. Ich ging und ging, und plötzlich spürte ich Licht unter dem Wasser. Ich begriff, daß es dort, wohin ich ging, seicht war, und schritt schneller aus. Ich gelangte zu einer Wand. Es war eine gerade Wand. Ich sah den Himmel nicht. Ich sah über mir Wasser. Plötzlich fühlte ich Kraft in mir und sprang. Als ich sprang, bemerkte ich ein Seil. Ich klammerte mich an das Seil und war gerettet. Ich sage alles so, wie ich es erlebt habe. Sie können meine Mutter fragen, sofern sie diese Geschichte nicht vergessen hat, die sich in Petersburg in einer Männerbadeanstalt an der Newa zugetragen hat. Ich sah, wie mein Vater Purzelbäume schlug und ins Wasser fiel, aber ich hatte Angst.

Ich mochte keine Purzelbäume. Ich hatte Angst. Ich war ein sieben- oder sechsjähriger Junge und habe diese Geschichte nicht vergessen, deshalb suche ich auf meine Kleine immer einen sehr guten Eindruck zu machen, denn ich weiß, daß ein Kind nicht vergißt, was mit ihm gewesen ist. Doktor Fränkel hat mir gesagt, daß ich Kyra nichts Böses antun solle, denn ein Kind vergesse nicht, was Vater und Mutter tun. Er sagte mir, daß sein Vater einmal böse gegen ihn gehandelt habe und daß er dieses Bösesein bis heute nicht vergessen könne. Doktor Fränkel verzog das Gesicht, und ich fühlte die ihm vom Vater zugefügte Kränkung. Fast wären mir die Tränen gekommen. Ich hatte Mitleid. Ich weiß nicht, wer mehr Mitleid verdiente, der Junge oder der Vater. Ich weiß, daß beide zu bedauern waren. Ich liebe beide. Ich begriff, daß das Kind die Liebe des Vaters und der Vater die Liebe Gottes verloren hatte. Gott wollte seine Liebe, aber er hatte sie verloren. Ich sagte Doktor Fränkel, daß ich ihn verstehe und mich nicht mehr wie ein wildes Tier gebärden wolle. Ich weiß, was es zu bedeuten hat, daß meine Frau mit Doktor Fränkel telephoniert. Sie glaubt, ich sei spazierengegangen, und spricht offen mit dem Doktor. Ich verstehe, daß meine Frau mich liebt, denn sie hat nichts Schlechtes über mich gesagt. Sie hat ihm zu verstehen gegeben, daß ich konservativ und schwer zu überzeugen sei, daß mit der Zeit sich aber alles ändern lasse, was ich rede. Ich verstehe, daß meine Frau es gut mit mir meint, deshalb werde ich so tun, als ob ich mich ändere. Ich werde dieses Mich-Ändern praktisch beweisen. Ich will viel Geld, deshalb werde ich nach Zürich fahren, um für meine Arbeit Geld zu erwerben. Alle meinen, daß die Börse Arbeit ist, deshalb werde ich an der Börse mit meinem Geld spielen. Ich werde mein letztes Geld mitnehmen. Es ist nicht viel. Etwa dreihundert Franken. Ich weiß, daß Gott mir helfen wird, aber ich habe Angst, denn ich weiß, daß ich die Armen schädigen werde, die mit kleinen Einsätzen spielen. Ich will die kleinen Leute nicht berauben, denn die Kleinen sind arm. Die Kleinen sind auf der Suche nach dem Glück, und die Reichen richten die Gestrauchelten so auf, daß die Kleinen sich eine Kugel in den Kopf jagen. Ich will weder die Kugel der Kleinen noch die der Reichen, deshalb werde ich so spielen, daß ich weder die einen noch die andern beraube. Ich weiß, daß ich gewinnen werde, denn ich bin mit Gott.

Ich habe meiner Frau meine Liebe gezeigt, denn ich habe meine Manuskripte nicht angenommen, als sie sie mir wiedergeben wollte. Sie meinte, ich solle sie verstekken, doch ich sagte absichtsvoll, es sei besser, sie bei ihr zu verstecken, denn bei mir würden sie noch gestohlen. Sie nahm die Manuskripte und versteckte sie. Sie hat ein gutes Gefühl, aber sie glaubt, daß ihr diese Manuskripte zu Geld verhelfen werden. Sie hat sehr wenig Geld. Alle glauben, sie hätte Millionen, dabei trägt sie falsche Perlen und einen falschen Ring. Beides hat sie von mir bekommen, damit alle glauben, sie sei reich. Ich habe festgestellt, daß die Leute zu Reichen Vertrauen haben, weil sie meinen, daß Geld etwas Notwendiges sei. Ich habe das Gegenteil erkannt, deshalb will ich reich werden. Gott will das Glück meiner Frau und der Menschen, deshalb werde ich auf Geldsuche gehen. Ich will dieses Glück nicht, aber ich fühle, daß ich mit Hilfe dieses Glückes ein anderes geben kann. Wilson versteht sich auf Politik. Er mag die Politik nicht. Ich weiß, daß er mir folgen wird, wenn ich ihm einen gangbaren Weg zeige. Wilson ist ein guter Mensch, er muß beschützt werden. Die Banditen müssen ihn fürchten. Ich will Wilsons Tod nicht, denn er ist ein für die Menschheit notwendiger Mann. Ich werde mir einen Schutz für ihn ausdenken. Ich werde ihm sagen, was nötig ist, damit er sich schützen kann. Ich kenne eine Schutzmöglichkeit. Ich spüre von hinten einen scharfen Blick. Ich bin eine Katze. Ich will, daß ein Versuch an mir gemacht wird, man wird sehen, daß ich recht habe. Alle Banditen werden mich fürchten. Ich weiß, was ein Agent spürt. Ich bin ein Agent mit Gespür. Ich spüre nicht mit der Nase, sondern mit meiner Vernunft. Ich habe keine Angst vor Überfällen. Wenn man mich verprügeln will, werde ich nicht zurückschlagen, deshalb wird mein Feind entwaffnet werden. Ich weiß, man wird mir sagen, daß es Leute gibt, die imstande sind, einen Menschen totzuschlagen, wenn er ihre Schläge nicht beantwortet. Ich weiß, daß Gott ihnen Einhalt gebieten wird. Ich bin sicher, daß dieser Mensch einen Moment lang Jähzorn fühlen, dann aber innehalten wird. Wenn Sie den Versuch machen wollen, so tun Sie es. Ich weiß, daß Lloyd George und Djagilew und ihresgleichen den Versuch machen werden. Aber noch sicherer bin ich, daß ihre Versuche erfolglos sein werden. Sie werden mich nicht umbringen. Sie können mich verletzen, aber umbringen werden sie mich nicht. Ich habe keine Angst, leiden zu müssen, denn Gott wird mit mir sein. Ich weiß, wie das ist mit dem Leiden. Ich verstehe mich aufs Leiden. Ich werde Wilson zeigen, daß ich mich darauf verstehe, wenn er zu mir kommt. Ich werde nicht zu ihm gehen, denn für mich ist er ein Mensch und nicht der Präsident Amerikas. – Wilson ist ein großer Mann. Die Größe seines Kopfes ist klein, aber darin ist sehr viel.

Lloyd George hat einen großen Kopf und einen großen Verstand, doch ihm fehlt die Vernunft. Lombroso* hat über die Köpfe gesprochen, und er hat sie untersucht. Ich habe Lombroso nicht gelesen. Ich weiß von ihm nur, was mir meine Frau gesagt hat. Ich habe sie gefragt, was Lombroso oder ein anderer Wissenschaftler »über die Köpfe« gesagt habe, und darauf hat meine Frau geantwortet, daß Lombroso nicht nur »über die Köpfe« gesprochen habe, sondern auch von anderen Dingen. Da habe ich ihr nervös geantwortet, daß ich das wisse, aber ich gab ihr zu verstehen, daß es mir um die »Köpfe« gehe.

Der Kopf von Lloyd George ist krank und der von Wilson gesund. Der Kopf von Lloyd George ist aufgequollen und der von Wilson ebenmäßig. Die Wilson-Partei fühlt, während die Lloyd-Georgeler denken. Die Wilson-Partei denkt auch, aber ihre Köpfe fühlen. Ich weiß, man wird sagen, daß nicht die Köpfe, sondern die Nerven fühlen. Darauf sage ich, daß mit den Nerven kranke Menschen fühlen, zum Beispiel Geistesgestörte, die ohne Vernunft sind. Ich bin ein Geistesgestörter mit Vernunft, deshalb sind meine Nerven wohlerzogen. Ich werde nervös, wenn ich es will. Ich werde nicht nervös, wenn ich die Leute davon überzeugen muß, daß ich nicht nervös bin. Ich weiß, daß Lloyd George ein nervöser Mensch ist, denn er gibt sich ruhig und rosig. In seinen Zeitschriften zeigt

---

* Cesare Lombroso (1836-1909), italienischer Mediziner und Kriminalist; suchte das Verbrechertum aus den anatomischen Besonderheiten der Kriminellen zu erklären.

man Wilson nervös, ihn dagegen mit rosigem Gesicht. Lloyd George befürchtet, alle könnten ihm auf die Schliche kommen, deshalb verfällt er auf diesen Lausejungenstreich. Ich weiß, daß Lausejungen die Zunge herausstrecken, aber Lloyd George streckt nicht die Zunge heraus. Er will alle Welt glauben machen, daß er nicht die Zunge herausstreckt. Aber alle sollen glauben, daß Wilson sie herausstreckt. Clemenceau ist kein Lausejunge. Clemenceau ist ein guter Mensch. Ich mag Clemenceau. Ich fühle mit ihm wegen seiner Schulterschmerzen. Ich fürchte um ihn, weil er Angst bekommen hat. Ich weiß, daß er ein Mensch ist, und darum wird er sich durch Lloyd Georges Schuß nicht einschüchtern lassen. Lloyd George bedient sich immer dieser Finte, damit die Leute tun, was er will. Lloyd George hat eine Polizei, die für alle diese Finten zuständig ist. Ich kenne diese Leute. Ich kann sie euch zeigen, wenn ihr mir versprecht, ihnen nichts zu tun. Ich will keine Lyncherei. Ich mag diese Leute. Diese Leute machen all das, weil man ihnen Geld gezeigt hat. Diese Leute sind arm, sie brauchen Geld, um ihre Kinder zu ernähren. Ich mag diese Leute und weiß, daß sie mich verstehen werden, wenn Lloyd George ihnen erlaubt, dieses Buch zu lesen. Ich weiß, daß Lloyd George sie mit einer sehr einfachen Finte am Lesen hindern wird. Er wird die Herausgabe des Buches gestatten, aber in den Zeitungen Lloyd Georges wird man sich lustig machen. Lloyd George wird mich verstehen. Ich weiß, daß er Angst vor mir bekommen wird, aber ich weiß, daß er zum Schein lächeln wird. Ich weiß, daß Lloyd George nachts arbeitet, denn er hat schlechte Augen. Er schreibt viel. Er spricht wenig. Er gebraucht das Papier, um sich Sachen auszudenken. Er hat viel Papier, deshalb tut es ihm nicht leid darum. Er schreibt alles auf, was ihm durch den Kopf geht, und danach setzen andere seine Gedanken um. Ich schreibe auch, aber mir tut es leid um das Papier, deshalb ist meine Schrift so klein. Ich schreibe hin und wieder in Großbuchstaben, um meinen Gedanken hervorzuheben. Bei Lloyd George sind alle Buchstaben groß. Ich habe seine Schrift nicht gesehen, aber ich bin sicher, daß er in Großbuchstaben schreibt, weil er Angst hat, nicht verstanden zu werden. Er schreibt schnell und gewandt. Er ist sehr geübt. Man versteht ihn, weil er aufs Schreiben viel Zeit verwendet hat. Ich weiß, daß er an seiner Handschrift gearbeitet hat. Seine Handschrift ist sehr schön. Er schreibt klar. Ich schreibe nicht klar, denn ich will nicht, daß mich alle Welt versteht. Lloyd George befürchtet, nicht von allen verstanden zu werden, denn er fühlt seine Fehler. Lloyd George ist ein schrecklicher Mensch, ihn muß man nicht umbringen. Ich will mit ihm sprechen, wenn man mich läßt. Ich will ihn nicht mit einem Revolver töten. Ich will ihm beweisen, daß er mit all seinem Tun so viel Unheil angerichtet hat, daß er dafür nicht mit seinen Haaren aufkommen könnte, denn er hat nicht genug auf dem Kopf. Ich werde ihm sagen, daß er für alles, was er zerstört hat, nicht ohne Gott aufzukommen vermag. Um dafür aufzukommen, muß man Gott lieben.

Ich will, daß er Gott verstehen lernt, deshalb will ich ihm erklären, daß Gott ihm helfen kann, wenn er auf mich hört. Ich weiß, daß er mir sein Lächeln zeigen wird, aber ich werde es nicht erwidern, denn ich bin kein lächelnder Mensch. Ich mag lächelnde Leute, aber ihr Lächeln darf nicht aufgesetzt sein. Ich mag das Lächeln Djagilews nicht, denn bei ihm ist es aufgesetzt. Er glaubt, die Leute spüren das nicht. Lloyd George spielt den Arbeiter und bildet sich ein, daß ihn das Volk lieben wird. Lloyd George versteht das Volk nicht. Lloyd George will, daß man ihm gehorcht. Die Lloyd-Georgeler zwingen Irland, Dinge zu tun, die es nicht will.

Irland ist Liebe, und es will England lieben, aber Lloyd George will das irische Volk zu Streitigkeiten aufwiegeln, denn er will gegen Irland Krieg führen. Ich kenne einen irischen Vertreter, der eine Engländerin zur Frau hat. Diese Frau ist heuchlerisch erzogen worden. Ihr Mann durchschaut ihre Finessen, aber er liebt sie. Sie liebt ihn nicht, obwohl sie ein Kind von ihm hat. Ich bin auf ihr Liebesverhältnis zufällig aufmerksam geworden. Ich war bei ihnen zum Tee. Der Mann war auch dabei. Ihr Mann ist ein guter Mensch, denn sein Lächeln ist gefühlvoll. Das Lächeln seiner Frau ist aufreizend. Ich habe ihr Lächeln nicht erwidert. Ich habe das Lächeln ihres Mannes erwidert. Sie schreibt mir »heute« Briefe, aus denen ich herausfühlen soll, daß sie mich liebt. Ich ersehe aus ihrem Brief die Finessen einer verschlagenen Frau. Ich habe ihren Brief verstanden. Sie will mich veranlassen, nach England zu kommen, indem sie davon spricht, das »Russische Ballett« hätte Erfolg. Diesen Erfolg habe ich sehr wohl verstanden. Sie gab mir zu verstehen, daß Mjassin ebenfalls ein sehr begabter Mann sei. Ich habe die Absicht dieser Frau durchschaut. Sie fühlt Mjassin. Mjassin hat sie durchschaut, deshalb hat er sehr gut von mir gesprochen. Mjassin ist ein sehr guter Junge. Ich mag ihn, aber ich mag ihn anders. Mjassin tut so, als würde er mich mögen. Ich tue nicht so. Ich habe das festgestellt, als ich in

Madrid sein Ballett gesehen habe, das Djagilew geschaffen hatte. Ich ging ihn beglückwünschen, und als ich in seiner Loge war, küßte ich ihn. Mjassin glaubte, ich küsse ihn nach Judasart, denn Djagilew hatte ihn von meiner boshaften Handlungsweise überzeugt. Daß Djagilew ihn beeinflußt hat, weiß ich einfach daher, daß ich auch fünf Jahre lang Djagilews Mjassin gewesen bin. Ich verstand Djagilew nicht. Djagilew verstand mich, denn mein Verstand war sehr klein. Djagilew hatte begriffen, daß ich Erziehung brauchte und ihm dazu Vertrauen schenken mußte. Ich fragte ihn: »Weswegen hast du mit dem Mann gebrochen, der dich geliebt hat?« Darauf antwortete er mir, nicht er habe mit ihm gebrochen, sondern dieser Mann habe mit ihm gebrochen, und erzählte mir seine vollkommen erfundene Geschichte. Dieser Mann hieß ...
... Ich möchte seinen Namen nicht nennen, denn er hat seinen Fehler wiedergutgemacht. Dieser Mann verliebte sich in eine in Rußland bekannte Tänzerin. Ich kenne sie. Sie kennt mich kaum. Sie weiß, daß ich Nijinsky bin. Sie mag meine Tänze. Ich weiß, daß sie meine Tänze mag, denn sie lächelte gefühlvoll, wenn ich tanzte. Ich kenne diesen Mann, der mit Djagilew in der gleichen Weise zusammengelebt hat wie ich. Ich mag diesen Mann. Dieser Mann mag mich nicht, denn er glaubt, daß ich ihn um seine Arbeit bei Djagilew gebracht habe. Ich weiß, daß Djagilew diesen Menschen Kunstgegenstände zu lieben gelehrt hat. Dieser Mensch war für Kunstgegenstände zu haben und wurde auf sie begierig gemacht. Djagilew kaufte ihm Kunstgegenstände. Dieser Mann liebte Djagilew ebenso wie ich. Was ich an Djagilew nicht mochte, war die von seiner Erziehung herrührende Knabenliebe.

Ich habe begriffen, daß Kyra mich nicht sehen will, weil ich ihr heute gesagt habe, daß sie onaniere. Sie erfühlte es, als ich sie ansah. Ihre Mutter, meine Frau, erfühlte es auch. Ihre Mutter glaubte, daß ich das Kind zu Unrecht beschuldige, deshalb sagte sie mir etwas zu Kyras Verteidigung. Ich gab auf ihre Bemerkung eine schroffe Antwort und zeigte Kyra noch einmal, daß ich sie verstand. Ich begann, meinen Finger zu reiben, und dann machte ich jene Bewegung, die Kyra macht, wenn sie onaniert. Danach ließ ich beide in dem Zimmer zurück. Ich ging mich waschen, denn Gott hatte mir gesagt, daß es Zeit sei, mich zu waschen. Ich blieb allein im Zimmer, erfühlte aber meinen Fehler. Ich wollte nicht, daß Kyra vor mir Angst hat, und so machte ich alles nur noch schlimmer. Als sie vorbeiging, rief ich sie und sagte ihr, ich wisse, daß sie heute onaniert habe, und wenn sie wolle, könne sie gehen, wenn sie aber wolle, könne sie auch bei mir bleiben. Sie ging. Ich spürte einen seelischen Schmerz. Ich meinte es nicht böse mit ihr. Sie hatte verstanden, daß ich sie nicht liebe, deshalb war sie gegangen. Ich weiß, warum sie gegangen ist. Ich hatte bemerkt, daß das Kind eine Bewegung zu mir hin machte, aber ich stieß es weg, weil ich dachte, es sei besser, wenn es gehe. Das Kind fühlte es und ging. Ich weinte tiefinnerlich. Ich wollte sie rufen. Ich ging sie suchen, fand sie aber mit einer Rotkreuzfrau zusammen. Ich sagte laut und vernehmlich, Kyra liebe mich nicht, denn sie habe es mir gesagt. Wenige Sekunden später sagte ich, sie sei gegangen und gehen bedeute mich nicht lieben. Die Frau verspürte seelischen Schmerz und war den Tränen nahe, aber der Verstand sagte ihr, daß sie Kyra überreden müsse, mir zu sagen, daß sie mich liebe.

Ich ging, und Kyra weinte tiefinnerlich. Ich weiß, daß sie geweint hat, denn ich sah ihr verzerrtes Gesicht. Ich litt. Ich wollte nicht, daß sie litt. Ich wollte ihr zu verstehen geben, daß ich sie liebe. Ich sagte ihr, daß ich gehe, weil sie mich nicht liebe. Ich bemerkte, daß ich sie damit beeindruckt hatte. Ihre Mutter bekam es mit der Angst, denn sie glaubte, ich meine es böse mit ihr. Ich sagte ihr, daß ich das Recht habe, mein Kind zu erziehen. Ihre Mutter fühlte sich gekränkt, denn sie glaubte, ich hätte das mit Absicht ihr zum Vorwurf gesagt. Ich hatte es nicht ihr zum Vorwurf gesagt. Ich ging nach unten, um aufzuschreiben, was ich bezweckte. Es kam ein Anruf, und ich schrieb auf, was ich hörte, denn meine Frau glaubte, ich sei spazierengegangen. Beim Frühstück gab ich meiner Frau zu verstehen, daß ich von ihrem Telephongespräch mit Dr. Fränkel wisse. Sie log mich an, weil sie Angst vor mir hatte. Ich spürte, daß die Süßspeise voller Arznei war, deshalb ließ ich sie stehen und bat um Obst. Ich wußte, daß im Dessert Arznei war, weil meine Frau nur sehr wenig davon genommen hatte. Ich nahm extra viel, damit sie meinte, ich wisse es nicht, doch nach einer Weile zeigte ich meiner Frau, daß ich etwas rieche, denn mein Geruchssinn finde heraus, was schlecht ist. Ich ließ das Dessert stehen und zeigte mit dem Finger darauf, damit alle begriffen, daß das Dessert nicht in Ordnung war. Das Dienstmädchen, das zufällig hereinkam, fragte mich, da es ihr entgangen war, daß ich das Dessert weggeschoben hatte: »Nun, schmeckt es gut?« Ich antwortete: »Ausgezeichnet.« Sie erfüllte, was ich gesagt hatte, und sah, daß das Dessert nicht aufgegessen war. Ich werde nichts mit Arznei essen, und so werden sie sich wundern, daß ich Dinge weiß, die ich nicht gesehen habe. Ich werde nicht riechen, sondern fühlen. Ich hatte es gerochen, weil Gott es so gewollt hatte ... Ich bin von dem Mann abgekommen, den Djagilew vor mir geliebt hatte.

Djagilew liebte diesen Mann körperlich, darum wollte er von ihm auch geliebt werden. Damit er ihn liebte, machte Djagilew ihn begierig auf Kunstgegenstände. Djagilew machte Mjassin auf Ruhm begierig. Ich war weder auf Kunstgegenstände noch auf Ruhm begierig zu machen, denn ich fühlte beides nicht. Djagilew stellte fest, daß ich ein langweiliger Mensch war, deshalb ließ er mich allein. Allein geblieben, onanierte ich und war hinter den Mädchen her. Die Mädchen gefielen mir. Djagilew glaubte, ich blase Trübsal, aber ich blies nicht Trübsal. Ich machte Tanztraining und arbeitete ganz allein an einem Ballett. Ich erregte Djagilews Mißfallen, weil ich ein Ballett allein schuf. Er wollte nicht, daß ich Sachen allein machte, die ihm nicht zusagten. Ich konnte seine Kunstauffassung nicht teilen. Ich sagte ihm das eine und er mir das andere. Ich stritt oft mit ihm. Ich schloß mich ein, denn unsere Zimmer lagen nebeneinander. Ich ließ niemanden herein. Ich hatte Angst vor ihm, denn ich wußte, daß mein ganzes Künstlerleben in seinen Händen lag. Ich verließ mein Zimmer nicht. Djagilew blieb auch allein. Djagilew war in trübseliger Verfassung, denn alle sahen unser Zerwürfnis. Djagilew war es peinlich, Leute zu treffen, die sich erkundigten, was denn mit Nijinsky sei. Djagilew zeigte gern, daß Nijinsky in allen Dingen sein Schüler sei. Ich wollte nicht zeigen, daß ich mit ihm übereinstimme, deshalb stritt ich mich häufig vor aller Augen mit ihm. Djagilew bat Strawinsky um Unterstützung, das war in einem Londoner Hotel. Strawinsky unterstützte Djagilew, denn er wußte, daß Djagilew mit mir brechen würde. Da fühlte ich Haß gegen Strawinsky, denn ich sah, daß der die Unwahrheit unterstützte, und gab mich zum Schein geschlagen. Ich war kein boshafter Mensch. Strawinsky glaubte, ich sei ein boshafter grüner Junge. Ich war nicht älter als einundzwanzig. Ich war jung, und deshalb machte ich Fehler. Meine Fehler wollte ich jedesmal ausbügeln, doch als ich merkte, daß mich keiner mochte, begann ich den Boshaften zu spielen. Ich mochte Djagilew nicht, lebte aber mit ihm. Ich haßte Djagilew seit den ersten Tagen unserer Bekanntschaft, denn ich kannte die Stärke Djagilews. Ich mochte die Stärke Djagilews nicht, denn er mißbrauchte sie. Ich war arm. Ich verdiente fünfundsechzig Rubel im Monat. Fünfundsechzig Rubel im Monat reichten mir nicht, um meine Mutter und mich zu ernähren. Ich hatte eine Wohnung mit drei Zimmern gemietet, die im Monat fünfunddreißig bis siebenunddreißig Rubel kostete. Ich liebte die Musik. Ich hatte die Bekanntschaft des Fürsten Pawel Lwow* gemacht, der mich mit einem polnischen Grafen bekannt machte. Ich habe seinen Namen vergessen, denn ich will es so. Ich will nicht die ganze Familie kränken, denn ich habe seinen Namen vergessen. Dieser Graf kaufte mir ein Klavier. Ich liebte ihn nicht. Ich liebte den Fürsten Pawel und nicht den Grafen. Lwow machte mich per Telephon mit Djagilew bekannt, der mich ins Hotel Jewropa kommen ließ,

---

* Pawel Dmitrijewitsch Lwow, Förderer junger Talente; Freund der Familie Nijinsky, die er finanziell unterstützte; verwandt mit Georgi Jewgenijewitsch Lwow, der von März bis Juli 1917 die Provisorische Regierung Rußlands leitete.

wo er wohnte. Ich haßte ihn wegen seiner allzu selbstsicheren Stimme, aber ich ging auf die Suche nach meinem Glück. Ich fand dort das Glück, denn ich liebte ihn sofort. Ich zitterte wie Espenlaub. Ich haßte ihn, aber ich verstellte mich, denn ich wußte, daß meine Mutter und ich verhungern würden. Ich verstand Djagilew vom ersten Augenblick an, deshalb tat ich so, als ob ich alle seine Ansichten teilte. Ich begriff, daß es zu leben galt, deshalb war es mir egal, welches Opfer ich auf mich nahm. Ich arbeitete viel an meinen Tänzen, deshalb fühlte ich mich immer müde. Doch ich tat, als sei ich fröhlich und nicht müde, um Djagilew nicht trübselig zu machen. Ich weiß, daß Djagilew das fühlte, aber er liebte Knaben, deshalb fiel es ihm schwer, mich zu verstehen. Ich will nicht, daß die Leute denken, Djagilew sei ein Schurke und müsse eingesperrt werden. Ich werde weinen, wenn man ihm weh tut. Ich liebe ihn nicht, aber er ist ein Mensch. Ich liebe alle Menschen, deshalb will ich ihnen nicht weh tun. Ich weiß, alle werden entsetzt sein, wenn sie diese Zeilen lesen, aber ich möchte sie zu meinen Lebzeiten drucken lassen, denn ich weiß um ihre Wirkung. Ich möchte einen lebendigen Eindruck machen, deshalb beschreibe ich mein Leben aus dem Leben heraus. Ich will nicht, daß man über mein Leben nach meinem Tod liest. Ich habe keine Angst vor dem Tod. Ich habe Angst vor Angriffen. Ich habe Angst vor dem Bösen. Ich habe Angst, die Leute könnten mich mißverstehen. Ich wünsche Djagilew nichts Böses. Ich bitte alle inständig, ihn in Ruhe zu lassen. Ich liebe ihn genauso wie die anderen. Ich bin nicht Gott. Ich kann nicht über die Leute richten. Gott wird über ihn richten und nicht die Rechte. Ich bin gegen alle Rechte. Ich bin nicht Napoleon.

Ich bin kein Napoleon, der die Menschen für ihre Fehler bestraft. Ich bin ein Napoleon, der Fehler vergibt. Ich werde mit gutem Beispiel vorangehen, und ihr müßt ihm folgen. Djagilew hat nicht euch, sondern mir Böses angetan. Ich will ihn nicht bestrafen, denn ich habe ihn schon damit bestraft, daß alle von seinen Fehlern wissen. Ich habe mich selbst bestraft, denn ich habe allen von mir erzählt. Ich habe von vielen anderen erzählt, um sie zu bestrafen. Ich will nicht, daß alle glauben, ich würde aus heuchlerischer Absicht schreiben. Wenn alle Welt darauf verfällt, jene, über die ich geschrieben habe, zu bestrafen, so werde ich sagen, daß alles, was ich geschrieben habe, erlogen ist. Ich werde sagen, daß man mich ins Irrenhaus stecken soll. Ich schreibe nicht, um die Leute gegen Fehler aufzubringen. Ich habe kein Recht zu richten. Richter, das ist Gott und nicht die Menschen. Die Bolschewiken sind keine Götter. Ich bin kein Bolschewik. Ich bin ein Mensch in Gott. Ich spreche mit dem Munde Gottes. Ich liebe alle und will Liebe für alle. Ich will nicht, daß sich alle streiten. Wenn sich alle streiten, liegt das daran, daß sie Gott nicht verstehen. Ich werde allen Gott erklären, aber ich werde ihn nicht erklären, wenn man darüber lachen sollte. Ich spreche von Dingen, die die ganze Welt angehen. Ich bin der Frieden und nicht der Krieg. Ich will Frieden für alle. Ich will Liebe auf dem Erdball. Der Erdball zerfällt, denn sein Brennstoff verlischt. Sein Brennstoff wird noch wärmen, aber nur wenig, deshalb will Gott die Liebe, bevor der Erdball erlischt. Die Menschen denken nicht an die Sterne, deshalb ist ihnen die Welt unverständlich. Ich denke häufig an die Sterne, deshalb weiß ich, wie das ist mit mir. Ich mag die Astronomie nicht, denn die Astronomie gibt uns keine Vorstellung von Gott. Die Astronomie will uns die Geographie der Sterne lehren. Ich mag die Geographie nicht. Ich kenne mich aus in Geographie, denn ich habe sie studiert. Ich mag die Staatengrenzen nicht, denn ich verstehe, daß die Erde ein Staat ist. Die Erde ist der Kopf Gottes. Gott ist Feuer im Kopf. Ich lebe so lange, wie Feuer in meinem Kopf ist. Mein Puls ist ein Erdbeben. Ich bin ein Erdbeben. Ich weiß, daß die Erde erlöschen wird, wenn es keine Erdbeben mehr gibt, und mit dem Erlöschen der Erde erlischt alles menschliche Leben, denn der Mensch wird nicht imstande sein, sich mit Nahrung zu versorgen. Ich bin geistige Nahrung, deshalb speise ich nicht mit Blut. Christus wollte nicht mit Blut speisen, wie man es in den Kirchen verstanden hat. Die Leute gehen beten, und man flößt ihnen Wein ein, mit der Begründung, dies sei das Blut Christi. Christi Blut macht nicht trunken, im Gegenteil, es verhilft zu Nüchternheit. Die Katholiken trinken keinen Wein, aber sie bedienen sich eines heuchlerischen Mittels. Die Katholiken schlukken weiße Plätzchen und meinen, den Leib und das Blut des Herrn zu schlucken. Ich bin nicht Leib und Blut des Herrn. Ich bin Geist im Körper. Ich bin ein Körper mit Geist. Gott kann nicht ohne Körper oder ohne Geist sein. Blut und Geist im Körper sind der Herr. Ich bin der Herr. Ich bin ein Mensch. Ich bin Christus. Christus sagte, daß er Geist im Körper sei, aber die Kirche hat seine Lehre entstellt, denn man hat ihn nicht leben lassen. Sie haben ihn kaltgemacht. Arme Leute haben ihn kaltgemacht, die viel Geld bekommen haben. Diese Armen haben sich hinterher aufgehängt, denn sie konnten nicht ohne Christus leben. Ich weiß, die Menschen sind böse, weil sie ein schweres Leben haben. Ich weiß, daß diejenigen, die diese Seiten drucken, weinen werden, deshalb braucht man sich über den schlechten Druck nicht zu wundern. Schlechter Druck kommt aus den Händen von Armen, die wenig Kraft haben. Ich weiß, daß Druck die Augen verdirbt, deshalb will ich, daß photographiert wird, was ich schreibe. Die Photographie verdirbt ein Auge, der Druck gleich mehrere. Ich will mein Manuskript photographieren, ich fürchte bloß, das Photo zu verderben. Ich habe einen Photoapparat, und ich habe versucht, damit zu photographieren und die Filme zu entwickeln. Ich habe keine Angst vor dem Rotlicht, aber ich habe Angst, etwas zu verderben, denn der Film ist eine gute Sache, und man muß ihn mögen. Ich werde meinen Apparat lieber jemandem geben, damit er für mich eine Aufnahme macht. Ich liebe meinen Apparat, denn ich denke, daß er mir gute Dienste leisten wird. Ich fühle das Gegenteil. Ich will nicht photographieren, denn ich habe wenig Zeit. Ich will Theaterarbeit machen, statt zu photographieren. Das Photographieren werde ich denen überlassen, die es mögen. Ich mag das Photographieren, ich kann ihm bloß nicht mein ganzes Leben widmen. Ich werde dem Photographieren mein ganzes Leben widmen, wenn man mir beweist, daß Gott damit zu verstehen ist. Ich bin mit dem Kinematographen vertraut. Ich wollte mit dem Kinematographen arbeiten, aber ich habe begriffen, was es damit auf sich hat. Der Kinematograph dient zur Geldvermehrung. Das Geld dient der Vermehrung der kinematographischen Theater. Ich habe begriffen, daß der Kinematograph einer einzelnen Person die Möglichkeit des Gelderwerbs bietet, das Theater aber vielen. Für mich bedeutet Theater schwere Arbeit, aber ich ziehe die Entbehrungen dem Kinematographen vor. Djagilew hat mir mehr als einmal gesagt, daß man sich etwas in der Art des Kinematographen ausdenken müßte, denn seine Kraft sei groß. Bakst*, der bekannte Maler, ein russischer Jude, sagte, das sei gut fürs Geld. Ich sagte nichts, denn ich fühlte, daß Bakst und Djagilew meinen, ich sei ein grüner Junge und könne deshalb meine Gedanken nicht in Worte fassen. Djagilew sucht immer nach der Logik im Gedanken. Ich verstehe, daß es keinen Gedanken ohne Logik geben kann, aber es kann auch keine Logik ohne Gefühl geben. Djagilew verfügt über Logik und Gefühl, aber sein Gefühl ist ein anderes. Djagilews Gefühl ist schlecht, meines hingegen ist gut. Djagilew fühlt nicht deshalb schlecht, weil er den größten Kopf von allen hat, sondern weil in seinem Kopf ein schlechtes Gefühl ist. Lombroso sagt, daß die Gefühle an der Kopfform zu erkennen seien. Ich sage, daß man die Gefühle an den Taten der Leute erkennt. Ich bin kein Wissenschaftler, aber ich verstehe gut. Ich verstehe gut, weil ich gute Gefühle habe.

Viele mögen den Fountain-Plume nicht, weil es schwer ist mit dem Einfüllen der Tinte. Die Tinte füllt man mit einer Pumpe ein, die aus einem Glasröhrchen gemacht ist und einem Gummi... Ich weiß nicht, wie das Gummiding heißt, welches das Glasröhrchen abschließt. Ich nehme dieses Röhrchen und ziehe die Tinte so auf, daß keine Luft mit hineinkommt. Damit keine Luft mit hineinkommt, muß man das Röhrchen in die Tinte tauchen. Wenn das

---

* Lew (Léon) Bakst, eigentlich Lew Samuilowitsch Rosenberg (1866-1924), Maler, Graphiker und Theaterkünstler; gehörte zum Künstlerkreis von *Mir iskusstwa*, lebte seit 1909 hauptsächlich in Paris.

Röhrchen bis oben voll ist, muß man das Ende des Röhrchens in die Tinte des Füllers einführen. Viele lassen sich dabei täuschen, sie halten die Blase für die Tinte, weil sie ein Ringende sehen. Ich kann einen Tintenring von einem Luftring unterscheiden. Ich weiß, daß beide Ringe schwarz sind, aber der Ring mit der Luft ist weniger schwarz, denn meine Physiognomie ist sauberer. Ich mag schwarze Physiognomien, deshalb sauge ich die Luft heraus, bevor ich das Röhrchen mit Tinte vollmache. Nachdem ich die Luft abgesogen habe, prüfe ich, ob noch Luft dringeblieben ist. Dann nehme ich Tinte und fülle sie zu der, die im Füller ist. Oft läßt Luft die Tinte nicht in den Füller hinein, und nervöse Leute verderben sich ihre Kleidung oder beschmutzen sich das Gesicht, weil die Tintenblase platzt. Die Blase hat keine Geduld, sie platzt, wann sie will. Ich kenne ihre Tücken, deshalb fühle ich, wann ich innehalten muß. Ich überlege nicht, wann ich innehalten muß. Ich halte inne auf Gottes Geheiß. Ich sauge wieder Luft heraus, und dann fülle ich so lange Tinte hinein, wie mich keine Luft daran hindert. Ich bin schon so geübt, daß ich nicht viel Zeit auf das Einfüllen der Tinte verwende und nicht vor jedem Nachfüllen herumstöhne. Die Leute haben Angst vor der Tinte, weil sie nicht gut ist. Ich verwende »Blue Jack Stephen«, das ist eine schlechte Tinte, weil sie wenig Tinte enthält. Die Tinte ist mit Wasser verdünnt, weil der Mann reich werden will. Ihm ist es egal, ob es sich mit der Tinte gut schreibt oder nicht. Für ihn gibt es keine Liebe zu den Menschen. Für ihn gibt es Liebe zum Geld. Ich verstehe ihn gut. Er hat Kinder und möchte ihnen Geld hinterlassen. Ich mag Geld nicht, wenn ich von den seelischen Leiden weiß, deren Ursache es ist. Ich weiß, daß jeder einen Fountain-Plume haben möchte. Ich weiß, daß die Mütter den Fräuleins Fountain-Plumes für die Schule kaufen. Ich weiß, daß jedes junge Mädchen Kleider mag. Ich weiß, daß sie weint, wenn sie sich ihr Kleid mit Tinte befleckt hat. Sie hat keine Angst, vom Vater oder von der Mutter ausgeschimpft zu werden. Sie erträgt alles. Ihr tut es um das Kleid leid, denn sie kennt seinen Preis. Der Vater arbeitet lange. Er hat es schwer. Er kauft teure Stoffe für seine Tochter, um ihr seine Liebe zu beweisen. Die Tochter weint, denn sie ist zutiefst betrübt. Sie leidet. Ihr Vater soll dieses Kleid nicht sehen. Wenn er dahinterkommt, erbost ihn das, auch er leidet. Ich weiß, worum es ihm geht. Er will nicht, daß die Tochter vor ihm verbirgt, was sie getan hat. Was geschehen ist, haben nicht die Tochter und nicht der Füller getan. Das hat der Mann getan, der sich die Tinte ausgedacht hat. Ich will diesen Menschen nicht anklagen. Ich will zeigen, was für Fehler die Leute machen. Ich will nicht, daß die Tinte Wasser enthält. Ich will Tinte ohne Wasser. Der Mann stellt für die Reklame ein paar tausend Flaschen mit guter Tinte her, und dann, wenn feststeht, daß die Leute sie kaufen, stellt er Millionen von Flaschen mit Wasser her. Ich kenne die Machenschaften der Tintenfabriken. Ich kenne die Machenschaften der Impresarios. Djagilew ist auch ein Impresario, denn er leitet eine Truppe. Djagilew hat das Betrügen von anderen Impresarios gelernt. Er hört es nicht gern, daß er ein Impresario ist. Er weiß, wie das ist mit den Impresarios. Alle Impresarios gelten als Diebe. Djagilew will kein Dieb sein, deshalb will er nicht als Impresario bezeichnet werden. Djagilew will Mäzen genannt werden. Djagilew will in die Geschichte eingehen. Djagilew glaubt bei seinen Betrügereien, daß niemand weiß, welches Ziel er verfolgt. Djagilew färbt sich die Haare, um nicht alt zu sein. Djagilew hat weiße Haare. Djagilew kauft schwarze Pomaden und reibt sie sich in die Haare. Ich habe diese Pomade auf Djagilews Kopfkissen bemerkt, deren Bezüge schwarz waren. Ich mag keine schmutzigen Kopfkissen, deshalb wirkt ihr Anblick abstoßend auf mich. Djagilew hat zwei falsche Vorderzähne. Ich bin darauf aufmerksam geworden, weil er sie mit der Zunge berührt, wenn er aufgeregt ist. Sie wackeln, und ich sehe es. Mich erinnert Djagilew an ein böses altes Weib, wenn er an den beiden Vorderzähnen wackelt. Bei Djagilew ist vorn eine Haarsträhne weiß gefärbt. Djagilew möchte auffallen. Seine Haarsträhne ist vergilbt, weil er schlechte weiße Farbe gekauft hat. In Rußland hat seine Haarsträhne besser ausgesehen, denn ich habe sie nicht bemerkt. Ich bemerkte sie erst viel später, denn ich gab mich nicht gern mit den Frisuren anderer ab. Meine Frisur störte mich. Ich änderte sie ständig. Man sagte mir: »Was machen Sie denn mit Ihren Haaren? Sie ändern ja ständig Ihre Frisur.« Darauf sagte ich, daß ich meine Frisur gern ändere, weil ich nicht immer ein und derselbe sein möchte. Djagilew mochte es, daß man über ihn sprach, deshalb legte er sich ein Monokel zu. Ich fragte ihn, wozu er ein Monokel trage, denn ich hatte bemerkt, daß er auch ohne Monokel gut sah, da sagte er mir, auf dem einen Auge sehe er schlecht. Da begriff ich, daß er mir etwas vorgelogen hatte. Ich fühlte einen tiefen Schmerz. Ich begriff, daß Djagilew mich betrog. Ich hatte keinerlei Vertrauen zu ihm und begann, während ich vorgab, sein Schüler zu sein, mich allein zu entwickeln. Djagilew fühlte, daß ich mich verstellte, und mochte mich nicht, aber er wußte, daß er sich auch verstellte, und ließ mich allein. Ich begann ihn ganz offen zu hassen, und einmal versetzte ich ihm auf einer Pariser Straße einen Stoß. Ich versetzte ihm einen Stoß, denn ich wollte ihm zeigen, daß ich keine Angst vor ihm hatte. Djagilew zog mir eins mit dem Stock über, weil ich ihn verlassen wollte. Er hatte erfühlt, daß ich ihn verlassen wollte, deshalb rannte er mir nach. Ich lief schnell. Ich fürchtete aufzufallen. Ich bemerkte, daß die Leute mir nachsahen. Ich hatte einen Schmerz im Bein verspürt und Djagilew einen Stoß versetzt. Mein Stoß war schwach gewesen, denn ich hatte keinen Zorn auf Djagilew gefühlt, sondern Tränen. Ich weinte. Djagilew beschimpfte mich. Djagilew knirschte mit den Zähnen, und mir schnürte es das Herz ab. Ich konnte kaum noch an mich halten und ging langsam weiter. Djagilew ging auch langsam. Wir gingen langsam. Ich kann mich nicht erinnern, wohin wir gingen. Ich ging. Er ging. Wir gingen und kamen an. Wir lebten lange zusammen. Mein Leben war trübselig. Ich litt für mich allein. Ich weinte für mich allein. Ich liebte meine Mutter und schrieb ihr jeden Tag Briefe. Ich weinte in diesen Briefen. Ich sprach von meinem künftigen Leben. Ich wußte nicht weiter. Ich habe vergessen, was ich geschrieben habe, aber in mir ist noch das Gefühl, daß ich bitterlich geweint habe. Meine Mutter hat das erfühlt, denn sie antwortete mir mit Briefen. Sie konnte mir auf meine Vorhaben nicht antworten, da es meine Vorhaben waren. Sie wartete darauf, von meinen genauen Absichten zu erfahren. Ich hatte Angst vor dem Leben, denn ich war sehr jung. Ich bin schon über fünf Jahre verheiratet, ich habe mit Djagilew ebenfalls fünf Jahre zusammengelebt. Ich kann nicht rechnen. Ich bin jetzt neunundzwanzig. Ich weiß, daß ich neunzehn war, als ich Djagilew kennenlernte. Ich liebte ihn aufrichtig, und wenn er sagte, daß die Liebe zu Frauen eine abscheuliche Sache sei, so glaubte ich ihm. Hätte ich ihm nicht geglaubt, wäre es mir nicht möglich gewesen, zu tun, was ich getan habe. Mjassin kennt das Leben nicht, denn seine Eltern waren reich. Sie litten keinen Mangel. Wir hatten kein Brot. Meine Mutter ging zum Zirkus Cinizelli, um etwas Geld zu verdienen. Meine Mutter schämte sich einer solchen Arbeit, denn sie war in Rußland eine bekannte Tänzerin gewesen. Ich verstand als Kind alles. Ich weinte tiefinnerlich. Meine Mutter weinte auch. Einmal hielt ich es nicht mehr aus und lief zu Burman*, meinem Freund, er hieß Anatoli, jetzt ist er mit der Tänzerin Klementowitsch verheiratet. Ich lief zu seinem Vater und erzählte ihm, daß meine Mutter wegen des Geldes leiden müsse. Da sagte mir sein Vater (ein Pianist), ich solle zum Verwalter der Kaiserlichen Theater gehen. Ich lief hin. Ich war ganze vierzehn oder fünfzehn Jahre. Der Verwalter hieß Dmitri Alexandrowitsch Krupenski. Direktor war Teljakowski. Herrscher war Nikolaus II. Ich liebte das Theater. Ich ging in Krupenskis Büro. Als ich eintrat, bekam ich Angst, denn ich sah trokkene lachende Gesichter. Ich betrat das Zimmer, in dem Krupenski saß. Er trug einen schwarzen Bart. Ich erschrak vor ihm, denn ich hatte Angst vor Bärten. Ich zitterte wie Espenlaub. Ich wollte ihm nichts sagen. Ich

---

* Anatoli Burman, Klassenkamerad Nijinskys an der Kaiserlichen Ballettschule in Petersburg; verfaßte in den dreißiger Jahren eine Nijinsky-Biographie.

schwieg. Krupenski und die anderen Beamten lachten los. Ich zitterte noch mehr. Ich zitterte, und alle lachten. Krupenski fragte mich, was ich wolle, da sagte ich ihm, daß ich fünfhundert Rubel zur Bezahlung der Schulden meiner Mutter brauche. Ich hatte diese Zahl zufällig erfahren. Ich überlegte nicht, was ich sagte. Ich zitterte. Ich erhob mich. Ich fühlte die trübsinnigen Gesichter. Ich ging. Ich rannte so schnell, daß ich außer Atem kam. Krupenski und sein schwarzer Bart verfolgten mich. Ich rannte. Ich rief vor mich hin: »Ich tu's nicht wieder. Ich tu's nicht wieder.« Ich weinte tiefinnerlich, aber die Tränen kamen nicht heraus. Ich wußte, wenn ich zu meiner Mutter käme, würde sie mich verstehen, deshalb lief ich zu ihr und erzählte alles. Ich konnte nicht lügen. Wenn ich anfing zu lügen, zitterte ich wie Espenlaub. Ich war das Laub Gottes. Ich liebte Gott, aber ich betete nicht gern. Ich wußte nicht, was ich tun sollte. Ich lebte, und das Leben ging dahin. Ich verstand nichts von Geschäften und mochte sie nicht, aber Gott half mir. Ich durfte Unterricht erteilen. Im Unterricht gab ich mich schlicht. Ich war glücklich zu arbeiten. Ich weinte oft in meinem Zimmer. Es gefiel mir, ein eigenes Zimmer zu haben. Ich kam mir groß vor, wenn ich ein eigenes Zimmer hatte. In einem eigenen Zimmer konnte ich viel weinen. Ich las Dostojewski. Ich las den *Idioten* mit achtzehn Jahren und verstand, was es damit auf sich hatte. Ich wollte Schriftsteller sein und studierte mühsam, was Dostojewski geschrieben hatte. Ich studierte Gogol. Ich schrieb Puschkin ab, denn ich dachte, wenn ich ihn kopierte, würde ich Gedichte und Romane schreiben lernen wie er. Ich schrieb vieles ab, aber ich fühlte, daß das alles Torheit war, und gab es auf.

Ich lebte einfach. Wir hatten Brot genug. Meine Mutter zeigte sich gern gastfreundlich. Sie lud Leute ein, wenn sie fühlte, daß wir viel hatten. Meine Mutter lernte gern Leute kennen, deshalb machte sie Einladungen. Ich lernte auch gern Leute kennen, deshalb lauschte ich auf alles, was die Älteren sagten. Ich verstand die Älteren, deshalb zog es mich zu ihnen. Ich erkannte meinen Irrtum erst später, denn die Älteren hatten andere Aufgaben als ich. Weil ich die Älteren liebte, lehnten mich die Kleinen ab, denn sie verstanden mich nicht. Ich kannte einen Jungen mit Namen Gontscharow. Ich erinnere mich nicht an seinen Vornamen. Jetzt ist er mir eingefallen, er hieß Leonid. Leonid trank Wodka, ich trank keinen Wodka. Wir waren in der Schule zusammen. Das gemeinsame Leben in der Schule verband uns, einigte uns jedoch nicht, denn seine Gewohnheiten übernahm ich nicht. Ich weiß nicht, wer ihm das Trinken beigebracht hatte. Sein Gesicht war blaß und picklig. Die Erzieher verstanden die Kinder nicht, denn sie schlossen sich im Dienstzimmer ein, wo sie lasen oder ihre Bekannten empfingen. Ich verstehe Erzieher, die die Anwesenheit von Kindern trübselig macht. Ich verstehe, daß Kinder den Erzieher nicht verstehen. Erzieher sein ist eine schwierige Angelegenheit. Ich habe meine Kyra nicht zur Erziehung weggegeben, denn ich weiß, wie das ist mit der Erziehung. Ich will, daß die Leute ihre Kinder selbst erziehen und sie nicht Fremden überlassen, denn Fremde verfallen in Trübseligkeit.

Ich konnte nicht schreiben, weil ich über das nachdenken mußte, was ich geschrieben habe. Ich wollte sagen, daß das Leben der Kinder von ihrer Erziehung abhängt. Erzieher können keine Kinder erziehen, denn sie sind nicht verheiratet. Wenn sie verheiratet sind, sehnen sie sich nach Frau und Kindern. Ich kenne einen Erzieher, der seine Lieblinge hatte. Er hieß Issajenko. Ich mochte ihn, fühlte aber, daß er mich nicht mochte. Ich hatte Angst vor ihm, weil ich dachte, er meine es nicht gut mit mir. Er lud mich einmal zu sich nach Hause ein, denn er wollte mir, wie er sagte, Französisch beibringen. Ich ging zu ihm mit der Vorstellung, etwas zu lernen, aber er setzte mich auf einen Stuhl und gab mir ein Buch. Ich fand das langweilig. Ich verstand nicht, wozu er mich herbestellt hatte, wenn er mir ein Buch in die Hand gab. Ich las laut, wurde aber trübselig vor Langeweile. Issajenko lud mich ein, zusammen mit den anderen zu essen. Ich erfühlte, daß er den Leuten, bei denen er wohnte, für Verpflegung und Zimmer zahlte. Ich bekam kein Französisch mit, denn sie sprachen Russisch. Die Frau war jung und mager. Ihre Nerven waren zerrüttet, denn sie machte immerzu irgendwelche Bewegungen. Mit ihr war ein junger Mann, an sein Aussehen erinnere ich mich nicht mehr. Ihr Gesicht hat sich mir eingeprägt. Sie hatte ein winziges Hündchen, das immerzu auf dem Tisch herumlief und ihren Teller ableckte. Sie liebte dieses Hündchen. Ich mochte dieses Hündchen nicht, weil es krank war. Sein Körper war mißgebildet. Es war spindeldürr. Die Beinchen überlang. Die Öhrlein klein. Die Äuglein vorstehend. Mit einem Wort, das Hündchen war winzig. Ich fühlte Mitleid mit dem Hündchen, und ich wurde traurig. Issajenko machte sich lustig über das Hündchen, weil es so winzig war. Ich fühlte, daß ich überflüssig war, denn sie wollten über etwas sprechen und schwiegen sich aus. Ich fühlte, daß sie ein Geheimnis hatten. Ich wollte gehen, wußte aber nicht, wie. Issajenko lächelte mich an. Ich fühlte mich abgestoßen und ging davon, ohne das Essen auf meinem Teller angerührt zu haben. Ich wußte, daß er ... Ich ging mit einem unguten Gefühl gegenüber Issajenko und allen Anwesenden davon. Mir war übel. Ich konnte die Französischstunden nicht fortsetzen und ging Issajenko aus dem Weg. Issajenko schikanierte mich und drückte meine Noten. Ich bekam die schlechtesten Zensuren, nämlich Einsen. Wir wurden nach einem Zwölfpunktesystem benotet, und am besten war die Zwölf. Ich lernte nichts für Französisch, denn ich fühlte mich abgestoßen. Der Französischlehrer fühlte, daß ich Französisch nicht mochte, und war böse auf mich. Ich lernte nichts für Französisch, und wenn er mich fragte, ließ ich mir vorsagen. Die Noten, die er mir gab, waren je nachdem. Er mußte zeigen, daß seine Schüler gut lernten, deshalb gab er mir gute Noten. Ich erkannte seine Finte und begann meine Noten zu korrigieren. Ich radierte die Einsen weg und trug Neunen ein. Es machte mir Spaß, die Noten zu korrigieren. Der Französischlehrer merkte es nicht, und niemand stellte mich zur Rede. Ich gab es in Französisch auf.

Für den Religionsunterricht lernen mochte ich nicht, denn dabei wurde ich trübselig vor Langeweile. Den Religionsunterricht selbst mochte ich, denn ich hörte mir gern die Sprüche des Väterchens an. Das Väterchen war nicht meins, sondern ein fremdes, denn es sprach von seinen Kindern. Er zeigte uns eine Münze und sagte, mit dieser Münze lehre er seine Kinder, ihn zu verstehen. Ich wußte, daß meine Mutter kein Geld hatte, und ich verstand sie, deshalb wurde ich trübsinnig. Das Väterchen war kein Väterchen, denn ein Väterchen ist ein guter Mensch, dieses Väterchen aber unterdrückte seinen Zorn. Alle Kinder merkten, daß es seinen Zorn unterdrückte, deshalb erlaubten sie sich hinter seinem Rücken ungezogene Streiche. Ich kenne mich in Streichen aus, denn ich war bei vielen der Anstifter. Ich war oft zu Streichen aufgelegt, deshalb mochten mich alle Jungen. Ich bewies ihnen, daß ich am besten mit dem Katapult schießen konnte, denn ich traf einen Doktor, der in einer Droschke saß, ins Auge, als wir mit Kutschen ins Theater fuhren. Ich mochte Kutschfahrten, denn dabei konnte ich auf Passanten schießen. Ich schoß sehr genau. Ich bin nicht sicher, daß ich den Doktor getroffen habe, aber es war mir peinlich, die Sache abzustreiten, als die Jungen mit dem Finger auf mich zeigten, aus Angst, sie könnten von der Schule fliegen. Ich liebte meine Mutter und weinte los. Mein Weinen rührte den Erzieher, der ein sehr guter Mensch war, er trank nur viel, und alle Kinder machten sich über ihn lustig, denn er war komisch. Die Kinder mochten ihn, weil er niemals etwas übelnahm. Viele weinten, als sie erfuhren, daß er an Trunksucht gestorben war. Er wurde beerdigt, aber nicht einer der Jungen ging zur Beerdigung. Auch ich hatte Angst, deshalb ging ich nicht.

Ich wurde beschuldigt, mich vergangen zu haben, und der Inspektor hielt mir eine Moralpredigt. Ich hatte Angst vor seiner Moralpredigt, denn ich fühlte den Zorn von Inspektor Pisnitschewski. Pisnitschewski war ein böser Mensch, doch er warf niemanden von den Kindern auf die Straße, weil er wußte, daß es sich um Kinder armer Eltern handelte. Pisnitschewski ließ meine Mutter kommen und sagte ihr, daß er mich nicht hinauswerfe, aber nicht ungestraft lassen könne, deshalb halte er es für notwendig, daß meine Mutter mich für zwei Wochen von der Schule nehme. Ich fühlte tiefinnerlich einen großen Schmerz und wäre fast in Ohnmacht gefallen. Ich fürchtete um meine Mutter, denn ich wußte, welche Mühe der Gelderwerb sie kostete. Meine Mutter nahm mich mit und prügelte mich mit einer Rute durch, die ihr der Hausmeister gebracht hatte. Ich hatte keine Angst vor der Rute, aber ich hatte Angst vor meiner Mutter. Meine Mutter schlug mich schmerzhaft, aber ich fühlte dahinter keinen Zorn. Mein Mutter schlug mich, weil sie glaubte, das sei das beste Mittel. Ich fühlte Liebe zu meiner Mutter und sagte, daß ich »es nicht wieder tun« würde. Sie fühlte mich und glaubte mir. Ich fühlte, daß meine Mutter mir glaubte, und beschloß, gut zu lernen. Ich bekam von nun an gute Noten, und alle lachten und sagten, die Rute meiner Mutter hätte mir geholfen. Die Erzieher lächelten, und die Jungen lachten. Ich lachte auch, denn ich nahm es nicht als Kränkung. Ich liebte meine Mutter, deshalb fand ich es schön, daß alle es wußten. Ich erzählte, wie sie mich geschlagen hatte. Den Kindern wurde angst, und sie hörten auf zu lachen. Ich lernte jetzt gut und gab den anderen ein gutes Beispiel, nur mit Französisch und Religion klappte es nicht.

Ich hatte Kenntnisse in russischer Religion, weil ich regelmäßig in die Kirche ging. Ich mochte die Kirchenbesuche, denn ich sah mir gern die silbernen Ikonen an, die funkelten. Kerzen wurden verkauft, und manchmal verkaufte ich welche zusammen mit Issajew, meinem Onaniefreund. Ich mochte ihn, fühlte aber, daß das, was er mir beigebracht hatte, schlecht war. Ich litt, wenn mich die Lust packte. Ich hatte jedesmal Lust, wenn ich mich ins Bett legte. Issajenko merkte, daß ich onanierte, sagte mir aber nichts Schlimmes. Ich stellte fest, daß niemand in der Schule von meinen Gewohnheiten wußte, deshalb machte ich weiter. Ich machte so lange weiter, bis ich merkte, daß es mit dem Tanzen bei mir schlechter wurde. Ich bekam Angst, denn ich begriff, daß meine Mutter bald ruiniert sein würde und ich ihr nicht helfen könnte. Ich begann gegen meine Wollust anzukämpfen. Ich zwang mich dazu. Ich sagte mir: »Schluß damit.« Ich lernte gut. Ich gab das Onanieren auf. Ich war fünfzehn. Ich liebte meine Mutter, und die Liebe zu meiner Mutter brachte mich dazu, mich zu bessern. Ich lernte gut. Alle begannen auf mich aufmerksam zu werden. Ich bekam Zwölfen. Meine Mutter wurde glücklich. Sie sagte mir oft, daß mir die Rute geholfen hätte. Ich stimmte ihr zu, empfand es selbst aber anders. Ich liebte meine Mutter grenzenlos. Ich beschloß, das Tanzen noch eifriger zu betreiben. Ich begann abzumagern. Ich begann zu tanzen wie ein Gott. Alle begannen davon zu sprechen. Noch in meiner Schulzeit wurde ich als erster Tänzer eingesetzt. Ich wußte, was es heißt, erster Tänzer zu sein. Ich konnte nicht verstehen, warum man mich solche Rollen tanzen ließ. Ich brachte mich gern zur Geltung. Ich war stolz. Stolz mochte ich, aber Lobreden mochte ich nicht. Ich prahlte nicht. Bei den Schauspielschülern war ich beliebt. Ich war viel mit ihnen zusammen. Ich machte die Bekanntschaft einer Schülerin, die mich zu ihrem Liebling erwählt hatte. Sie nannte mich

»Neschinka«*. Sie schenkte mir ein Album mit Velourseinband, in das sie Zeitungsausschnitte geklebt hatte. In diesen Ausschnitten las ich, daß ich als Wunderkind bezeichnet wurde, und die Kritik war unterzeichnet mit »Swetlow«. Ich mochte es nicht, daß über mich geschrieben wurde, denn ich fühlte, daß das alles Lobreden waren. Ich sagte zu meiner Schulfreundin, daß ich all das nicht mochte, was da geschrieben wurde. Sie sagte mir, das verstehe ich nicht, und lud mich zu sich nach Hause ein, denn sie wolle mich mit ihrem Vater und ihrer Mutter bekannt machen. Ich fühlte Liebe zu ihr, zeigte es ihr aber nicht. Ich liebte sie geistig, deshalb lächelte ich sie immer an. Ich lächelte immer. Ich lächelte alle gern an, denn ich hatte gemerkt, daß mich alle liebten. Ich liebte alle. Als ich zu meiner Freundin kam, aß ich Mittag, danach veranstalteten die Gäste eine spiritistische Sitzung. Sie legten die Hände auf den Tisch, und der Tisch bewegte sich. Alle verwunderten sich darüber. Ihr Vater, ein General, mochte keine Dummheiten und zog sich zurück. Ich fühlte die Dummheit des Ganzen und verließ die Runde, um nach Hause zu gehen. Ich kam erschöpft zu Hause an, denn ich verstand den Zweck der Einladung nicht. Ich mochte keine Einladungen, deshalb schlug ich sie aus. Mir wurde angeboten, Balltanz zu unterrichten, denn ich hatte einen guten Ruf in Rußland. Ich war sechzehn. Ich erteilte Unterricht und gab das Geld meiner Mutter. Meine Mutter bedauerte mich, fühlte aber große Liebe zu mir. Ich fühlte zu meiner Mutter auch große Liebe und beschloß, ihr mit Geld zu helfen. Mein Schulbesuch en-

---

* »Zärtling«. Wortspiel mit (russisch) »Nischinski« bzw. (polnisch) »Nieżyński«, der ursprünglichen Schreibung des Namens.

dete mit achtzehn. Ich wurde in die Welt entlassen. Ich war verunsichert, denn ich verstand mich nicht zu kleiden. Man hatte mich an die Uniform gewöhnt. Ich mochte keine Zivilkleidung, deshalb wußte ich nicht, wie ich sie zu tragen hatte. Ich meinte, Stiefel mit dicken Sohlen seien schön, deshalb kaufte ich mir solche Stiefel ...

Ich will meine Entlassung beschreiben. Ich verließ die Schule. Ich fühlte mich frei, aber diese Freiheit machte mir angst. Ich bekam als Auszeichnung für gutes Lernen eine Bibel mit einer Widmung meines Religionslehrers. Ich verstand diese Bibel nicht, denn sie war auf lateinisch und polnisch geschrieben. Hätte man mir eine Bibel in russischer Sprache gegeben, wäre sie für mich leichter zu verstehen gewesen. Ich begann sie zu lesen und gab es auf. Ich mochte die Bibel nicht lesen, denn sie war mir unverständlich. Das Buch war schön und der Druck reich. Ich fühlte die Bibel nicht. Ich las Dostojewski. Dostojewski fiel mir leichter, deshalb verschlang ich ihn. Es wurde ein großartiges Verschlingen, denn als ich den *Idioten* las, fühlte ich, daß der Idiot kein »Idiot« war, sondern ein guter Mensch. Ich konnte den *Idioten* nicht verstehen, weil ich noch jung war. Ich kannte das Leben nicht. Jetzt verstehe ich Dostojewskis *Idioten*, weil ich selbst für einen Idioten gehalten werde. Ich mag es, wenn alle glauben, ich sei ein Idiot. Ich mag das Gefühl, deshalb habe ich den Idioten gespielt. Ich war kein Idiot, denn ich bin nicht nervös. Ich weiß, daß nervöse Menschen zu Geistesstörungen neigen, deshalb hatte ich Angst vor Geisteskrankheit. Ich bin kein Geisteskranker, und Dostojewskis Idiot ist kein Idiot. Ich habe meinen Nerv gefühlt und das »i« falsch geschrieben. Ich liebe diesen Buchstaben, denn

Gott hat mir gezeigt, wie das ist mit dem Nerv. Ich mag die Nervosität nicht, denn ich kenne ihre Auswirkungen. Ich will ruhig schreiben und nicht nervös. Ich schreibe schnell und ruckweise, aber nicht nervös. Ich will nicht langsam schreiben, denn für mich kommt es nicht darauf an, mit Schönheit zu glänzen, sondern schnell zu schreiben. Ich will nicht, daß meine Handschrift Gefallen findet. Ich will, daß meine Gedanken Gefallen finden. Ich schreibe dieses Buch der Gedanken und nicht der Schrift wegen. Meine Hand ermüdet, denn ich habe keine Übung darin, viel zu schreiben, aber ich weiß, daß die Übung sich bald einstellen wird. Die Hand tut mir weh, deshalb schreibe ich schlecht und ruckweise. Alle werden sagen, daß meine Handschrift nervös sei, weil die Buchstaben ruckweise kommen. Darauf sage ich, daß meine Handschrift nicht nervös ist, weil meine Gedanken nicht nervös sind. Meine Gedanken fließen ruhig und nicht heftig.

Wilson und seine Partei lassen mir keine Ruhe. Ich wünsche Wilson und seiner Partei gutes Gedeihen. Ich hoffe, daß mein Buch ihnen helfen wird, deshalb will ich es bald herausbringen. Damit dieses Buch schnell gedruckt wird, will ich nach Paris fahren, doch um nach Paris zu fahren, muß ich Vorbereitungen treffen. Ich weiß, daß es in Paris viele böse Menschen gibt, deshalb will ich für meinen Schutz sorgen. Ich will Reszke einen Brief auf polnisch schreiben, und dazu muß ich ein bißchen üben. Ich werde ihm die ganze Wahrheit sagen, und darum wird er mir helfen. Ich will polnisch schreiben, aber nicht in diesem Heft.

Ich habe polnisch geschrieben, einen Brief an Reszke habe ich geschrieben. Reszke ist ein passionierter Pole. Er wird mich verstehen, wenn ich ihm viele Komplimente mache. Komplimente mag ich nicht. Komplimente sind nutzlos. Ich bin kein Komplimentemacher. Ich bin der, der die Wahrheit sagt. Die Wahrheit kann verschieden sein. Verschiedenes ist verschieden. Ich habe einen Brief an Djagilew und seine Freunde geschrieben und ihnen damit die Zähne gezeigt. Meine Zähne haben nicht zugebissen. Ich beiße schmerzlos. Mein Magen ist sauber. Ich mag kein Fleisch essen. Ich habe gesehen, wie man das Lamm und das Schwein tötet. Ich habe ihr Weinen gesehen und gefühlt. Sie fühlten den Tod. Ich bin weggegangen, um nicht den Tod sehen zu müssen. Ich konnte es nicht ertragen. Ich weinte wie ein kleines Kind. Ich stieg einen Berg hinauf und bekam kaum Luft. Ich fühlte mich dem Ersticken nahe. Ich fühlte den Tod des Lamms. Ich weinte, während ich den Berg hinaufstieg. Ich hatte einen menschenleeren Berg gewählt. Ich hatte Angst vor Spott. Die Menschen verstehen einander nicht. Ich verstehe die Menschen. Ich wünsche ihnen nichts Böses. Ich will sie vor dem Bösen retten. Ich weiß, daß die Menschen keine Rettungstaten mögen, deshalb will ich mich ihnen nicht aufdrängen. Würde ich mich aufdrängen, könnte ich ihnen keine Rettung bringen. Meine Sterne sagen zu mir: »Komm her, komm her.« Ich weiß, wie das ist mit dem Blinzeln. Ich weiß, wie das ist mit dem Leben. Leben ist Leben und kein Tod. Ich will den Tod für das Leben. Ich kann nicht schreiben, denn ich bin müde. Ich bin müde, weil ich geschlafen habe. Ich habe geschlafen, geschlafen und geschlafen und geschlafen. Ich will jetzt schreiben. Ich werde schlafen gehen, wenn Gott es mich tun heißt. Ich bin ein Gottesdiener, ich bin er. Er ist Gott, und ich bin in Gott. Götter, Götter, Götter gibt es. Ich will es französisch sagen, denn ich habe auf französisch geschrieben an alle in Frankreich, ausgenommen Reszke. Reszke ist ein Mann mit Beziehungen, deshalb werde ich ihn bitten, mir polnische Papiere zu schicken. Als Papiere bezeichne ich alle Papiere, in denen etwas über Geburt und Taufort steht. Ich bin in zwei Städten getauft. Ich bin in einer Stadt geboren. Meine Stadt war und ist meine Mutter. Eine Mutter kann nichts sagen. Ich erbitte ihre Liebe. Ich will ihre Liebe. Ich schreibe schreibe schreibe. Ich will will will*.

Ich will ein wenig in Reimen schreiben, aber meine Gedanken sind woanders. Ich will meine Spaziergänge beschreiben.

Ich ging zu Fuß. Ich ging gern allein spazieren. Ich gehe gern allein spazieren. Ich will allein allein. Du allein und ich allein. Wir allein und ihr allein.

Ich will schreiben schreiben. Ich will sagen sagen.

Ich will sagen sagen, ich will schreiben schreiben.

Warum soll man nicht in Reimen sprechen, wenn man in Reimen sprechen kann. Ich bin Reim Reim Rifma Rif**.

* »Schreibe« und »will« reimen sich im Russischen: pišu/choču.
** Hier beginnen Wortspiele. Nijinsky reduziert Wörter wie »rifma« (Reim) oder »guljat'« (spazierengehen) auf Silben oder zerlegt sie und stellt die Silben anschließend um, wobei neue Lautverbindungen entstehen, die der Kindersprache entnommen sind bzw. ihr nahe Wörter wie »gulja« (Täubchen) oder »ljaga« (Frosch) ergeben. Die Erhaltung des Klangs dieser Wortspiele im Deutschen durch Einbau russischer Versatzstücke erschien reizvoller als eine komplette Übertragung, bei der der poetische Gehalt verlorenginge.

Ich will Rifma Rif Narif. Du bist Rif, ich bin Narif. Wir sind Rif du Rif wir Rif. Du bist Gott und ich bin er. Wir sind wir und ihr seid sie.

    Ich will sagen sagen, daß du schlafen willst und schlafen.
    Ich will schreiben und will schlafen.
    Du willst schlafen nicht und schreiben.
    Ich will schreiben schreiben schreiben.
    Du du schreibst und schreibst und schreibst.
    Ich will sagen sagen dir
    Was nicht sein darf ist nelsjá.
    Ich nelsjá nelsjá nelsjá.
    Du du ljá du ljá lja gá
    Ljá ga ljá ga ljá gu ljá ga
    Gá lja gá lja ljá gu ljá.

Ich will sagen sagen dir, daß man schreiben darf nicht dir. Ich schreib dir ich schreibe dir. Ich sag dir ich sage dir. Ich will schreiben ich will schreiben. Will nicht schlafen ich will kacken.*

    Ich will daß du wärst schon fort.
    Ich will daß du wärst schon fort.
    Du bist fort und ich bin fort.
    Wir sind fort und ihr seid fort.
    Du willst nicht spazieren dort.
    Ich will nicht spazieren dort.
    Gúlja gulja gulja ljá lja
    Lja gu lja gu lja gu ljá.
    Du bist gú lja gu lja gú

---

* Die russischen Verben unterscheiden sich nur durch einen Buchstaben: spat'/srat'.

Du bist gu gu gu gu gú.
Gu gu gu gu gu gu gú.
Ich will sagen daß du schlafen
Ich will sagen daß du schlafen
Du nicht schlafen willst mit mir
Du nicht schlafen willst mit mir.
Ich mit dir und du mit mir.
Ich mit dir und du mit mir.
Wir sind ihr ihr seid in mir.
Ich ich will mit dir mit dir.
Du du willst mit mir bist Er
Ich bin Er du bist in mir.
Wir sind ihr und sie sind Du.
Du du du du du du du.
Ich will sagen sagen dir,
Du willst schlafen schlafen nur
Ich nicht will nicht schlafen will.
Du nicht willst nicht schlafen willst.
Du und ich wir machen kack.
Du bist Kack ich bin nicht Kack.
Ich mach kack mach kack mach kack.
Kack kack kack kack kack kack kack.
Ich will sagen du mußt schlafen
Ich will sagen du mußt kacken
Ich mach kack und du machst kack
Ich kack ja ich kack ich kack
Du machst kack machst kack machst kack
Ich kack du bist in der Kack
Ich ich kack bist in der Kack
Du kackst ihr seid in der Kack
Ich mach kack ich kack ich kack

Ich bin du bist in der Kack
Wir sind ihr seid in der Kack
Kack Kack Kack Kack Kack Kack Kack
Ich will sagen ich mach kack
Ich will sagen daß ich kack
Ich kack gut ich kacke gut
Ich mach kack und ich bin gut
Ich bin gut daß ich kack gut
Ich bin gut daß ich kack gut
Ich mach kack ich kack ich kack.
Ich mach kack ich kack ich kack.
Ich will sagen daß ich kack
Ich will sagen daß ich kack
Ich mach kack ich kack ich kack
Ich mach kack ich kack und kack
Du die schlafen schlafen will
Ich will schlafen nur ganz kurz
Du schläfst nicht wie ich es will
Ich will daß auch du nicht schläfst
Schläfst schläfst schläfst schläfst schläfst schläfst schläfst
Ich schlaf nicht und du schläfst schon
Ich will daß du schläfst du schläfst
Du willst nicht daß du schon schläfst
Ich schlaf nicht wenn du schon schläfst
Ich schlaf nicht wenn du schon schläfst
Ich will Gutes nur für dich
Du willst Böses nicht für mich
Ich will Gutes Gutes nur
Du willst immer schlafen nicht.
Ich will sagen sagen dir

Ich will sagen sagen dir
Daß du schläfst schläfst schläfst schläfst
 schläfst.

Ich habe in der gleichen Weise auf französisch geschrieben und hoffe, verstanden zu werden. Ich will den Menschen von der Liebe zueinander sagen. Ich weiß, daß sie lachen werden, wenn sie diese Briefe erhalten, aber ich weiß, daß diese Gedichte sie verwundern werden. Ich weiß, daß alle glauben, ich sei gestorben, denn ich habe lange nichts von mir hören lassen. Ich will, daß man mich vergißt, denn ich will einen starken Eindruck hinterlassen. Meine erste Vorführung wird in Paris im Châtelet sein. Ich liebe das Châtelet, denn es ist ein schlichtes und großes Theater. Ich will für mich nicht viel Geld, denn ich will eine Vorstellung zugunsten armer französischer Tänzer geben, die durch den Krieg zu Schaden gekommen sind.

Ich will ihnen von der Liebe zueinander sagen, deshalb will ich mit ihnen reden. Ich will, daß sie zu mir kommen. Ich weiß, daß sie nach dieser Wohltätigkeitsveranstaltung kommen werden. Ich will mit allen Künstlern sprechen, denn ich will ihnen helfen. Ich werde ihnen sagen, daß ich sie liebe und daß ich ihnen immer helfen werde. Ich will nicht mit Geld helfen, deshalb werde ich ihnen sagen, daß ich vorhabe, sie zu besuchen, wenn sie einander lieben. Ich werde den Narren spielen, denn so werden sie mich leichter verstehen. Ich mag die Narren Shakespeares. Sie haben viel Humor, aber manchmal werden sie böse, deshalb sind sie keine Götter. Ich bin ein Narr in Gott, deshalb treibe ich gern närrische Späße. Ich will sagen, daß der Narr dort hinpaßt, wo Liebe ist. Ein Narr ohne

Liebe ist nicht Gott. Gott ist ein Narr. Und ich bin Gott. Wir sind Götter, ihr seid Gott.

Ich will sagen, wie das ist mit Gott.

Gott ist Gott, und Gott ist Gott.

Ich spüre Kälte in den Beinen und verstehe, daß ich bald schlafen gehen muß. Oben höre ich Schritte, deshalb fühle ich, daß man kommen wird, um nach mir zu sehen. Ich bin nicht müde, denn ich habe am Tage viel geschlafen, aber man will mich mit Essen vollstopfen.

Meiner teuren und lieben Romuschka.

Ich habe dich mit Absicht geärgert, denn ich liebe dich. Ich will dein Glück. Du hast Angst vor mir, weil ich mich verändert habe. Ich habe mich verändert, weil Gott es wollte. Gott wollte es, weil ich es wollte. Du hast Doktor Fränkel geholt. Du hast einem fremden Menschen vertraut und nicht mir. Du glaubst, daß er mit dir einig ist. Er ist mit mir einig. Er scheut sich, seiner Frau zu zeigen, daß er nichts weiß. Er scheut sich, seiner Frau zu zeigen, daß er ein Nichts ist. Ein Nichts, weil alles, was er gelernt hat, ein Nichts ist. Ich habe mich nicht gescheut, das ganze Lernen aufzugeben und allen zu zeigen, daß ich nichts weiß. Ich will nicht tanzen wie früher, denn alle diese Tänze sind der Tod. Tod, das ist nicht nur, wenn der Körper stirbt. Der Körper stirbt, aber die Seele lebt. Der Geist ist eine Taube, aber in Gott. Ich bin Gott, und ich bin in Gott. Du bist eine Frau wie alle. Ich bin ein Mann wie alle. Ich arbeite mehr als alle. Ich weiß mehr als alle. Du wirst mich später verstehen, denn alle werden sagen, daß Nijinsky Gott ist. Du wirst es glauben und bejahen. Du wirst Trübsal blasen, denn du willst nicht arbeiten. Ich will mit dir spazierengehen, du willst nicht mit mir spazierengehen. Du glaubst, daß ich krank bin. Du glaubst das, weil Doktor Fränkel dir gesagt hat, daß ich krank bin. Er glaubt, ich sei krank, weil er glaubt, daß ich krank sei. Ich schreibe dir in meinem Heft, denn ich will, daß du es auf russisch liest. Ich habe gelernt, französisch zu sprechen. Du willst nicht russisch sprechen. Ich habe geweint, als ich dein Russisch fühlte. Du magst es nicht, wenn ich ungarisch spreche. Ich mag die ungarische Sprache. Ich will die ungarische Sprache, denn du bist die ungarische Sprache. Ich will in Ungarn leben. Du willst nicht in Ungarn leben. Ich will in Rußland leben. Du willst nicht in Rußland leben. Du weißt nicht, was du willst, aber ich weiß, was ich will. Ich will ein Haus bauen. Du willst nicht in einem Haus wohnen. Du denkst, daß ich dumm bin, und ich denke, daß du eine dumme Gans bist. Eine dumme Gans ist etwas Scheußliches. Ich bin dumm, aber ich bin keine Gans. Du bist eine Gans, aber du bist nicht dumm. Ich bin dumm, ein Dummerjan. Ein Dummerjan ist ein Leichnam, ein Leichnam bin ich nicht. Leich Leich Leichnam, ein Leichnam bin ich nicht. Ich will Böses nicht für dich, will für dich nicht sla*. Ich liebe dich, ich lieb tebja. Du liebst mich nicht, liebst nicht mja. Ich lieb dich, ich lieb tebja.

* Um den Rhythmus und den Klang von Nijinskys Dichtung zu erhalten, wurde im Deutschen auch hier einer Symbiose von Übertragung und Verwendung russischer Wortelemente der Vorzug gegeben. Des Reims wegen stehen an dieser Stelle neben der deutschen Entsprechung die russische Genitivform »sla« (Böses) und im folgenden »mja« als verkürzte Akkusativform von »menja«/»moja« (mich/mein) und »tebja« (dich). »Semlja« bedeutet »Erde«, »wnemlja«/ »wnemli« sind archaische Formen von »hören«, »Aufmerksamkeit schenken«.

Du willst zeigen nicht, daß du liebst mich mja. Ich will sagen dir, daß du liebst mich mja. Ich will sagen dir, daß ich liebe dich tebja.

Ich lieb dich, ich lieb tebja. Ich lieb dich, ich lieb tebja. Ich will sagen sagen dir, daß du liebst mich mja, nur mja.

Ich bin mja bin mja nicht mja.
Ich bin mja bin mja nicht mja.
Mja mja mja mja mja mja mja.
Ich bin mlja nicht bin semljá.
Ich semljá und du semljá
Wir semljá und ihr semljá
Du willst mich nicht willst nicht mja
Ich will dich tebjá tebjá.
Ich will dich tebjá tebjá.
Du willst mich nicht willst nicht mja
Ich bin mja nicht mja mlja mljá
Ich will Böses nicht für dich nicht sla
Ich will lieben dich tebjá
Ich lieb dich nur dich tebjá
Ich bin mlja nicht ich bin mlja
Bin semljá du bist nicht mlja
Bin semljá du bist nicht mlja
Bin nicht mlja nicht mlja nicht mljá
Mlja mlja mlja nicht bin semljá
Bist nicht mlja ich bin semljá
Ich semljá und du semljá
Wir semljá und er semljá
Bin nicht mlja ich bin semljá
Ich will sagen sagen dir
Daß ich liebe dich tebjá

Ich will sagen sagen dir
Daß ich liebe liebe dich
Schreiben will ich schreibe flink
Du schläfst nicht und schläfst und schläfst
Ich schlaf nicht, wenn ich es möcht
Du schläfst nicht, wenn ich mal schlaf
Ich schlaf nicht und du schläfst noch
Schläfst noch schläfst und schläfst und schläfst.
Ich will sagen sagen dir
Daß ich schlaf und schlaf und schlaf
Du schläfst nicht schläfst nicht schläfst nicht
Ich will sagen sagen dir, daß ich schlaf und schlaf und schlaf
Du willst zeigen zeigen mir, daß du schläfst und schläfst und schläfst
Ich will sagen sagen dir, daß ich schlaf, doch ich schlaf nicht.
Ich will sagen sagen dir, daß ich liebe dich tebjá.
Ich will sagen sagen dir, daß ich liebe dich tebjá.
Ich bin Liebe du bist Lieb. Wir sind ihr seid in der Lieb.
Ich will sagen sagen dir, daß ich liebe dich tebjá.
Ich will sagen sagen dir, daß ich liebe dich tebjá.
Ich will Böses nicht für dich will für dich nicht sla.
Ich bin Liebe du bist Lieb. Wir sind ihr seid in der Lieb.
Ich will sagen sagen dir, daß ich liebe dich tebjá.
Ich will Böses nicht für dich will für dich nicht sla
Willst nicht sagen sagen mir, daß du liebst mich, liebst mich mja

Ich will sagen sagen dir, daß du liebst mich liebst
   mich mja.
Ich lieb dich lieb dich, mein Freund. Du liebst dich
   nicht dich nicht tja.
Ich bin du nicht du nicht ich. Ich lieb dich lieb
   dich tebjá.
Ich will Böses nicht für dich will für dich nicht sla.
Ich will ich will deine Lieb. Ich will ich will
   deine Lieb.
Ich will sagen sagen dir, daß ich liebe dich tebjá.
Ich lieb sie die Heimat dein
Ich lieb dich ich lieb tebjá.
Ich will sagen sagen dir, ich will sagen dir
Ich will sagen sagen dir, daß ich dein bin und
   du mein.
Du bist mein und ich bin dein. Wir sind du und
   ihr seid sie.
Ich bin er in allen allen, lieben will ich alle alle.
Ich will sagen sagen dir, daß ich liebe alle alle.
Ich will sein im Spiel ein Narr. Ich kann sagen alles
   alles.
Ich will sagen alles alles. Ich will sagen alles alles.
Du hast Angst vor mir mja mja. Ich bin mja nicht
   mja mlja mlja.
Bin semljá und du semljá bin nicht mlja und du
   semljá.
Mich wnemljá wnemljá wnemlí
Mich wnemljá wnemljá wnemlí
Ich will sagen sagen dir, daß du hören sollst wnemlí
Ich will sagen sagen dir, daß du bist in mja in mja.
Ich will sagen sagen dir, daß du mlja bist ich semljá

Bin semljá semljá bin sem.
Du bist sem und ich nicht mlja.
Ich will dich will dich tebjá, du bist mlja nicht ich nicht mljá.
Ich will sagen sagen dir, daß du mlja bist ich semljá.
Erde ist ganz mein mojá bin nicht mlja ich bin nicht mlja.
Ich will sagen sagen dir, daß die Erde ist mja mja.
Du hast Angst zu sagen mir, daß du mja bist, daß du mja.
Mja mja mja mja mja mja mja.
Ich bin mja ich bin semljá.
Ich will sagen sagen dir, daß du mlja bist ich semljá.
Ich will sagen sagen dir, daß du mja bist ich semljá.

Ich hatte Hunger. Man rief mich frühstücken. Mein Frühstück war mittags nach zwölf. Ich habe nicht gefrühstückt, weil ich Fleisch spürte. Meine Frau wollte Fleisch essen. Ich habe meinen Teller Suppe, die mit Fleisch gekocht war, stehengelassen. Meine Frau wurde ärgerlich. Sie dachte, ich verschmähe das Essen. Ich will kein Fleisch, denn ich weiß, wie Tiere getötet werden und wie sie weinen. Ich wollte ihr zeigen, daß es nichts ist mit dem Heiraten, wenn man verschieden denkt. Ich warf meinen Ehering auf den Tisch. Später habe ich ihn wieder genommen und angesteckt. Meine Frau ist nervös geworden, weil ich den Ring noch einmal hingeworfen habe. Ich warf den Ring noch einmal hin, weil ich fühlte, daß sie Lust auf Fleisch hatte. Ich liebe die Tiere, deshalb brachte ich es nicht über mich, Fleisch zu essen, denn ich wußte, daß noch ein Tier getötet werden mußte, wenn ich Fleisch aß. Ich esse wenig. Ich esse nur, wenn ich Hunger habe. Meine Frau ißt viel. Ich tue ihr leid, deshalb glaubt sie, daß ich Fleisch essen müsse. Ich esse gern Brot mit Butter und Käse. Ich esse gern Eier. Ich esse für meine Statur nicht viel. Mit meinem Magen ist es besser geworden, weil ich kein Fleisch esse. Mein Bauch hat sich gehoben, früher zog es ihn nach unten. Es zog ihn nach unten, weil die Därme aufgebläht waren. Die Därme blähen sich, wie ich festgestellt habe, nach Fleischverzehr. Fleisch gibt dem Magen keine Ruhe. Mein Magen hat weh getan, aber heute tut er nicht weh. Ich weiß, viele Doktoren werden sagen, daß das alles dummes Zeug sei. Daß man Fleisch essen müsse, weil Fleisch eine notwendige Sache sei. Darauf sage ich, daß Fleisch eine unnötige Sache ist, denn Fleisch weckt die Wollust. Bei mir ist die Wollust weg, seit ich kein Fleisch esse. Fleisch ist eine schreckliche Sache. Ich weiß, daß Kinder, die Fleisch essen, onanieren. Ich weiß, daß Mädchen und Jungen onanieren. Ich weiß, daß Frauen und Männer zusammen und einzeln onanieren. Die Onanie befördert die Dummheit. Der Mensch büßt Gefühl und Vernunft ein. Ich war drauf und dran, meine Vernunft einzubüßen, als ich onaniert habe. Meine Nerven waren angespannt. Ich zitterte am ganzen Körper vor Fieber. Mir tat der Kopf weh. Ich war krank. Ich weiß, daß Gogol ein Onanist war. Ich weiß, daß die Onanie ihn zugrunde gerichtet hat. Ich weiß, daß Gogol ein Mann mit Vernunft war. Ich weiß, daß Gogol gefühlt hat. Sein Gefühl stumpfte ab von Tag zu Tag. Er fühlte seinen Tod, denn er zerriß seine letzten Werke. Ich werde meine Werke nicht zerreißen, denn ich will nicht onanieren. Ich bin ein großer Onanist gewesen. Ich verstand Gott schlecht und glaubte, er meine es gut mit mir, als ich onanierte. Ich kenne viele Frauen, die die Beine übereinanderschlagen. Diese Frauen onanieren oft. Der Mann kann die Beine übereinanderschlagen, denn sein Körper ist anders gebaut. Viele Frauen bilden sich ein, es sei schön, mit übereinandergeschlagenen Beinen dazusitzen. Ich finde das häßlich, denn was gut für einen Mann ist, ist nicht gut für eine Frau. Ich will nicht, daß Kyra die Beine übereinanderschlägt, aber sie tut es, denn sie hat gemerkt, daß die anderen ihr deswegen nichts sagen. Kyra ist noch klein und versteht nicht, was sie tut. Ich sage ihr oft, daß sie nicht auf dem Bauch schlafen soll. Ich liege auf dem Bauch, wenn ich schlafe, aber mein Bauch ist klein, deshalb geht das mit ihm. Wer einen großen Bauch hat, der sollte sich besser nicht auf den Bauch legen. Der Mann sollte auf der Seite schlafen und die Frau auf dem Rücken. Ich habe das alles studiert, denn ich hatte einen großen Bauch. Ich habe bei mir eine große Müdigkeit festgestellt, wenn ich auf dem Bauch schlief. Der ganze Tag war hin. Ich weiß, wie das ist mit dem Bauch. Im Bauch sind die Därme, der Magen, die Leber, die Harnblase usw. usf. Ich habe festgestellt, daß bei mir, wenn ich mich nach dem Essen schlafen lege, früh alles noch übervoll ist und der Magen erst morgens zu arbeiten beginnt, nachdem ich aufgestanden bin. Ich erhebe mich träge und habe kein bißchen Lebenslust.

Seit ich kein Fleisch esse, habe ich festgestellt, daß es mit meinem Magen besser geworden ist, daß die Gedanken besser sind und daß ich laufe, statt zu gehen. Ich gehe nur zur Erholung. Ich laufe viel, denn ich fühle Kraft in mir. Ich habe folgsame Muskeln. Ich habe ein folgsames

Hirn. Das Tanzen geht leichter, und ich habe großen Appetit. Ich esse schnell und überlege nicht, was ich esse. Das Essen ist mir unwichtig, weil ich nichts daraus mache. Ich esse, was es so gibt. Ich esse keine Konserven. Ich esse frisches Gemüse und alle möglichen vegetarischen Gerichte. Ich bin Vegetarier. Ich bin kein Fleischesser. Ich bin ein Mensch und kein wildes Tier. Ich werde zum wilden Tier, wenn Gott mir zu verstehen geben will, daß ich kein Fleisch essen soll. Meine Frau fühlt, daß man kein Fleisch essen soll, aber sie scheut sich, damit aufzuhören, weil Doktor Fränkel Fleisch ißt. Sie glaubt, daß Doktor Fränkel mehr von der Medizin versteht als ich. Ich nehme an, daß Doktor Fränkel genausowenig von der Medizin versteht wie viele andere Doktoren und Professoren. Die Doktoren und Professoren essen gern viel, weil sie glauben, daß Essen körperliche Kraft gibt. Ich glaube, daß die körperliche Kraft nicht vom Essen, sondern von der Vernunft kommt. Ich weiß, viele werden mir sagen, daß die Vernunft nicht satt macht. Darauf sage ich, daß die Vernunft satt machen kann, denn die Vernunft verteilt die Nahrung. Ich esse so viel, wie die Vernunft mich essen heißt. Ich habe jetzt viel gegessen, denn ich habe großen Hunger gespürt. Ich bin von zu Hause weggelaufen, weil meine Frau mich nicht verstanden hat. Sie hatte Angst vor mir bekommen, und ich hatte Angst vor ihr bekommen. Ich hatte Angst vor ihr bekommen, weil ich kein Fleisch essen wollte. Sie hatte Angst vor mir bekommen, weil sie dachte, ich wolle nicht, daß sie ißt. Sie dachte, ich wolle sie verhungern lassen. Ich will ihr helfen, deshalb wollte ich nicht, daß sie Fleisch ißt. Ich bin von zu Hause weggelaufen. Ich lief den Berg hinunter, auf dem unser Haus steht.

Ich lief und lief. Ich stolperte nicht. Eine rätselhafte Kraft trug mich vorwärts. Ich war nicht ärgerlich auf meine Frau. Ich lief ruhig. Unterhalb des Berges lag das Städtchen St. Moritz. Ich durchquerte St. Moritz ruhig. Dann bog ich auf einen Weg ein, der zum See führt. Ich ging schnell. Als ich das Städtchen durchquerte, bemerkte ich Doktor Fränkel, der auf dem Weg zu meiner Frau war. Ich begriff, daß man ihn angerufen hatte, damit er käme.

Ich ging mit gesenktem Kopf weiter, als wäre ich mir einer Schuld bewußt. Ich ging und ging. Ich ging schnell. Als ich den See erreichte, hielt ich Ausschau nach einer Zuflucht. Ich hatte einen Franken und zehn Centimes in der Tasche. Ich überlegte, daß ich noch etwa vierhundert Franken auf der Bank hatte. Ich sagte mir, daß ich das Geld für ein Zimmer aufbringen könnte, nach Hause zurückkehren würde ich jedenfalls nicht. Ich beschloß, mir ein Zimmer zu suchen. Ich trat in eine Konditorei, um die Besitzerin der Konditorei und des Hauses zu bitten, mir ein Zimmer zu geben. Ich wollte sie weich stimmen und sagte, ich hätte nichts gegessen. Ich erkundigte mich zuvor, ob sie gegessen habe. Sie sagte, sie sei schon fertig. Danach sagte ich ihr, daß ich hungrig sei. Sie antwortete nichts darauf, wahrscheinlich meinte sie, daß ich nicht zu essen brauchte. Ich war häufig bei ihnen gewesen und hatte viele Näschereien aller Art gekauft. Sie glaubte, ich sei reich, und behandelte mich deshalb sehr zuvorkommend. Ich küßte ihr Kind und strich ihm über das Köpfchen. Das freute sie. Ich sagte ihr, sie dauere mich, denn sie habe unter dem Krieg zu leiden. Sie klagte über die schweren Zeiten. Ich weinte und sie auch. Ich bestellte viele Näschereien, mit denen ich ihr zu helfen glaubte.

Das freute sie. Ich fragte sie, ob sie mir nicht ein Zimmer vermieten könne. Darauf antwortete sie, alles sei belegt. Nach einer Weile sagte sie, in einer Woche werde eine Wohnung frei. Ich sagte ihr, eine Wohnung brauchte ich nicht. Sie sagte, es tue ihr leid für mich, aber sie könne mir kein Zimmer geben. Ich fühlte, daß sie dachte, ich wolle eine Frau mitbringen. Ich sagte ihr, ich wolle ein Zimmer und wolle darin arbeiten, denn meine Frau verstehe mich nicht. Sie fühlte meine Klage und ging. Ich sagte zu ihrem Mann, der bei unserem Gespräch dabei war, ich sei ein seriöser Mensch und brauche keine Frau. Er erfühlte mich, konnte aber nichts machen. Ich sagte ihm, daß es manchmal schwer sei, einander zu verstehen. Darauf antwortete er mir, einmal habe seine Frau einen Teller falsch angefaßt und er habe ihr geraten, ihn richtig anzufassen, aber sie habe nicht auf ihn gehört. Ich erfühlte das Weinen ihres Mannes. Ich mußte tiefinnerlich auch weinen. Ich drückte ihm zum erstenmal die Hand und ging.

Ich empfand Bitterkeit, denn ich hatte begriffen, daß mir bevorstand, die Nacht auf der Straße zu verbringen. Ich ging vor mich hin. Ich ging die Galerie der geschlossenen Geschäfte ab, denn das ganze Städtchen St. Moritz-Dorf war verschlossen. Niemand wohnte hier. Ich nahm an einer Wand mit Fenster und Fensterbrett kurz Maß, ob ich hier nächtigen könnte. Ich verspürte Wärme. Nach einer Weile verspürte ich Kälte. Ich sah weiter weg eine Frau, die sich vor Kälte klein machte. Ich machte mich auch klein. Mir war kalt, denn so war der Winter in zweitausend Meter Höhe. Ich ging weiter. Plötzlich bemerkte ich eine offenstehende Tür und trat in das Haus. Drinnen sah ich niemanden, da ging ich die Zimmer ab, die verschlossen waren. Ich bemerkte eine angelehnte Tür und ging hinein. Plötzlich fühlte ich Gestank. Der Gestank kam von innen. Ich sah genauer hin und stellte fest, daß es sich um ein schmutziges Wasserklosett handelte. Fast wären mir die Tränen gekommen, denn ich glaubte, in diesem schmutzigen Wasserklosett schlafen zu müssen. Ich trat ins Freie. Die Straße war leer. Ich ging weiter. Plötzlich zog es mich nach links, und ich bog ab. Es war eine schlechte Straße, die ich eingeschlagen hatte. In einiger Entfernung bemerkte ich ein weiß getünchtes zweistöckiges Häuschen. Ich ging darauf zu. Ich trat in das Häuschen und traf auf die Wirtin. Die Wirtin war eine einfache Frau. Ihre Kleidung war zerschlissen. Ich fragte sie, ob sie mir ein Zimmer geben könne. Sie sagte, das könne sie, aber das Zimmer sei kalt. Ich sagte ihr, das sei mir gleichgültig. Sie führte mich in den ersten Stock. Die Außentreppe, die es hinaufging, war steil und brüchig. Die Treppe knarrte nicht, dafür knirschte der Schnee. Ich trat in das Zimmer Nr. 5 und sah seine Ärmlichkeit. Ich fühlte mich erleichtert. Ich fragte sie, wieviel das Zimmer koste. Sie sagte, einen Franken pro Tag. Ich dankte ihr und ging mit dem Versprechen, am Abend wiederzukommen. Wir trennten uns. Das Häuschen war weiß und reinlich. Man sah, daß die Leute arm, aber reinlich waren. Ich wollte davongehen, konnte aber nicht. Ich wollte in diesem Zimmer schreiben. Das Zimmer gefiel mir. Ich hatte mich umgesehen und ein hartes Bett ohne Kissen und in einer Reihe aufgestellte Sessel darin vorgefunden. Die Sessel waren Stühle aus Biegeholz. Neben dem alten Holzbett stand ein Waschtisch ohne Waschutensilien. Ich begriff, daß es hier an allem Zubehör fehlte. Ich wollte bleiben, doch Gott sagte mir, ich solle gehen. Ich ging. Die Frau hatte auf mich einen guten Eindruck gemacht. Ich ging denselben Weg zurück, den ich gekommen war. Ich fühlte Traurigkeit. Meine Traurigkeit war tief. Ich hatte von dem Häuschen aus mein Häuschen gesehen und mußte weinen. Ich weinte bitterlich. Ich empfand Bitterkeit. Ich wollte laut schluchzen, aber mein Leid war zu groß. Die Tränen kamen nicht. Ich war betrübt. Mein Betrübtsein hielt lange an, denn ich ging durch Wald. Ich ging lange und trat unterwegs in ein Haus. Ich sah Kinder. Ich erfühlte sie, und sie erfühlten mich. Sie glaubten, daß ich spielen wolle, und begannen mit großen Schneebällen zu werfen. Ich antwortete ihnen mit kleinen, wozu ich auf deutsch »das ist nicht schön« sagte. Ich spreche nicht Deutsch, aber ich verstand die Kinder. Ich nahm den Schlitten und fuhr mit ihnen. Sie lachten. Ich war froh. Ich ging mit ihnen in ihr Häuschen und sah eine Frau. Die Frau gab den Kindern fette Pfannkuchen mit Zucker. Sie buk sie und gab sie den Kindern. Ich hatte Hunger, denn ich hatte nichts gefrühstückt. Sie erfühlte mich und gab mir einen Pfannkuchen. Ich wollte ihr zehn Centimes geben, aber sie wollte sie nicht annehmen. Ich drückte sie ihr in die Hand und sagte, das sei für ihre armen Kinder. Sie erfühlte mich und vertraute mir ihr Leid an. Ich sagte ihr, sie solle sich nicht grämen, denn Gott habe es so gewollt. Sie erzählte mir auf deutsch, zum Friedhof hinüberweisend, daß sie schon vor drei Monaten ein Kind verloren und beerdigt habe. Ich fühlte ihr Leid und sagte ihr, sie solle sich nicht grämen, denn Gott habe ihr Kind zu sich nehmen wollen. Sie verstummte und erfühlte die Wahrheit. Ich sagte ihr noch, Gott nehme, was er gebe, zum

Grämen sei also kein Anlaß. Sie beruhigte sich und begann zu lachen. Ich wollte gehen, aber sie gab jedem Kind noch einen Pfannkuchen. Ich stand da. Sie gab mir noch einen Pfannkuchen. Sie selbst aß nichts. Sie fühlte mich. Ich dankte ihr und ging. Die Kinder hatten mich gemocht. Ich war mit ihnen höchstens eine Viertelstunde spazierengefahren. Ich ging auf der Waldstraße davon. Im Wald hörte ich Vögel und manchmal Rufe von Leuten, die ihren Spaziergang auf Skiern machten. Ich hatte keine Skier, doch ich fiel nicht hin. Ich ging und ging. Ich fiel nicht hin, weil ich auf der Straße ging. Ich konnte nicht weitergehen, weil ich Kälte in den Füßen spürte. Ich war leicht gekleidet. Ich stieg rasch bergan und hielt plötzlich inne. Ich wußte nicht, was ich tun sollte. Ich wollte keinen voreiligen Entschluß fassen. Ich wartete, was mich Gott tun hieß. Ich wartete und wartete. Mir war kalt. Ich wartete. Ich verspürte Wärme. Ich wußte, daß man vor dem Erfrieren die Kälte spürt, aber ich hatte keine Angst zu sterben. Ich fühlte einen Stoß und ging weiter. Ich stieg höher hinauf. Ich ging und ging. Plötzlich hielt ich inne und begriff, daß es kein Weitergehen gab. Ich ging nicht, sondern stand und spürte die Kälte. Ich begriff, daß der Tod gekommen war. Ich hatte keine Angst und dachte, daß ich mich niederlegen würde, und dann würde man mich aufnehmen und meiner Frau bringen. Ich weinte. Ich weinte tiefinnerlich. Ich empfand Bitterkeit. Ich wußte nicht, was tun. Ich wußte nicht, wohin mich wenden. Ich wußte, wenn ich weiterging, würde ich erst nach fünfundzwanzig Werst ein Obdach finden. Ich fürchtete zu erfrieren, denn ich war hungrig und müde. Ich machte kehrt und ging zurück. Ich ging und ging. Ich sah eine andere Straße, die in eine andere Richtung führte. Ich nahm diese Straße und sah Leute. Mir wurde froh ums Herz. Die Leute beachteten mich nicht. Während ich weiterging, erfreute ich mich an ihrem Anblick auf Skiern. Ich ging auf einer schlechten Straße. Die Straße war voller Schlaglöcher. Seitlich konnte ich nichts erkennen. Ich sah nur, daß entlang der Straße der Inn floß. Der Inn entsprang dort, woher ich kam. Es ging sich schwer, ich war müde. Ich ging und ging. Ich wollte mich ausruhen. Ich sah einen Baumstumpf, aber der Baumstumpf stand am Straßenrand, und die Straße fiel steil ab zum Inn. Ich machte einen Versuch, mich hinzusetzen, wäre aber beinahe in den Inn gefallen. Der Inn floß schnell, denn der Berg war hoch. Ich ging und ging. Ich spürte eine große Müdigkeit. Doch plötzlich verspürte ich Kraft in mir und wollte die ganzen fünfundzwanzig Werst im Laufschritt zurücklegen. Ich war mir über die Entfernung nicht im klaren. Ich dachte, ich würde sie schnell bewältigen, verspürte jedoch Müdigkeit. Ich ging und ging. Ich wollte umkehren zu der Straße, die ich gekommen war, verspürte aber Kälte und beschloß weiterzugehen. Ich kam in das Dörfchen Kampfer. In diesem Dörfchen hörte ich Kindergesang. Ich erkannte, daß das kein froher, sondern eingeübter Gesang war, und ging vorbei. Die Kinder taten mir leid. Ich begriff, wie das mit der Schule ist. Die Kinder taten mir leid. Ich ging und ging. Ich gelangte zu der Straße, die zu mir nach Hause führte und in der anderen Richtung zu meinem Zimmer, doch dieses Zimmer lag fünfundzwanzig Werst entfernt. Ich fühlte, daß ich zu diesem Zimmer gehen müsse, denn es galt, mein Leben zu ändern. Ich entschloß mich hinzugehen, doch eine rätselhafte Kraft machte mir begreiflich, daß ich nach Hause zurückkehren müsse. Die Straße war lang und führte bergauf, aber es machte mir nichts aus, bergauf zu gehen. Ich ging und ging. Plötzlich verspürte ich Müdigkeit und setzte mich auf das Straßengeländer. Ich saß und ruhte aus. Mir war kalt. Ich fror, hatte aber keine Angst zu erfrieren, denn ich fühlte noch viel Wärme. Ich saß und wartete. Ich sah Leute in Kutschen vorbeifahren und Passanten vorübergehen, aber ich bewegte mich nicht. Ich dachte, ich würde endlos sitzen müssen, aber plötzlich trieb es mich hoch. Ich erhob mich und ging los. Ich ging und ging. Ich begegnete holzbeladenen Fuhrwerken und ging neben ihnen her. Ich sah ein Pferd, das den Berg hinauflief, und ich rannte los. Dabei dachte ich nicht, sondern fühlte. Ich rannte und geriet außer Atem. Ich konnte nicht mehr rennen und ging im Schritt weiter. Ich begriff, daß die Leute Pferde und Menschen so lange hetzen, bis das Pferd oder der Mensch stehenbleibt oder wie ein Stein zu Boden fällt. Das Pferd und ich hatten entschieden, daß man uns noch so viel mit der Knute schlagen konnte, wir würden uns davon nicht beirren lassen, denn wir wollten leben. Das Pferd ging und ich auch. In der Kutsche saß ein dicker Herr mit seiner Frau, die trübselig war. Der Kutscher war auch trübselig. Alle waren trübselig. Ich war nicht trübselig, denn ich dachte nicht, sondern fühlte. Ich ging und ging.

Ich kam in das Städtchen St. Moritz-Dorf. Ich blieb vor den Depeschen stehen. Ich las die Depeschen nicht. Plötzlich faßte mich jemand an der Schulter. Ich drehte mich um und sah Doktor Fränkel. Fränkel wollte, daß ich mit zu ihnen käme, aber ich lehnte das kategorisch ab, ich sagte ihm, daß ich heute mit niemandem sprechen könne, ich wolle allein sein. Er sagte, es sei besser, wenn ich mit zu ihnen komme, denn meine Frau sei bei ihnen. Ich sagte, daß ich nichts von Versöhnungen halte, daß ich es lieber habe, wenn die Vernunft etwas begreife, statt Versöhnungen zu veranstalten. Ich mochte Fränkel, denn ich fühlte, daß er ein bitteres Gefühl hatte. Ich hatte auch ein bitteres Gefühl, beschloß aber, nach Hause zu gehen. Ich empfand, daß das mein Haus war, und schlug seine Richtung ein. Ich ging schnell. Ich erstieg den Berg und lenkte meine Schritte zum Eingang, und noch ehe ich das Haus erreicht hatte, sah ich, daß die Tür offenstand. Das Dienstmädchen Luise hatte mir die Tür geöffnet. Ich ging hinein und setzte mich ans Klavier. Ich begann zu spielen, aber das Dienstmädchen fühlte mich nicht und störte, doch ich versetzte ihr einen leichten Stoß, und da verstand sie mich. Ich spielte eine Beerdigung. Ich weinte tiefinnerlich. Das Dienstmädchen fühlte und sagte: »Schön.« Ich ließ das Spielen sein und ging essen. Sie setzte mir dies und das vor. Ich aß Brot mit Butter und Käse und als Nachtisch zwei Stückchen Gebäck mit Konfitüre. Ich war nicht hungrig, denn ich fühlte meinen Magen. Ich ging schreiben, was ich aufgeschrieben habe.

Eben wurde ich zum Mittagessen gerufen, aber ich habe kategorisch nein gesagt, weil ich nicht allein essen will. Ich habe gesagt, daß ich kein Kind sei und es nicht nötig habe, überredet zu werden. Luise versuchte mich mit »warmen Makkaroni« zu überreden. Ich gab ihr keine Antwort. Das Telephon klingelt und klingelt. Sie laufen und laufen. Ich weiß nicht, wer und weswegen er anruft, denn ich telephoniere nicht gern. Ich denke mir, daß die Mutter meiner Frau angekommen ist und anruft, um sich nach meiner Gesundheit zu erkundigen. Das Dienstmädchen hat ihr mit Tränen in der Stimme etwas geantwortet. Alle glauben, daß ich krank sei.

> Ich will sagen sagen dir daß ich liebe dich nur dich
> Ich will sagen sagen dir daß ich liebe dich nur dich
> Ich will sagen dir daß ich liebe liebe dich
> Ich will sagen dir daß ich liebe liebe dich.
> Ich lieb dich doch du liebst nicht. Du liebst mich
>   nicht so wie Er.
> Ich lieb so wie Er wie Er. Du bist Tod du bist
>   der Tod.
> Ich will sagen sagen dir daß du Tod bist du bist Tod.
> Ich will sagen sagen dir daß du Tod bist du bist Tod.
> Tod ist Tod und ich bin Leben
> Ich bin Leben du bist Tod.
> Den Tod bezwungen durch den Tod*
> Ich bin Tod und du nicht Leben.
> Leben ist Leben und Tod ist Tod.
> Du bist Tod und ich bin Leben.
> Den Tod bezwungen durch den Tod.
> Ich bin Tod und du nicht Leben.
> Ich will sagen sagen dir daß du Tod bist und
>   ich Leben.
> Ich will sagen sagen dir ich bin Leben du bist Tod.
> Ich lieb dich lieb dich mein Freund. Ich wünsch Gutes
>   nur für dich.

* Aus der orthodoxen Osterliturgie.

Ich wünsch Gutes nur für dich ich lieb dich ich
  liebe dich.
Ich wünsch Gutes nur für dich Böses wünsche ich
  dir nicht.
Liebst mich nicht du liebst mich nicht
Ich lieb dich ich liebe dich.
Ich wünsch Gutes nur für dich
Ich bin dein und du bist mein.
Ich lieb dich ich liebe dich
Ich lieb dich ich liebe dich.
Ich will dich ich will nur dich
Ich will dich ich will nur dich.

Ich weine, während ich diese Verse schreibe und an meine Frau denke, die mit mir gebrochen hat, weil sie meint, ich sei ein Barbar russischer Herkunft. Sie hat mir mehr als einmal gesagt, daß ich ein »russischer Barbar« sei. Sie hat diese Worte in Ungarn gelernt, als Rußland gegen Ungarn Krieg führte. Ich liebte Ungarn, als es gegen Rußland Krieg führte. Ich kannte niemanden, als ich in Ungarn war. Ich saß in einem Zimmer eingesperrt und schuf die Theorie des Tanzes. Ich tanzte wenig, denn ich war traurig. Mir war trübe zumute, denn ich hatte begriffen, daß meine Frau mich nicht liebt. Ich habe durch Zufall geheiratet. Ich habe in Südamerika geheiratet und bin in Rio de Janeiro getraut worden. Ich hatte sie bei der Überfahrt auf der »Avon« kennengelernt. Ich habe meine Heirat schon ein wenig beschrieben. Ich muß sagen, daß ich unbedacht geheiratet habe. Ich habe sie geliebt und geliebt. Ich dachte nicht an die Zukunft. Ich vergeudete das Geld, das ich mit großer Mühe zusammengespart hatte. Ich schenkte ihr Rosen zu fünf Franc das Stück. Ich brachte ihr täglich zwanzig, dreißig dieser Rosen. Ich schenkte ihr gern weiße Rosen. Ich fühlte Blumen. Ich hatte begriffen, daß meine Liebe weiß war und nicht rot. Rote Rosen machten mir angst. Ich bin kein ängstlicher Mensch, aber ich fühlte ewige Liebe und nicht leidenschaftliche. Ich liebte sie leidenschaftlich. Ich gab ihr alles, wozu ich in der Lage war. Sie liebte mich. Ich glaubte sie glücklich. Den ersten Kummer verspürte ich drei oder fünf Tage nach der Hochzeit. Ich bat sie, tanzen zu lernen, denn für mich war der Tanz nach ihr das Höchste im Leben. Ich wollte ihr Unterricht geben. Ich gab niemandem Unterricht, weil ich um mich fürchtete. Ich wollte ihr gutes Tanzen beibringen, aber sie bekam Angst und hatte kein Vertrauen mehr zu mir. Ich weinte und weinte bitterlich. Ich weinte bitterlich. Ich fühlte bereits den Tod. Ich begriff, daß ich einen Fehler gemacht hatte, aber der Fehler war nicht mehr gutzumachen. Ich hatte mich einem Menschen ausgeliefert, der mich nicht liebte. Ich begriff die Schwere meines Fehlers. Meine Frau hatte mich liebgewonnen wie sonst keiner, aber sie fühlte mich nicht. Ich wollte fort, begriff aber, daß das ehrlos wäre, und blieb bei ihr. Sie liebte mich wenig. Sie hatte ein Gefühl fürs Geld und für meinen Erfolg. Sie liebte an mir meinen Erfolg und meinen schönen Körper. Sie verhielt sich geschickt und weckte meinen Geldhunger. Ich machte eine Sache in London in der Palace Music Hall, und ich scheiterte damit. Ich liege noch im Rechtsstreit mit diesem Theater. Ich habe mich zu dieser Direktion bereits geäußert.

Ich brach vor Überanstrengung zusammen und lag im Fieber. Ich war dem Tode nahe. Meine Frau weinte. Sie liebte mich. Sie litt, wenn sie sah, wieviel ich arbeitete. Sie wußte, daß alles des Geldes wegen geschah. Ich wollte kein Geld. Ich wollte ein einfaches Leben. Ich liebte das Theater und wollte arbeiten. Ich habe viel gearbeitet, aber dann verlor ich alle Lust, denn ich merkte, daß ich nicht geliebt wurde. Ich verschloß mich. Ich verschloß mich so sehr, daß ich die Leute nicht verstehen konnte. Ich weinte und weinte ...

Ich weiß nicht, weswegen meine Frau weint. Ich denke, sie hat ihren Fehler erkannt und befürchtet, ich könnte sie verlassen. Ich wußte nicht, daß sie zu Hause ist. Ich dachte, sie sei bei Fränkel. Ich habe mein Schreiben unterbrochen, denn ich hörte sie weinen. Es tut mir weh. Sie dauert mich. Ich weine und weine. Sie weint und weint. Ich weiß, daß Doktor Fränkel bei ihr ist, deshalb gehe ich nicht zu ihr. Ich hoffe, daß Gott helfen und sie mich verstehen wird.

[Drittes Heft]

Mir ist nach Weinen, aber Gott heißt mich schreiben. Er will nicht, daß ich untätig bleibe. Meine Frau weint und weint immerzu. Ich weine auch. Ich befürchte, Doktor Fränkel könnte kommen und mir sagen, daß meine Frau weint, während ich schreibe. Ich werde nicht zu ihr gehen, denn ich habe keine Schuld. Ich werde allein essen gehen, wenn Gott es mich tun heißt. Mein Kind sieht und hört alles, und ich hoffe, daß es mich verstehen wird. Ich liebe Kyra, aber sie fühlt mich nicht, denn um sie ist eine Trinkerin. Mir sind die Alkoholflaschen aufgefallen. Eine mit neunzigprozentigem Alkohol und eine zweite mit verdünntem. Meine Frau bemerkt sie nicht, aber ich hoffe, daß ihre Mutter sie bemerken und die Flaschen zusammen mit dieser Frau hinauswerfen wird. Meine kleine Kyra fühlt, daß ich sie liebe, aber sie glaubt, ich sei krank, weil man ihr etwas vorerzählt hat. Sie wollen wissen, ob ich gut geschlafen habe, und ich sage ihnen, daß mein Schlaf immer gut ist. Ich weiß nicht, was ich schreiben soll, aber Gott will, daß ich schreibe, denn er weiß, wozu das gut ist. Ich werde bald nach Paris fahren und dort solchen Eindruck machen, daß die ganze Welt davon sprechen wird. Ich will nicht, daß man denkt, ich sei ein großer Schriftsteller. Ich will nicht, daß man denkt, ich sei ein großer Künstler. Ich will nicht, daß man sagt, ich sei ein großer Mensch. Ich bin ein einfacher Mensch, der viel gelitten hat. Ich glaube, Christus hat nicht soviel gelitten, wie ich in meinem Leben zu leiden hatte. Ich liebe das Leben, und ich will leben. – Ich möchte weinen, kann aber nicht, denn mir ist so elend, daß ich um mich fürchte. Mir ist ganz weh zumute. Ich bin seelisch krank. Ich bin seelisch krank und nicht geistig. Doktor Fränkel versteht meine Krankheit nicht. Ich weiß, was ich brauche, um gesund zu sein. Meine Krankheit ist zu schwer, als daß ich bald geheilt werden könnte. Ich bin nicht zu heilen. Ich bin seelisch krank. Ich bin arm. Ich bin bettelarm. Ich bin unglücklich. Ich bin schrecklich. Ich weiß, daß alle leiden werden, wenn sie diese Zeilen lesen, denn ich weiß, daß man mich erfühlen wird. Ich weiß sehr wohl, was ich brauche. Ich bin ein starker Mensch und kein schwacher. Ich bin nicht körperlich krank. Ich bin seelisch krank. Ich leide. Ich leide. Ich weiß, daß Kostrowski mich erfühlen wird, aber ich weiß, daß alle mich erfühlen werden. Ich bin ein Mensch und kein wildes Tier. Ich liebe alle. Ich habe auch Fehler. Ich bin ein Mensch und nicht Gott. Ich will Gott sein, und darum arbeite ich an mir. Ich will tanzen. Ich will malen. Ich will Klavier spielen. Ich will Gedichte schreiben. Ich will Ballette schaffen. Ich will alle lieben. Das ist mein Lebensziel. Ich weiß, daß die Sozialisten mich leichter verstehen werden, aber ich bin kein Sozialist. Ich bin Gott. Ich habe eine Partei, und das ist die Gottes. Ich liebe alle. Ich will keinen Krieg. Ich will keine Staatsgrenzen. Ich will die Wilsons, die den ganzen Erdball besser machen werden. Ich bin der ganze Erdball. Ich bin die Erde. Ich habe überall ein Haus. Ich wohne überall. Ich will keinen Besitz haben. Ich will nicht reich sein. Ich will lieben, lieben. Ich bin die Liebe und keine tierische Wildheit. Ich bin kein blutgieriges Tier. Ich bin ein Mensch. Ich bin ein Mensch.

Gott ist in mir, und ich bin in Ihm. Ich will Ihn. Ich suche Ihn. Ich will, daß man meine Manuskripte veröffentlicht, denn ich weiß, daß alle lesen können, aber ich setze auf Besserung. Ich weiß nicht, was dazu nötig ist, aber ich fühle, daß Gott allen bei ihrer Suche helfen wird. Ich bin ein Suchender, denn ich fühle Gott. Gott sucht mich, und deshalb finden wir einander.

Gott Nijinsky / St. Moritz-Dorf / Villa Guardamunt
27. Februar 1919

Zweites Buch

Tod

Über den Tod

W. Nijinsky
St. Moritz-Dorf, Villa Guardamunt
27. Februar 1919

Der Tod ist unverhofft gekommen, denn ich habe ihn gewollt. Ich habe mir gesagt, daß ich nicht länger leben will. Ich habe wenig gelebt. Ich habe ganze sechs Monate gelebt. Man hat mir gesagt, daß ich geisteskrank sei. Ich dachte, ich sei lebendig. Man ließ mich nicht in Ruhe. Ich lebte und freute mich, aber die Leute sagten mir, ich sei boshaft. Ich begriff, daß die Leute den Tod brauchen, und beschloß, nichts mehr zu tun, doch das war mir nicht möglich. Ich beschloß, über den Tod zu schreiben. Ich weine vor Leid. Ich bin sehr betrübt. Ich bin trostlos, denn alles ringsum ist so öde. Ich bin verödet. Ich weiß, daß das Zimmermädchen Luise morgen weinen wird, denn es wird für sie traurig sein, die Verödung zu sehen. Ich habe alle Zeichnungen und Bilder abgenommen, die ich in sechs Monaten gemacht habe. Ich weiß, daß meine Frau meine Bilder suchen und nicht finden wird. Ich habe die Möbel wie zuvor aufgestellt und wieder den alten Lampenschirm angebracht. Ich will nicht, daß die Leute über mich lachen, und habe beschlossen, nichts zu tun. Gott hat mich geheißen, nichts zu tun. Er will, daß ich meine Eindrücke aufschreibe. Ich werde viel schreiben. Ich will die Mutter meiner Frau und ihren Mann verstehen. Ich kenne sie gut, will mich aber vergewissern. Ich schreibe unter dem Eindruck des Erlebten und denke mir nichts aus. Ich sitze an einem leeren Tisch. In meinem Tisch sind viele Farben. Alle Farben sind ausgetrocknet, weil ich nicht mehr male. Ich habe viel gemalt und große Fortschritte gemacht. Ich will schreiben, aber nicht hier, denn ich fühle den Tod. Ich will nach Paris fahren, fürchte aber, daß ich es nicht mehr schaffen werde. Ich will über den Tod schreiben. Ich werde das erste Buch »Leben« und dieses »Tod« nennen. Ich will den Leuten eine Vorstellung von Leben und Tod vermitteln. Ich hoffe, daß es gelingt. Ich weiß, wenn ich diese Bücher herausbringe, werden alle sagen, daß ich ein schlechter Schriftsteller bin. Ich will kein Schriftsteller sein. Ich will ein Denker sein. Ich denke und schreibe. Ich bin kein Schreiberling, ich bin ein Denker. Ich bin nicht Schopenhauer. Ich bin Nijinsky. Ich will euch Menschen sagen, daß ich Gott bin. Ich bin der Gott, der stirbt, wenn er nicht geliebt wird. Ich bedaure mich selbst, denn Gott tut mir leid. Gott liebt mich und gibt mir das Leben im Tod. Ich bin der Tod. Ich bin derjenige, welcher den Tod liebt. Ich bin nicht schläfrig. Ich schreibe nachts. Meine Frau schläft nicht, sondern denkt. Ich fühle, ich bin der Tod. Ihr fällt es schwer, sich dem Tod zu verweigern. Ich verstehe die Leute. Sie wollen das Leben genießen. Sie mögen die Genüsse. Für mich sind alle Genüsse etwas Abscheuliches. Ich will keine Genüsse. Meine Frau will Genüsse. Ich weiß, sie wird erschrecken, wenn sie erfährt, daß alles, was ich schreibe, der Wahrheit entspricht. Ich weiß, sie wird traurig sein, denn sie wird denken, daß ich sie nicht liebe. Ich werde ihr sagen, daß ich die Wahrheit geschrieben habe, aber ich weiß, daß sie sagen wird, ich sei ein boshafter Mensch. Möglich, daß sie mir kein Vertrauen mehr schenken und nicht länger mit mir leben wollen wird. Ich liebe sie und weiß, daß ich unter der Trennung von ihr leiden werde. Ich weiß, daß mein Leiden notwendig ist, deshalb werde ich leiden. Ich will die volle Wahrheit sagen. Ich will vor den Leuten nicht verbergen, was ich weiß. Ich muß zeigen, wie das ist mit dem Leben und dem Tod. Ich will den Tod beschreiben. Ich mag den Tod. Ich weiß, wie das ist mit dem Tod. Der Tod ist eine schreckliche Angelegenheit. Ich habe den Tod mehr als einmal gefühlt. Ich lag sterbend in der Klinik, als ich fünfzehn war. Ich war ein mutiger Junge. Ich war gesprungen und gestürzt. Man brachte mich ins Krankenhaus. Im Krankenhaus sah ich den Tod mit eigenen Augen. Ich sah den Schaum, der aus dem Munde eines Kranken kam, denn er hatte eine ganze Flasche Arznei ausgetrunken. Ich weiß, wie das ist mit Arzneien. Arznei hilft, aber wenn man sie austrinkt, betritt man den Weg ins Jenseits. Ich weiß, daß das Jenseits eine Welt ohne Licht ist, und darum habe ich Angst vor dem Jenseits. Ich will Licht, aber anderes. Ich liebe das Licht der blinzelnden Sterne und nicht das jener ohne Blinzeln. Ich weiß, daß der blinzelnde Stern das Leben ist und der ohne Blinzeln der Tod. Ich weiß, was ich tun muß, wenn ein Stern mir zublinzelt. Ich weiß, was es bedeutet, wenn ein Stern nicht blinzelt. Meine Frau ist ein Stern, der nicht blinzelt. Ich habe gemerkt, daß es viele gibt, die nicht blinzeln. Ich weine, wenn ich fühle, daß ein Mensch nicht blinzelt. Ich weiß, was der Tod ist. Der Tod ist verloschenes Leben. Verloschenes Leben, so sind die Leute zu bezeichnen, die ihre Vernunft verloren haben. Ich war auch ohne Vernunft, aber als ich nach St. Moritz kam, begriff ich in meinem Zimmer die ganze Wahrheit, denn ich fühlte viel. Ich weiß, daß es schwer ist, allein zu fühlen. Aber nur wenn er allein ist, kann der Mensch begreifen, wie das ist mit dem Gefühl. Ich will nichts dafür tun, daß meine Frau fühlen lernt. Ich weiß, wenn ich es mit Erklärungen versuche, fängt sie an zu denken, und Denken ist der Tod. Ich will nicht denken, und darum lebe ich. Ich weiß, wenn die Mutter meiner Frau eintrifft, werde ich viel denken müssen. Die Mutter meiner Frau trifft morgen um elf ein. Ich wollte heute sagen, habe es mir aber anders überlegt, denn morgen, das ist für mich, wenn man aufwacht, und nicht die ersten zwölf Stunden. Ich halte Rechnen für unnötig. Ich mag Rechnen nicht. Rechnen ermüdet das Gehirn. Rechnen ist der Tod. Maschinelle Vorrichtungen aller Art sind der Tod. Ich weiß, ich trage große Schuld daran, daß meine Frau rechnet, aber ich habe ihr gesagt, daß Rechnen unnütz ist, denn es ist schon alles ausgerechnet. Ich will etwas trinken gehen, denn mir tut der Magen weh. Ich werde Fleisch essen, denn ich will zeigen, daß ich genauso bin wie sie. Ich werde welches essen und meine Eindrücke aufschreiben. Ich will über alles berichten, was ich sehe und höre. Ich werde alles so wie sie machen. Ich werde mich liebenswürdig zeigen wie sie. Ich habe eine ganze Flasche Mineralwasser ausgetrunken. Ich trinke nicht gern ohne Grund, aber ich habe sie ausgetrunken, weil ich das auch vorher schon so gemacht habe. Ich will jetzt so leben wie vorher. Nach Fertigstellung dieses Buches werde ich nicht wie früher leben. Ich will über den Tod schreiben, deshalb brauche ich frische Eindrücke. Frische Eindrücke, das ist für mich, wenn jemand beschreibt, was er erlebt hat. Ich werde über alles schreiben, was ich erlebt habe. Ich will etwas erleben. Ich bin ein Mensch im Tod. Ich bin nicht Gott. Ich bin kein Mensch. Ich bin ein wildes Tier und ein Räuber. Ich will Kokotten lieben. Ich will wie ein überflüssiger Mensch leben.

Ich weiß, daß Gott es will, deshalb werde ich so leben. Ich werde so lange so leben, wie er mir nicht Einhalt gebietet. Ich werde an der Börse spielen, denn ich will gegen andere gewinnen. Ich bin ein boshafter Mensch. Ich liebe niemanden. Ich wünsche allen anderen Böses und Gutes mir selbst. Ich bin ein Egoist. Ich bin nicht Gott. Ich bin ein Raubtier. Ich werde onanieren und mich spiritistisch betätigen. Ich werde jeden auffressen, der mir in die Hände fällt. Ich werde vor nichts haltmachen. Ich werde die Mutter meiner Frau und mein Kind lieben. Ich werde weinen, aber ich werde alles tun, was mich Gott tun heißt. Ich weiß, daß alle Angst vor mir bekommen werden und man mich ins Irrenhaus sperren wird, aber das ist mir egal. Ich habe vor nichts Angst. Ich will den Tod. Ich werde mir eine Kugel in den Kopf jagen, wenn Gott es will. Ich werde zu allem bereit sein. Ich weiß, daß Gott das alles zur Verbesserung des Lebens will, und darum werde ich sein Werkzeug sein. Es ist schon nach eins, und ich schlafe nicht. Ich weiß, daß die Leute tagsüber arbeiten sollen, aber ich arbeite nachts. Ich weiß, daß ich morgen rote Augen haben werde. Die Mutter meiner Frau wird erschrecken, denn sie wird glauben, daß ich irre bin. Ich hoffe, daß man mich ins Irrenhaus stecken wird. Ich werde mich freuen, wenn das geschieht, denn ich tyrannisiere gern alle Welt. Tyrannisieren bereitet mir Genuß. Tyrannisieren ist für mich etwas Wohlvertrautes. Ich kannte einen Hund, der hieß Zitro. Es war ein guter Hund. Ich habe ihn verdorben. Ich habe ihm beigebracht, an meinem Bein zu onanieren. Ich habe ihm beigebracht, an meinem Bein Befriedigung zu finden. Ich habe diesen Hund geliebt. Ich habe all diese Sachen gemacht, als ich noch ein grüner Junge war. Ich habe das gleiche getan wie der Hund, bloß mit der Hand. Ich habe mich gleichzeitig mit ihm befriedigt. Ich weiß, daß viele Mädchen und Frauen Tiere auf diese Weise lieben. Ich weiß, daß mein Dienstmädchen Luise es mit Katzen hat. Ich weiß, daß meine Köchin es mit Katzen hat. Ich weiß, daß alle Welt es auf die Art treibt. Ich weiß, daß alle kleinen Hunde verdorben sind. Ich kenne eine ungarische Familie, in der es die Tochter mit einem Gorilla hatte. Der Gorilla biß sie da, wo sie es mit ihm machte. Der Affe wurde wütend, weil die Frau ihn nicht verstand. Der Affe ist ein dummes Tier, und die Frau wollte es bei dem Gorilla besonders schlau anfangen. Der Gorilla hat sie gebissen, deshalb starb sie unter fürchterlichen Qualen. Ich weiß, daß viele alle möglichen Süßigkeiten benutzen, damit die Tiere sie lecken. Ich kenne Frauen, die sich von Tieren belecken ließen. Ich kenne Leute, die lecken. Ich selbst habe meine Frau geleckt. Ich weinte, aber ich leckte. Ich kenne schlimme Sachen, denn ich habe sie bei Djagilew gelernt. Djagilew hat mir alles beigebracht. Ich war jung und machte Dummheiten, aber ich will solche Sachen nicht mehr tun. Ich weiß, wozu das alles führt. Ich habe Frauen gesehen, die sich von Männern mehrmals hintereinander nehmen lassen. Ich selbst habe meine Frau bis zu fünfmal täglich besessen. Ich weiß, wozu das alles führt. Ich will diese Dinge nicht mehr tun. Ich weiß, daß viele Doktoren verordnen, daß der Mann seine Frau jeden Tag besitzen soll. Ich weiß, daß alle daran glauben. Ich weiß, daß es Doktoren gibt, die dem Mann verordnen, eine Frau zu lieben, denn ohne das könne man nicht sein. Ich weiß, die Leute machen das nur deshalb, weil ihre sinnliche Lust so stark ist.

Ich kenne viele Gedichte über die Sinnenlust. Lust ist eine schreckliche Sache. Ich weiß, daß die Geistlichkeit es genauso treibt. Ich weiß, daß die Kirche ausschweifende Wollust nicht untersagt. Ich weiß, daß meine Frau und ihr Zimmermädchen einmal zur Beichte gehen sollten und um ein Haar in das unterirdische Verlies einer Londoner Kirche gesperrt worden wären. Ich habe den Namen der Kirche vergessen. Ich werde ihn später nennen, denn ich werde meine Frau danach fragen. Ich will sie besitzen, um ein Kind zu haben, und nicht, um triebhafte Lust zu stillen. Ich mag nicht von Lust getrieben sein. Ich mag keine triebhafte Lust. Ich will leben. Ich werde meinem Trieb folgen, wenn Gott es wünscht. Ich kenne einen Dichter, der in Russisch viel über die Sinnenlust geschrieben hat. Meine Lust haben viele Frauen erregt. In Paris haben sie oft meine Lust erregt. In Paris gibt es viele Kokotten, deshalb können sie bei unsereinem die Lust erregen. Ich fühle jetzt Lust, denn Gott will mir zu verstehen geben, wie das ist mit der Lust. Ich lasse meine Lust schon ziemlich lange nicht mehr erregen. Meine Frau mag es, wenn ich ihre Lust errege. Ich will meine Lust nicht erregen lassen, denn ich weiß, wie das ist mit der Lust. Ich weiß, man wird mir sagen, ich sei ein Skopze*. Ich habe keine Angst vor den

* Skopzen (russ. »Skopzy« – Verschnittene), Ende des 19. Jahrhunderts gegründete religiöse Sekte, die die Bekämpfung der fleischlichen

Skopzen, denn ich kenne ihre Ziele. Ich mag die Skopzen nicht, denn sie schneiden ihre Hoden ab. Ich weiß, daß aus den Hoden der Samen kommt, deshalb will ich sie nicht abschneiden. Ich mag Samen. Ich will den Samen. Ich bin der Samen. Ich bin das Leben. Ohne Samen kann es kein Leben geben. Ich weiß, daß viele deutsche Professoren verordnen, Kinder zu zeugen, denn sie brauchen viele Soldaten. Ich weiß, wie das ist mit den Soldaten. Ich habe viele Abbildungen gesehen, zudem habe ich ein starkes Vorstellungsvermögen. Ich kenne den Tod der Soldaten. Ich kenne ihre Leiden. Ich habe in Ungarn einen Zug mit deutschen Verwundeten gesehen. Ich habe ihre Gesichter gesehen. Ich weiß, daß die deutschen Professoren und auch die anderen nichts vom Tod verstehen. Ich weiß, daß die Professoren dumme Tiere sind. Ich weiß, daß sie dumm sind, weil sie das Gefühl verloren haben. Ich weiß, daß sie das Sehvermögen verloren haben, weil sie viel dummes Zeug lesen. Ich habe ein Ballett nach der Musik von Richard Strauss geschaffen. Ich habe dieses Ballett in New York geschaffen. Ich mußte es in kürzester Zeit schaffen. Man verlangte die Inszenierung binnen drei Wochen von mir. Ich weinte und sagte, daß ich dieses Ballett nicht in drei Wochen auf die Bühne bringen könne, das sei nicht zu bewältigen, da sagte mir Otto Kahn, Direktor und Präsident der Metropolitan, er könne mir nicht mehr Zeit geben. Er ließ mir das über seinen Assistenten, Mr. Coppicus, ausrichten. Ich willigte ein, weil mir nichts anderes übrigblieb. Ich wußte, wenn ich nicht einwilligte, hatte ich kein Geld zum Leben. Ich entschied

Lust durch Kastration als einzige Möglichkeit der Seelenrettung betrachtete.

mich und ging an die Arbeit. Ich arbeitete wie ein Pferd. Ich kannte keine Müdigkeit. Ich schlief nur wenig, ich arbeitete und arbeitete. Meine Frau sah meine Arbeit und bedauerte mich. Ich nahm mir einen Masseur, denn ohne Massagen hätte ich meine Arbeit nicht durchgehalten. Ich begriff, daß ich im Dahinsterben war. Ich gab die Kostüme in Amerika bei einem Kostümbildner in Auftrag. Ich erklärte ihm alle Details. Er fühlte mich. Ich bestellte das Bühnenbild bei dem Maler Johnson*. Dieser Maler schien mich zu verstehen, fühlte mich aber nicht. Er war ständig nervös. Ich war nicht nervös. Ich genoß die Arbeit. Ich erläuterte ihm das Bühnenbild. Ich ließ ihn Bücher besorgen über die Zeit, die dargestellt werden sollte. Er zeichnete mir auf, was ich ihm sagte. Seine Kostümzeichnungen waren besser. Sie waren von farbiger Lebendigkeit. Ich liebte farbiges Leben. Er begriff meine Idee. Ich zeigte ihm, wie die Idee zu verfolgen war. Er dankte mir, war aber ständig nervös. Er erinnert mich an meine Frau, die vor allem Angst hat. Ich sagte zu ihm: »Wovor sollten wir Angst haben, dazu besteht kein Grund.« Aber er blieb nervös. Offenbar bangte er um unseren Erfolg. Er hatte kein Vertrauen zu mir. Ich war mir des Erfolgs sicher. Ich arbeitete wie ein Pferd. Das Pferd wurde völlig abgehetzt, denn es strauchelte und verstauchte sich den Fuß. Das Pferd wurde zu Doktor Abbé geschickt. Das war ein guter Arzt. Er hatte eine ganz einfache Behandlungsmethode. Er verordnete mir Bettruhe. Ich lag und lag. Ich hatte eine Krankenpflegerin. Diese Pflegerin saß bei mir und saß. Ich konnte nicht einschlafen, denn ich

---

* Es handelte sich um Robert Edmond Jones, der bereits in Berlin für Max Reinhardt gearbeitet hatte.

war es nicht gewöhnt, mit Pflegerin zu schlafen. Wenn sie nicht am Tisch sitzengeblieben wäre, so hätte ich sicherlich geschlafen. »Schlafen Sie, schlafen Sie, schlafen Sie«, redete sie mir ständig zu, ich aber schlief und schlief nicht. So verging Woche um Woche. Mein Ballett *Till* ließ auf sich warten. Das Publikum war beunruhigt. Das Publikum glaubte, ich sei ein kapriziöser Künstler. Ich hatte keine Angst davor, was das Publikum glaubte. Die Direktion beschloß, die Aufführungen eine Woche hinauszuschieben. Sie begann dann ohne mich zu spielen, da sie so besser zu fahren meinte. Sie befürchtete, ein Fiasko zu erleben. Ein Fiasko wurde es nicht, denn ich begann wieder zu tanzen, und das Publikum kam zu unseren Vorstellungen. Das amerikanische Publikum mochte mich, denn es vertraute mir. Es sah, daß mein Fuß weh tat. Ich tanzte schlecht, aber es freute sich. *Till* war mir gut gelungen, aber mit der Einstudierung war es zu schnell gegangen. Er war zu früh aus dem Ofen gekommen und deshalb noch halb roh. Das amerikanische Publikum mochte mein halbrohes Ballett, denn es war schmackhaft. Ich hatte es sehr gut zubereitet. Ich mag keine schlecht zubereiteten Gerichte, denn ich weiß, wie einem danach der Magen weh tut. Ich mochte dieses Ballett nicht, sagte aber, es sei »gut«. Ich mußte es gut nennen, denn hätte ich gesagt, daß es nicht gut sei, wäre niemand ins Theater gekommen, und wir hätten ein Fiasko erlebt. Ich mag keine Fiaskos, deshalb sagte ich, es sei »gut«. Ich sagte Otto Kahn, daß es mir gut gehe und daß ich zufrieden sei. Er machte mir Komplimente, denn er sah, wie sich das Publikum freute. Ich hatte ein lustiges Ballett gemacht, denn ich fühlte den Krieg. Alle Leute hatten den Krieg satt, deshalb mußte man sie aufheitern. Ich habe sie aufgeheitert. Ich zeigte *Till* in seiner ganzen Schönheit. Seine Schönheit war einfach. Ich zeigte das Leben Tills. Das Leben Tills war einfach. Ich zeigte, daß er das deutsche Volk ist. Die Zeitungen waren zufrieden, denn die Kritik war deutsch. Ich lud vor der ersten Aufführung die Journalisten ein und erläuterte ihnen das Anliegen des *Till*. Sie waren sehr froh, denn sie konnten ihre Kritik vorbereiten. Die Kritik war gut und zum Teil klug. Ich sah mich als Teufel und als Gott. Man hob mich in babylonische Höhen empor. Ich mochte solche Höhen nicht, denn ich sah, daß das alles Lobreden waren. Ich sah, daß der Kritiker mein Ballett verstanden hatte. Ich fühlte, daß der Kritiker mir Lob zollen wollte. Ich mag keine Lobreden, denn ich bin kein kleiner Junge mehr. Ich sah den Fehler, den der Kritiker anmerkte. Er hatte eine Stelle in der Musik herausgefunden, die ich nicht begriffen hätte. Er bildete sich ein, daß ich sie nicht begriffen hätte. Ich hatte sie sehr wohl begriffen, wollte mich aber nicht übernehmen, weil mir der Fuß weh tat. Diese musikalische Stelle war sehr schwer umzusetzen, deshalb hatte ich sie übergangen. Die Kritiker meinen immer, sie seien klüger als die Künstler. Sie gehen oft zu weit, wenn sie den Künstler wegen seiner Interpretation schelten. Der Künstler ist arm, deshalb zittert er vor dem Kritiker. Er fühlt sich getroffen und gekränkt. Er weint tiefinnerlich. Ich kenne einen voreingenommenen Kritiker, einen Maler, der die Künstler nicht mag, die ihm keinen Respekt erweisen. Er heißt Alexander Benois*.

* Alexander Nikolajewitsch Benois (1870-1960), russischer Maler und Kunstwissenschaftler; bestimmte maßgeblich das Profil von Djagilews Zeitschrift *Mir iskusstwa*.

Alexander Benois ist ein sehr kluger Mann, und er fühlt die Malerei. Ich habe seine Kritik gelesen, die den Titel *Künstlerische Handschriften* trug. Seine Kritiken waren voreingenommenen. Er attackierte immerfort Alexander Golowin, der als Maler für die Kaiserlichen Theater in Petersburg arbeitete. Ich begriff, daß Benois ihn hinausekeln wollte, um sich selbst dort einen Platz zu sichern. Er schickte diese Kritik an die Zeitschrift *Retsch*. Diese Zeitschrift wurde von Nabokow herausgegeben. Nabokow war ein kluger Mann und hatte seiner Zeitschrift Rückhalt zu verschaffen gewußt. Er hatte Filossofow engagiert und zog ständig gegen *Nowoje wremja* vom Leder. *Nowoje wremja* hatte seine Abonnenten, und *Retsch* wollte sie ihm abspenstig machen. *Retsch* war dumm, denn sie hatte überhaupt nichts zu bieten. Ich begriff schon in jungen Jahren, was das für eine Zeitschrift war. Ich mochte keine Zeitungen, denn ich hatte ihre Dummheit begriffen. Sie schrieben Dinge, die jedem bekannt waren. Sie füllten ihre Seiten, weil sie gefüllt werden mußten. Ich hatte als junger Bursche keine Angst vor der Kritik, deshalb respektierte ich sie nicht. Ich respektierte nur einen Kritiker, er hieß Valerian Swetlow.

Dieser Kritiker schrieb Tanzkritiken. Er lebte mit der Tänzerin Schollar* zusammen und verdankte ihr alle möglichen Wendungen, die er in schön formulierten Sätzen zur Geltung brachte. Es gab noch andere Kritiker, aber sie besaßen keine pointierte Sprache. Swetlow war sprachlich bestens gerüstet. Er wußte seine Kritik entsprechend zuzubereiten, deshalb schrieb er gut. Die Leute

* Ljudmila Schollar, Tänzerin am Petersburger Marientheater und in Djagilews »Ballets russes«.

meinten, einer, der gut schreibt, verstehe etwas von Tanz. Ich verstand viel von Tanz, denn ich war Tänzer. Swetlow hat nie in seinem Leben die Ballette getanzt, über die er Kritiken schrieb. Swetlow war ein weißer Mensch. Er wurde Papagei genannt, denn er hatte einen Papageienkopf. Nikolai Legat* mochte ihn nicht, deshalb karikierte er ihn als Papageien. Ich würde sagen, daß er nicht deswegen ein Papagei ist, weil er einen Papageienkopf hat, sondern weil alles, was er schreibt, papageienhaft ist. Papageienhaft nenne ich die Kritik, die bereits allgemein bekannte Dinge wiederholt. Swetlow war ein Papagei in Seide, denn er hatte Geld. Er schenkte der Schollar schöne und teure Sachen. Er liebte sie anders als ein junger und kräftiger Mann. Er war an die Sechzig. Er pomadisierte und schminkte sich. Die Frauen liebten ihn, denn er schrieb beißende Kritiken. Alle fürchteten ihn. Alle Tänzerinnen »ließen ihn ran«, weil sie ihn fürchteten. Er war zu Kapriolen aufgelegt, aber nicht zum Handeln. Er neigte zu Dummejungenstreichen. Er war ein Däumling, denn er hatte eine schmächtige Statur. Er war frohgemut. Er war immer zufrieden. Er hatte einen ruhigen Gesichtsausdruck. Sein Gesicht war wie eine Maske. Ich habe solche Masken gesehen. Diese Masken sind aus Wachs gemacht. Ich glaube, daß er mit Absicht nicht lächelte, weil er Angst hatte, Falten zu bekommen. Er besaß Ausschnitte aus alten Ballettzeitschriften. Er schrieb ein und dasselbe, auch wenn er seinen Stil variierte. Seine Kritiken waren der Tod, denn sie sagten nichts Neues. Seine Reden

* Nikolai Gustafowitsch Legat (1869-1937), russischer Tänzer, Choreograph und Pädagoge; Lehrer Nijinskys an der Kaiserlichen Ballettschule in Petersburg.

rochen nach Parfüm und Pomade. Er begann aus einer Laune heraus über mich herzuziehen. Er wußte nicht, daß seine Kritiken für mich ekelerregend waren. Ich fürchtete ihn, aber ich mochte ihn nicht. Ich wußte wohl, daß seine Kritiken gelesen wurden, deshalb war mir nicht wohl dabei, denn ich befürchtete, man könnte mich im Corps de ballet tanzen lassen. Als Corps de ballet bezeichnet man die Masse, die nichts weiß. Ich kenne viele, die gut tanzen konnten, weil sie es gelernt hatten, aber wegen mangelnder Protektion oder durch Zufall dem Corps de ballet zugeordnet wurden. Das Corps de ballet war gut, weil gute Leute darin waren. Das Corps de ballet gewann mich lieb und sorgte für mein Bekanntwerden. Ich liebte es, und es liebte mich. Ich wollte schon damals geliebt werden. Ich bediente mich aller möglichen Tricks und Finessen, damit man mich liebte. Mir ging es nicht nur um die Liebe des Corps de ballet, sondern auch um die der ersten und zweiten Tänzer und Tänzerinnen, der Ballettmeister und Ballerinen. Ich suchte Liebe zu gewinnen und begriff, daß es keine Liebe gibt. Daß das alles Schmutz ist. Daß alle auf Lobreden und Liebenswürdigkeiten versessen waren. Ich mochte keine Lobreden und Liebenswürdigkeiten. Ich ging ins Büro zu Krupenski, dem Verwalter der Theater, und bat, man möge mich tanzen lassen. Ich tanzte ganze viermal pro Jahr. Das Jahr zählt im Ballett acht Monate, denn die tänzerische Arbeit umfaßt acht Monate. Ich tanzte sehr wenig vor Publikum, aber das Publikum mochte mich sehr. Ich wußte, daß alles an den Intrigen der Tänzer und Tänzerinnen lag. Mir verging alle Fröhlichkeit, denn mich überkam ein Todesgefühl. Ich hatte Angst vor den Leuten und schloß mich in meinem

Zimmer ein. Mein Zimmer war schmal und hoch. Ich starrte mit Vorliebe die Wände und die Decke an, denn sie sprachen mir vom Tod. Ich wußte nicht, wie ich mich aufheitern sollte, und ging mit Anatoli Burman, meinem Freund, zu einer Kokotte. Wir kamen zu ihr, und sie gab uns Alkohol. Ich trank und war betrunken. Es war das erstemal, daß ich Alkohol probierte. Ich mochte das Trinken nicht. Nach dem Alkohol begann es sich mir im Kopf zu drehen, aber das Bewußtsein verlor ich nicht. Ich schlief mit ihr. Dabei holte ich mir eine Geschlechtskrankheit. Ich erschrak und lief zum Doktor. Der Arzt für Geschlechtskrankheiten wohnte ziemlich wohlhabend. Ich hatte Angst vor den Leuten. Ich glaubte, alle wüßten Bescheid. Ich war achtzehn. Ich weinte. Ich litt. Ich wußte nicht, was tun. Ich ging zu dem Doktor, aber er unternahm nichts. Er sagte, ich solle mir eine Klistierspritze und ein Medikament kaufen. Dieses Medikament mußte ich mir ins Glied spritzen. Ich spritzte. Ich trieb die Krankheit tiefer hinein. Ich bemerkte, daß meine Hoden anschwollen. Ich wandte mich an einen anderen Doktor, der Blutegel ansetzte. Die Blutegel sogen mir Blut ab. Ich schwieg, doch mich schauderte. Es war grauenvoll. Ich litt seelische Qualen. Ich hatte keine Angst vor den Egeln. Die Egel bewegten sich, und ich weinte und weinte. Ich mußte lange das Bett hüten. Ich konnte nicht mehr. Ich stand auf, und da begannen meine Hoden wieder zu schwellen. Ich bekam es mit der Angst und beschloß, damit aufzuhören, koste es, was es wolle. Ich litt über fünf Monate an dieser Krankheit. Ich setzte wieder Blutegel an und hütete das Bett. Ich hatte Angst, meine Mutter könnte es erfahren.

Ich lernte einen Mann kennen, der mir über diese Krankheit hinweghalf. Er liebte mich, wie ein Mann einen Knaben liebt. Ich liebte ihn, denn ich wußte, daß er es gut mit mir meinte. Dieser Mann hieß Fürst Pawel Lwow. Er schrieb mir Liebesgedichte. Ich antwortete ihm nicht, aber er schrieb mir. Ich weiß nicht, was er mir zu sagen hatte, denn ich habe sie nicht gelesen. Ich liebte ihn, weil ich fühlte, daß er mich liebte. Ich wollte immer mit ihm zusammensein, denn ich liebte ihn. Er veranlaßte mich, ihn mit Djagilew zu betrügen, denn er glaubte, daß Djagilew mir nützlich sein würde. Ich lernte Djagilew telephonisch kennen. Ich wußte, daß Lwow mich nicht liebte, deshalb brach ich mit ihm. Pawel Lwow wollte unsere Beziehungen fortsetzen, doch ich begriff, daß es unredlich war, untreu zu sein. Ich lebte mit Sergej Djagilew. Ich kenne seinen Stiefbruder. Er ist ein gepflegter Mann und liebt Museen. Für mich sind Museen Friedhöfe. Für ihn sind Museen das Leben. Ein Museum kann schon deshalb nicht das Leben sein, weil es Werken toter Künstler Platz bietet. Ich finde, man sollte die Bilder von Toten nicht aufbewahren, denn sie zerstören das Leben junger Maler. Der junge wird an dem musealen Maler gemessen. Ich kenne einen Maler, dem man den Abschluß an der Akademie der Künste allein deshalb verweigerte, weil seine Bilder nicht den musealen glichen. Dieser Maler hieß Anisfeld*. Anisfeld war Jude. Er hat Kinder. Er ist verheiratet, aber seine Frau liebt ihn nicht. Ich weiß das, weil er erzählte, daß er mit seiner Frau Streit hatte. Ich erinnere mich daran. Er kam zu Djagilew und beklagte sich. Ich

---

* Boris Anisfeld, gehörte zum Künstlerkreis von *Mir iskusstwa*.

weiß, daß er seine Frau liebte, denn ich fühlte das Weinen, das aus seinem tiefsten Innern kam. Er war ein guter Mensch. Ich erteilte ihm Aufträge für viele Ballette. Jetzt ist er in Nordamerika, wo er Porträts und Bühnenbilder malt. Den Zeitungen ist zu entnehmen, daß er Erfolg hat. Das freut mich sehr für ihn, denn ich kenne die ganzen Intrigen von Lew Bakst. Bakst ist ein guter Künstler, aber boshaft, denn er ist über Benois und Anisfeld hergezogen. Mir geht es nicht darum, über Benois herzuziehen, sondern die volle Wahrheit zu sagen. Bakst zog über sie her, denn er sprach die Unwahrheit. Ich habe gesehen, wie er die Zähne gegen Anisfeld fletschte. Bakst mochte Anisfeld nicht, denn der malte gute Bühnenbilder und hatte Erfolg in Paris und anderen Städten, wo wir Vorstellungen unter dem Namen »Russisches Ballett« gaben. Ich liebte das »Russische Ballett«. Ich war mit ganzem Herzen dabei. Ich arbeitete wie ein Pferd. Ich lebte wie ein Märtyrer. Ich wußte, daß Djagilew es schwer hatte. Ich kannte seine Leiden. Er mußte des Geldes wegen leiden. Er liebte mich nicht, denn ich stellte ihm mein Geld nicht zur Verfügung. Ich hatte viele tausend Franc zusammengespart. Djagilew bat mich einmal um vierzigtausend Franc. Ich gab sie ihm, befürchtete aber, daß er sie mir nicht zurückgeben würde, denn ich wußte, daß er sie nicht hatte. Ich wußte, daß Djagilew sich Geld zu besorgen verstand, deshalb beschloß ich, nein zu sagen, wenn er mich noch einmal bitten sollte. Djagilew bat mich einmal in Paris im Châtelet hinter der Bühne ganz beiläufig um Geld. Ich antwortete ihm rasch, daß ich ihm mein Geld nicht überlassen wolle, denn ich hätte es meiner Mutter gegeben. Ich hatte ihr alles auf dem Papier und in

Gedanken gegeben. Ich wollte nicht, daß sie unter Geldmangel litt. Meine Mutter hatte viel zu leiden gehabt, deshalb wollte ich ihr ein ruhiges Leben bieten. Ich habe ihr zu einem ruhigen Leben verholfen, denn sie hatte keine Geldsorgen, aber ich merkte, daß sie meinetwegen beunruhigt war. Sie wollte es mir nicht nur einmal sagen. Ich fühlte es, ging dem aber aus dem Weg. Meine Schwester wollte es mir auch sagen, aber ich ging dem aus dem Weg. Ich war mir wohlbewußt, daß ich den Hungertod sterben müßte, wenn ich Djagilew verließ, denn ich war für das Leben nicht reif genug. Das Leben machte mir angst. Jetzt macht mir das Leben keine angst. Ich warte auf Gottes Anweisungen. Ich schreibe lange. Ich glaube, es geht schon auf vier Uhr nachts. Ich weiß, daß die Leute dazu vier Uhr morgens sagen, aber ich gehe nicht schlafen, denn Gott will es nicht. Gott will, daß ich viel schreibe. Er will, daß ich bald nach Paris fahre und diese zwei Bücher herausbringe. Ich habe Befürchtungen wegen ihres Erscheinens, denn ich weiß, was für einen Skandal ich auslösen werde. Ich weiß, daß Gott mir helfen wird, deshalb habe ich keine Angst. Ich kann nicht schreiben, denn meine Hand ist steif geworden. Gott heißt mich schreiben. Ich werde schlafen gehen, wenn er mich anweist, es zu tun. Ich warte auf seine Anweisungen ...

Ich bin nach oben gegangen, als es schon fünf war. Ich ging in die Garderobe und zog mich um. Unterwegs überlegte ich: Wo ist meine Frau? In dem Zimmer, in dem ich schlafen soll, oder in einem anderen? Und ich verspürte ein innerliches Frösteln. Mich fröstelte wie jetzt. Ich kann nicht schreiben, denn mich fröstelt vor Kälte. Ich kann nicht schreiben. Ich korrigiere meine Buchstaben, denn ich fürchte, daß man nicht verstehen wird, was ich schreibe. Ich will sagen, daß ich ins Schlafzimmer gegangen bin und, als ich eintrat, die Kälte gespürt habe, ehe ich etwas sah. Ihr Bett war ohne Kissen und nicht gemacht. Ich ging wieder nach unten, entschlossen, nicht zu schlafen. Ich wollte meine Eindrücke aufschreiben. Ich kann nicht schreiben, denn ich spüre die Kälte in meinem ganzen Körper. Ich bitte Gott, mir zu helfen, denn die Hand tut mir weh und das Schreiben fällt mir schwer. Ich will schön schreiben.

Meine Frau schläft nicht und ich auch nicht. Sie denkt, und ich fühle. Ich habe Angst um sie. Ich weiß nicht, was ich ihr morgen sagen soll. Ich werde mit niemandem sprechen. Ich werde morgen schlafen. Ich will schreiben, aber ich kann nicht. Ich denke. Ich fühle nicht, aber ich weiß, daß Gott es so will. Ich kann vor Kälte nicht schreiben. Meine Finger werden steif. Ich will sagen, daß sie mich nicht liebt. Ich bin bekümmert. Mein Herz ist sorgenschwer. Ich weiß, daß die Menschen sich an ihren Kummer gewöhnen, auch ich werde mich gewöhnen. Ich habe Angst, mich an meinen Kummer zu gewöhnen, denn ich weiß, das wäre der Tod. Ich werde um Verzeihung bitten gehen, denn ich will den Tod nicht. Ich werde sie um Verzeihung bitten, aber sie wird mich nicht verstehen, denn sie wird meinen, daß ich im Unrecht bin. Ich befürchte nicht, im Unrecht zu sein, aber ich befürchte, daß sie den Tod erleiden könnte. Ihr Verstand kühlt aus. Ich friere. Ich kann nicht schreiben. Ich will sagen, daß mir kalt ist. Ich kann nicht schreiben. Meine Finger sind steif geworden. Ich kann nicht schreiben. Ich bedauere mich und sie.

Ich weine. Ich bin kalt. Ich fühle nicht. Ich sterbe. Ich bin nicht Gott. Ich bin ein wildes Tier ...

Ich will schlafen, aber Gott läßt mich nicht. Ich habe das Papier zerkratzt, denn ich empfand mich als wildes Tier. Ich mag das Papier nicht. Ich bin ein Raubtier. Ich bin ein boshafter Mensch. Ich bin nicht Gott, ich bin ein wildes Tier. Es tut mir leid um mich und solche wie mich. Ich bin kein Mensch, sondern ein wildes Tier. Ich weiß, man wird sagen, ich sei boshaft, denn ich schreibe boshafte Dinge. Ich bin boshaft, ich bin boshaft und ein Raubtier. Ich habe spitze Krallen. Ich werde morgen kratzen. Ich fühle Bosheit in mir. Ich meine es mit niemandem böse, aber mit mir meint man es böse. Ich will die Leute nicht bedauern, die es böse mit mir meinen. Ich meine es mit niemandem böse, aber mit mir meint man es böse. Ich kann nicht schön schreiben, denn ich bin böse. Ich schreibe nicht ruhig. Meine Hand ist nervös. Ich bin nervös. Ich bin böse und nervös. Ich kann nicht ruhig sein. Ich will nicht ruhig sein. Ich werde meine Bosheit zeigen. Ich bin ein Schurke. Ich bin böser als irgend jemand auf der Welt. Ich kann meine Bosheit zeigen. Ich habe sie erbost, deshalb hat sie mich verlassen. Ich kann nicht schreiben, denn ich bin böse. Ich bin böse, aber nicht so, wie andere böse sind. Ich bin böse mit Gott. Ich werde morgen nicht spazierengehen. Ich bleibe zu Hause. Ich werde Wein und Bier trinken. Ich werde Fleisch essen. Ich werde lachen. Ich werde mich dumm verhalten. Ich will nicht schön schreiben, denn ich will, daß man mich so liest, wie ich es will. Ich kann nicht weiterschreiben.

Ich bin nachmittags um drei aufgestanden. Ich war schon eher aufgewacht. Ich hörte ein Gespräch, verstand aber nicht, wer sprach. Ich begriff es erst nach geraumer Zeit. Ich erkannte die Stimme ihrer Mutter und deren Mannes. Ich begriff, daß sie da sind. Ich wartete darauf, was Gott mich tun heißen würde. Ich machte nichts, fühlte jedoch Trübseligkeit. In einer halben Stunde begriff ich so viel, wie ein anderer in seinem ganzen Leben nicht begreift. Ich dachte nach. Ich dachte mit Gott. Ich wußte, daß Gott mich liebt, deshalb hatte ich keine Angst zu tun, was er mich tun heißen würde. Ich hatte Angst vor dem Tod. Ich war traurig. Ich war bedrückt. Meine Frau tat mit leid. Sie weinte. Ich litt. Ich wußte, daß Gott mein Leiden wollte. Ich wußte, Gott wollte, daß ich begriff, wie das ist mit dem Tod. Ich begriff es. Ich wartete ab, was Gott mir für eine Anweisung geben würde. Ich wußte nicht, ob ich aufwachen oder liegenbleiben sollte. Ich weiß, daß Gott mir keinen Schmerz zufügen wird. Ich litt seelische Qualen. Mir war nach Weinen. Ich hörte das Schluchzen meiner Frau. Ich hörte das Lachen meiner Frau. Ich hörte die Androhungen der Mutter meiner Frau. Ich weinte tiefinnerlich. Ich betrachtete die Wand und sah Tapeten. Ich betrachtete die Lampe und sah Glas. Ich betrachtete den Raum und sah Leere. Ich weinte. Ich war traurig. Ich wußte nicht, was ich machen sollte. Ich wollte meine Frau trösten, aber Gott hieß mich es nicht tun. Ich wollte lachen, denn ich fühlte Lachen in mir, doch ich begriff die Nähe des Todes und hielt inne. Ich hörte, was man über mich sprach. Ich begriff, daß alle nachdachten. Trübseligkeit überkam mich. Ich wollte sie aufheitern. Ich lag und lag. Ich war traurig. Ich weinte tiefinnerlich. Ich regte mich und hob ein Bein. Ich fühlte einen Nerv in meinem Bein. Ich begann den Nerv zu bewegen. Ich bewegte mit dem Nerv die Zehen. Ich begriff, daß mit dem großen Zeh etwas nicht stimmte, denn da war kein Nerv. Ich erkannte den Tod. Ich bewegte den großen Zeh, und nach ihm bewegten sich die anderen. Ich begriff, daß den anderen Zehen der Nerv fehlte und daß sie durch den Nerv des großen Zehs lebten. Ich weiß, daß viele ihre Füße pflegen. Sie beschneiden ihre Hühneraugen. Ich habe keine Hühneraugen, weil meine Pflege besser gewesen ist. Ich traute den Hühneraugenoperateuren nicht und habe sie selbst abgeschabt. Ich hatte begriffen, daß Abschaben das gleiche bewirkt, mit dem Unterschied, daß ein beschnittenes Hühnerauge schneller nachwächst. Ich beschloß, mit den Hühneraugen Schluß zu machen, weil sie mir keine Ruhe ließen. Ich lebte damals in Venedig. Ich zog die Stiefel aus und lief barfuß oder in Hausschuhen umher. Ich mochte Hausschuhe nicht, trug sie aber aus Gewohnheit. Ich trage jetzt Schuhe, die abgetragen werden müssen. Ich mag keine Stiefel, deshalb trage ich breite Tanzschuhe. Ich begriff in Venedig, wie man seine Hühneraugen loswerden kann, und verfuhr damit so, wie es mir am besten erschien. Nach einiger Zeit merkte ich, daß mein Hühnerauge nicht mehr weh tat, aber groß war, denn ich hatte es wachsen lassen. Ich ließ es, wie es war, und nach einiger Zeit begann ich es mit einem Stein abzuschleifen, der »Meerschaum« genannt wird. Meine Hühneraugen sind verschwunden. Ich habe heute bemerkt, daß ich keine Hühneraugen habe, aber daß meine Zehen kurz sind und keine schöne Form haben. Ich habe bemerkt, daß meine Zehen keine Nerven haben. Ich habe begriffen, daß unser ganzes Leben Degeneration ist. Ich habe begriffen, daß die Leute, wenn sie so weiterleben, ohne Zehen sein werden. Ich habe begriffen, daß der ganze menschliche Organismus degeneriert. Ich habe begriffen, daß die Leute nicht überlegen, was sie tun. Ich weiß, daß die Erde degeneriert, und ich habe begriffen, daß die Leute ihr beim Degenerieren behilflich sind. Ich habe gemerkt, daß die Erde am Erlöschen ist und mit ihr alles Leben erlischt. Ich habe erkannt, daß das Öl, das aus der Erde herausgepumpt wird, der Erde ihre Hitze gibt und die Kohle etwas bereits in der Erde Verbranntes ist. Ich habe erkannt, daß es ohne Brennen kein Leben geben kann. Ich habe erkannt, daß wir die Erdhitze brauchen. Daß die Erdhitze das Leben der Erde ist. Ich habe erkannt, daß die Menschen mit dem Herauspumpen des Öls Mißbrauch treiben. Ich habe erkannt, daß die Menschen den Sinn des Lebens nicht begreifen. Ich weiß, daß es ohne Öl ein schweres Leben ist. Ich weiß, daß die Menschen Kohle brauchen. Ich weiß, daß Edelsteine verbrannte und erstarrte Stoffe sind. Ich weiß, daß das Wasser ein Überrest von Erde und Luft ist. Ich weiß, daß der Mond von Wasser bedeckt ist. Ich weiß, daß die Astronomen Kanäle gesehen haben. Ich verstehe, was es mit den Kanälen auf sich hat. Ich weiß, daß sich Menschen durch Kanäle gerettet haben. Ich will ein Fisch und kein Mensch sein, wenn die Menschen mir nicht helfen. Ich sehe, daß die Erde erlischt. Ich weiß, daß die Erde eine Sonne war. Ich weiß, wie das mit der Sonne ist. Die Sonne ist Feuer. Die Leute glauben, daß das Leben von der Sonne abhängt. Ich weiß, daß das Leben von den Menschen abhängt. Ich weiß, wie das mit dem Leben ist. Ich weiß, wie das mit dem Tod ist.

Die Sonne ist Vernunft. Der Verstand ist eine erloschene Sonne, die zerfällt. Ich weiß, daß Zerfall das Leben vernichtet. Ich weiß, daß die Erde sich mit Zerfall überzieht. Ich weiß, daß die Leute Mißbrauch treiben mit dem Zerfall. Die Wissenschaftler überziehen und überziehen die Erde. Die Erde erstickt, ihr fehlt die Luft. Erdbeben kommen vom Zittern der Erdinnereien. Die Erdinnereien sind die Vernunft. Ich zittere, wenn ich mich nicht verstanden sehe. Ich fühle viel, deshalb lebe ich. In mir erlischt das Feuer nicht. Ich lebe mit Gott. Die Menschen verstehen mich nicht. Ich bin hierhergekommen, um zu helfen. Ich will das irdische »Paradies«. Auf der Erde ist gegenwärtig die »Hölle«. Als Hölle muß man es bezeichnen, wenn die Menschen miteinander im Streit liegen. Ich habe mich gestern mit meiner Frau gestritten, zu ihrer Besserung. Ich war nicht böse. Ich habe sie nicht aus Bosheit böse gemacht, sondern um ihre Liebe zu mir anzufachen. Ich will die Erde und die Menschen anfachen und nicht zum Erlöschen bringen. Die Wissenschaftler bringen die Erde und die Liebe der Menschen zum Erlöschen. Ich weiß, daß es sich in diesem Heft schlecht schreibt, aber ich schreibe, weil es mir leid tut um das Papier. Ich weiß, wenn es den Menschen umeinander leid täte, dann wäre das Leben von längerer Dauer. Ich weiß, viele werden sagen, daß ein langes Leben unwichtig sei, daß »mir meine Lebensdauer reicht«, doch aus diesem Satz spricht der Tod. Die Leute lieben ihre Kinder nicht. Die Leute glauben, daß die Kinder nicht wie sie seien. Die Leute glauben, daß Kinder nötig seien, damit es mehr Soldaten gibt. Die Leute töten ihre Kinder und bedecken die Erde mit Asche. Asche ist schlecht für die Erde. Die Leute sagen, Asche sei gut für die Erde. Ich weiß, daß Erde, die sich mit Asche bedeckt, erstickt. Ich weiß, daß sie das Leben braucht. Ich bin ein Russe, deshalb weiß ich, wie das mit der Erde ist. Ich kann kein Feld beackern, aber ich weiß, daß die Erde von Wärme erfüllt ist. Ohne ihre Wärme wird es kein Brot geben. Die Leute glauben, daß man die Knochen der Gestorbenen verbrennen muß, um den Erdboden zu düngen. Ich meine, daß das schlecht ist, denn die Erde braucht Wärme und nicht Asche. Ich verstehe, daß die Erde Verwesung ist. Ich weiß, daß Verwesung eine gute Sache ist. Ich weiß, daß es ohne Verwesung kein Brot geben kann. Ich weiß, daß Verwesung die Erde überzieht und so die Erdhitze vernichtet. Ich verstehe, daß die Leute glauben, man müsse viel essen. Ich finde, daß Essen eine Gewohnheit ist. Ich weiß, daß der Mensch von Natur sehr stark ist. Ich weiß, daß die Leute ihn schwach machen, denn sie kümmern sich nicht um sein Leben. Ich weiß, daß die Menschen leben müssen, deshalb will ich den Wissenschaftlern etwas erklären. Ich weiß, viele Wissenschaftler werden lachen, doch ich weiß, was von diesem Lachen zu halten ist. Ich will kein Lachen. Ich will Liebe. Liebe ist Leben, und Lachen ist der Tod. Ich lache gern, wenn Gott es will. Ich weiß, viele werden sagen: »Wieso spricht Nijinsky eigentlich dauernd von Gott? Er hat den Verstand verloren. Wir wissen, daß er ein Tänzer ist und sonst nichts.« Ich verstehe all diesen Spott. Über Spott ärgere ich mich nicht. Ich weine und weine.

Ich weiß, viele werden sagen, Nijinsky sei ein weinerlicher Kerl. Ich weiß, was ein weinerlicher Kerl ist. Ich bin kein weinerlicher Kerl. Ich bin kein Sterbender. Ich bin voll

Leben, und darum leide ich. Bei mir fließen die Tränen selten. Ich weine tiefinnerlich. Ich weiß, was ein weinerlicher Kerl ist. Weinerlich sein heißt schwache Nerven haben. Ich weiß, wie das ist mit den Nerven, denn ich war nervös ...

Ich habe das Licht gelöscht, denn ich wollte sparen. Ich habe den Sinn des Sparens begriffen. Mir tut es nicht um das Geld leid, sondern um die Energie. Ich habe begriffen, daß es ohne Energie kein Leben geben kann. Ich habe begriffen, was es bedeutet, wenn die Erde erlischt, deshalb will ich den Menschen die Idee nahebringen, wie man ohne Kohle Elektrizität gewinnen kann. Kohle ist für die Erdhitze notwendig, deshalb will ich die Kohle nicht aus der Erde herausholen.

Ich will das mit der Kohle an Beispielen erläutern. Die Menschen graben und graben nach Kohle. Die Menschen ersticken fast an der Kohle. Die Menschen haben ein schweres Leben, weil sie nicht begreifen, wie das mit der Kohle ist. Ich weiß, wie das mit der Kohle ist. Kohle ist Brennstoff. Ich weiß, daß die Menschen Mißbrauch mit der Kohle treiben. Ich weiß, daß das Leben kurz ist, deshalb will ich den Menschen helfen. Ich schreibe nicht zum Spaß. Ich will den Menschen helfen, Leben und Tod zu verstehen. Ich liebe das Leben. Ich liebe den Tod. Ich habe keine Angst vor dem Tod. Ich weiß, daß der Tod dort gut ist, wo Gott ihn will. Ich weiß, daß der Tod schlimm ist, wo es Gott nicht gibt. Ich verstehe die Leute, die sich erschießen wollen. Ich weiß, daß der Vater meiner Frau sich erschossen hat. Er hat sehr viel studiert. Er ist nervös geworden, weil sein Gehirn überanstrengt war. Ich studiere nicht viel. Ich studiere nur, was Gott mich studieren heißt. Gott will nicht, daß die Menschen viel studieren. Gott will das Glück der Menschen ...

Ich will über die Kohle sprechen. Ich verstehe, wie das mit der Kohle ist. Die Kohle ist eine Brennstoffquelle. Brennstoff ist eine Lebensquelle. Ich verstehe die Leute, die sagen, daß man ohne Brennstoff erfrieren kann. Ich verstehe, daß Brennstoff eine notwendige Sache ist. Ich verstehe, daß man Brennstoff einsparen kann. Ich weiß, daß Bäume eine notwendige Sache sind, daß man sie schonen muß, statt sie zu fällen und zu fällen. Die Leute treiben Mißbrauch mit Brennstoff. Die Leute glauben, daß man viele Dinge besitzen müsse, denn je mehr man besitze, desto glücklicher sei man. Ich weiß, je weniger man besitzt, desto ruhiger ist man innerlich. Ich kann nicht schreiben, denn mein Brennstoff hat meine Frau angezogen. Ich liebe sie. Sie hat gelesen, was ich geschrieben habe, und hat mich begriffen. Ich habe ihr gesagt, sie solle mich nicht beim Schreiben stören, und sie ist gegangen, ohne es sich zu Herzen zu nehmen. Sie fühlt heute mehr. Ich bin glücklich, denn ich hoffe auf ihre Besserung. Die Mutter meiner Frau hat sich beruhigt, denn sie hat gesehen, daß ich meine Frau liebe.

Brennstoff ist eine notwendige Sache, deshalb muß man sparsam damit umgehen. Ich werde Brennstoff sparen, denn ich weiß, daß das Leben dadurch verlängert wird. Ich will die Leute nicht, die denken, daß »mir meine Lebensdauer reicht«. Ich liebe den Egoismus nicht. Ich liebe alle. Ich will wenig essen, denn ich habe es nicht nötig, mir den Magen vollzustopfen. Ich will ein einfaches Leben führen. Ich will lieben, denn ich will das Glück aller. Ich werde der glücklichste Mensch sein, wenn ich erfahre, daß alle miteinander teilen. Ich werde der glücklichste Mensch sein, wenn ich spiele und tanze usw. usf., ohne mit Geld oder irgendwie sonst bezahlt zu werden. Ich will Menschenliebe. Ich will den Tod nicht. Ich fürchte Leute mit Verstand. Sie riechen nach Kälte. Ich friere, wenn ich neben mir einen Menschen mit Verstand weiß. Ich fürchte Leute mit Verstand, weil sie nach Tod riechen. Ich schreibe nicht, um mit meinem Verstand zu glänzen. Ich schreibe, um Erklärungen zu geben. Ich will nichts für dieses Buch haben. Ich will den Menschen helfen. Ich prahle nicht mit meinem Buch, denn ich kann nicht schreiben. Ich will nicht, daß meine Bücher verkauft werden. Ich will eine kostenlose Veröffentlichung. Ich weiß, daß es heutzutage schwierig ist, etwas ohne Geld zu veröffentlichen. Ich weiß, daß die Menschen im Begriff sind auszusterben. Ich weiß, daß man mich verstehen wird, wenn dieses Buch gut gedruckt erscheint, deshalb werde ich es gegen Bezahlung herausbringen. Ich habe wenig Zeit aufs Schreiben verwendet, aber meine Frau will Geld, denn sie ist in Lebensangst. Ich habe keine Angst, aber ich habe nicht das Recht, meine Frau ohne Unterstützung zu lassen.

Ich will über die Mutter meiner Frau, Emma, und über ihren Mann Oszkár sprechen.

Es sind gute Menschen. Ich mag sie, aber wie alle haben sie Fehler. Ich will ihre Fehler beschreiben, damit sie sie lesen können. Ich hoffe auf ihre Besserung. Ich weiß, daß sie nach mir sehen werden, deshalb schreibe ich, damit sie mich bei der Arbeit antreffen. Ich mag es, bei der Arbeit angetroffen zu werden. Ich will Arbeit. Ich mag Menschen, die arbeiten. Emma und Oszkár sind müde von der langen Fahrt. Sie glauben, ich sei geisteskrank, konnten aber das Gegenteil fühlen. Oszkár sieht, daß ich etwas von Politik verstehe, deshalb zeigt er Interesse an mir. Er liebt Politik und Geldgeschäfte. Ich mag weder das eine noch das andere. Ich will den Leuten an einem Beispiel meine Gespräche mit Oszkár verdeutlichen. Ich mag ihn, doch er denkt viel. Er hat Angst, sich die Hämorrhoiden wegoperieren zu lassen, denn er ist ängstlich. Ich weiß, man wird mir sagen, er sei ängstlich, weil er ein Jude ist.

Ich will sagen, daß ängstlich zu sein kein Laster ist. Die Ängstlichen sind gute Menschen. Ich mag die Juden, denn sie sind ängstlich. Ich kenne viele Leute, die zeigen wollen, daß sie nicht ängstlich sind. Ich weiß, daß sie sich verstellen. Ich mag kein Verstellen. Ich mag Leute, die sich nicht verstellen. Ich weiß, die Leute werden sagen, daß Ängstlichkeit ein schwacher Charakterzug sei. Darauf sage ich, daß Ängstlichkeit kein schwacher Charakterzug ist, sondern eine nervöse Gewohnheit. Ich weiß, die Leute werden sagen, ich wisse nicht, wie das mit der Angst sei, weil ich nicht im Krieg gewesen sei. Darauf sage ich, daß ich im Krieg gewesen bin, denn ich habe Krieg auf Leben und Tod geführt. Ich habe nicht im Schützengraben Krieg geführt, sondern zu Hause. Ich habe Krieg geführt mit der Mutter meiner Frau, als ich in Ungarn interniert war. Ich weiß, viele werden sagen, ich hätte ein gutes Leben gehabt, weil ich im Hause der Mutter meiner Frau wohnen konnte. Ich lebte gut. Ich hatte alles. Ich mußte nicht hungern, aber ich litt seelisch. Ich mochte die Mutter meiner Frau nicht. Ich blieb gern allein. Ich arbeitete an einem Notationssystem, denn ich hatte nichts weiter zu tun. Ich war trübselig. Ich weinte. Ich wußte, daß mich niemand liebte. Die Mutter meiner Frau tat so, als liebe sie mich. Ich fühlte und erklärte es ihr, so gut ich konnte. Sie verstand mich nicht, denn sie meinte, ich sei böse. Ich war nicht böse. Ich war ein Märtyrer. Ich weinte, weil meine Frau mich nicht verstand. Oszkár verstand mich nicht. Er hatte ein Gefühl fürs Geld, denn es fiel ihnen schwer, für unsere Ernährung aufzukommen. Ich fühlte, daß es der Mutter meiner Frau zukam, mich unentgeltlich zu verpflegen, denn ich war ihr Verwandter. Ich wußte, daß es zwischen Verwandten keine Liebe gibt, deshalb beschloß ich, den Gekränkten zu spielen. Sie verstand mich nicht. Sie glaubte, ich sei arm, und befürchtete deshalb, ich könnte ihr Kosten verursachen. Sie liebte das Geld, aber sie wußte nicht, was es damit auf sich hat. Ich wußte es und tat deshalb so, als sei Geld eine unwichtige Angelegenheit. Ich hatte schon als Kind gewußt, wie das mit dem Geld ist. Meine Mutter gab mir fünfzig Kopeken pro Woche, damit ich mir etwas kaufte, denn sie hatte Geld durch Zimmervermieten. Meine Mutter vermietete Zimmer, und dadurch hatten wir zu essen. Ich aß viel, denn ich hatte immer Hunger. Ich verstand nicht, daß man wenig essen muß. Ich aß wie ein Großer, obwohl ich zwölf war. Ich lebte bei der Mutter meiner Frau und aß viel. Ich verstand nicht, wie das ist mit der Ernährung, deshalb überaß ich mich. Das Essen war sehr teuer, denn es herrschte Krieg. Die Mutter meiner Frau, Emma, war eine nervöse Frau. Sie liebte mich wegen meines Erfolgs beim Publikum. Ihr gefielen meine Tänze. Ich mochte das Tanzen nicht, denn es machte mich trübselig. Meine Trübsal nahm kein Ende. Ich verstand nicht, daß man überall leben kann. Ich arbeitete an einem Tanzsystem, und unter dem Tisch pißten und schissen die Katzen. Ich mochte die Katzen ihres Drecks wegen nicht. Ich mochte keinen Dreck. Ich verstand nicht, daß nicht die Katzen schissen, sondern die Menschen. Die Menschen mochten die Katzen nicht, deshalb kümmerten sie sich nicht um sie. Ich kümmerte mich um mein Notationssystem. Ich wollte alles andere vergessen, deshalb ging ich daran, meinen *Faun* nach meinem Notationssystem aufzuzeichnen. Dieses Aufzeichnen war langwierig. Ich brauchte an die zwei Monate dafür. Dieses Ballett hatte eine Länge von zehn Minuten. Ich begriff meine Verirrung und gab es auf. Ich verfiel wieder in Trübsal. Ich war untröstlich. Ich weinte, weil ich alles so trübselig fand. Die Lebenssehnsucht machte mich so trübselig, doch das begriff ich nicht. Ich las Tolstoi. Ich fand Erholung bei der Lektüre, aber ich verstand nicht, wie das mit dem Leben war. Ich lebte in den Tag hinein. Ich machte Tanztraining. Ich begann meine Muskeln zu entwickeln. Meine Muskeln wurden kräftig, aber mit dem Tanzen ging es schlecht. Ich fühlte den Tod meines Tanzens, deshalb wurde ich nervös. Ich war nervös, und die Mutter meiner Frau war es auch. Wir waren beide nervös. Ich mochte sie nicht, deshalb mäkelte ich an jeder Kleinigkeit herum. Ich mochte die Kleinigkeiten nicht, aber ich mäkelte, weil ich nichts mit mir anzufangen wußte. Ich lebte in den Tag hinein. Meine Frau war bedrückt. Da verfielen wir auf die Idee, zuchtlose Dinge zu treiben. Ich kaufte Bücher, die jetzt in einem Koffer im Wiener Hotel Bristol liegen. Diese Bücher kaufte ich zur sinnlichen Erregung. Ich suchte die Lust meiner Frau zu erregen. Sie wollte nicht. Ich hielt sie dazu an. Die Lust ergriff sie, und wir gaben uns unserer zuchtlosen Wollust hin. Ich war ein Lüstling. Ich weiß, daß viele lasterhafte Neigungen haben. Doktor Fränkel hat sie auch, denn er zeigte mir in einem Buch japanische Stiche. Dieses Buch war voller unzüchtiger Bilder. Er lächelte, als ich mein Gefallen äußerte. Mir wollte das Herz zerspringen beim Anblick dieser Abscheulichkeiten, aber ich zeigte es nicht. Ich hatte begriffen, daß die Leute mich nicht verstehen würden, wenn ich ihr Tun nicht guthieß. Ich hatte beschlossen, mich zu verstellen. Ich verstellte mich, und man verstand mich. Ich will mich nicht verstellen, aber Gott will es, denn er hat mich für seine Zwecke auserwählt. Ich gehorche ihm, aber manchmal habe ich Angst, eine Kneipe oder eine Wohnung zu betreten, denn ich denke, Gott will das nicht. Einmal ging ich an einer Kneipe vorbei, in die ich nach Gottes Willen eintreten sollte, doch ich fühlte Müdigkeit im Körper und den Tod der Vernunft. Ich erschrak und wollte schnell hinein, aber Gott meinte es gut mit mir und hielt mich zurück. Ich weiß, viele werden sagen: »Wovon spricht Nijinsky da? Er erzählt ständig, Gott würde ihn dies und jenes tun heißen, dabei tut er selbst gar nichts.« Ich verstehe die Leute, es ist traurig für mich, das einzugestehen, aber ich muß sagen, das stimmt. Ich bin kein Mensch mehr, sondern Gott. Ich bin kein gewöhnlicher Mensch. Ich bin Gott. Ich liebe Gott, und er hat mich liebgewonnen. Ich will, daß alle so sind wie ich. Ich treibe keinen Spiritismus. Ich bin ein Mensch in Gott und nicht im spiritistischen Zustand. Ich bin kein Medium. Ich bin Gott. Ich bin ein Mensch in Gott. Ich habe Angst vor Vollkommenheit, denn ich will, daß man mich versteht. Ich opfere mich auf, denn ich lebe nicht wie alle. Ich arbeite von früh bis spät. Ich liebe das Arbeiten. Ich will, daß alle so arbeiten wie ich. Ich will von meinem Leben in Budapest während des Krieges erzählen. Ich habe lange im Hause der Mutter meiner Frau gelebt. Ich wußte nicht, was tun. Ich war trübselig. Ich fühlte Kraft in mir, als ich erfuhr, daß ich meine Freiheit wiederbekam, und beschloß, dem Hause der Mutter meiner Frau zu entfliehen. Ich floh mit Frau und Kind in ein Hotel, denn ich hatte Geld erhalten. Ich war nicht böse auf die Mutter meiner Frau. Ich mochte sie, denn ich hatte erkannt, daß sie es schwer hatte. Die Mutter meiner Frau erkannte ihr Fehlverhalten und kam ins Hotel gelaufen, um uns mit Bitten umzustimmen. Wir gaben nicht nach, denn wir wußten, daß wir bald wegfahren würden. Ich verabschiedete mich von der Mutter meiner Frau und dankte ihr für die Beherbergung. Ich mochte sie, aber Oszkár mochte ich nicht. Oszkár war ein Mensch ohne Taktgefühl, deshalb verkündete er seine Ansichten lauthals. Ich fühlte mich gekränkt und hätte mich fast mit ihm in die Haare gekriegt, aber meine Frau hielt mich zurück, und die Mutter meiner Frau tat das gleiche mit Oszkár. So mußten wir einhalten, aber wir knirschten mit den Zähnen. Durch die Politik waren wir aneinandergeraten. Oszkár hatte gesagt, Rußland sei im Unrecht, und ich hatte gesagt, Rußland sei im Recht. Ich suchte den Streit, um Oszkár aus der Ruhe zu bringen. Ich weiß, viele werden nicht glauben, was ich schreibe, aber das ist mir egal, denn ich weiß, viele werden erfühlen, daß ich recht gehabt habe. Ich redete nicht mehr mit Oszkár und fuhr ab, ohne mich von ihm zu verabschieden. Ich wußte, daß das nicht richtig von mir war, aber ich machte alles mit Absicht, denn sie, das heißt die Mutter meiner Frau und Oszkár, sollten begreifen, daß man nicht geizig sein darf. Es traf sie unvorbereitet. Sie dachten viel nach und besannen sich eines anderen. Sie wußten, daß ich sie nicht mochte. Ich schrieb in amerikanischen Zeitungen über das barbarische Verhalten der Mutter meiner Frau. Sie lasen es, und offenbar hat sie das verändert, denn sie knauserten nicht mehr mit dem Geld. Ich habe ihnen ihren Geiz nicht vorgehalten. Sie verstanden mich, weil ich gut schrieb. Ich verstellte mich, denn ich meinte es gut mit ihnen. Ich mochte sie, aber ich mußte spielen, deshalb fühlte ich Wut in mir. Diese Wut war vorgetäuscht. Ich mochte beide. Romolas Mutter war eine schwierige Frau. Sie hatte ihre Gewohnheiten. Sie ohrfeigte die Hausangestellten. Ich mochte das nicht, deshalb zeigte ich ihr die Zähne. Das machte sie noch wütender. Die Mutter meiner Frau mochte es nicht, daß ihr Mann den Hausangestellten Blicke zuwarf, und wenn er es machte, gab sie ihnen Ohrfeigen. Ich verstand den Grund nicht, denn ich dachte nicht darüber nach, aber ich fühlte, daß sie es aus Eifersucht tat. Mir taten die Hausangestellten und Oszkár leid, denn ich sah, daß er ihnen aus Neugier Blicke zuwarf. Ich habe seine Neugier gesehen, deshalb nehme ich ihn in Schutz. Ich dachte, er mache den Dienstmädchen den Hof, aber dann erkannte ich, daß das alles Erfindungen der launischen Emma waren. Emma war eine schreckliche Frau, denn sie machte Oszkár das Leben sauer. Oszkár liebte sie und ließ nichts auf sie kommen. Ich sah, daß er tiefinnerlich weinte, und er tat mir leid. Ich sagte nichts zu ihm, denn ich dachte, er würde mich nicht verstehen. Jetzt verstehe ich ihn und hoffe auf seine Zuneigung. Ich werde ihm ein paar von meinen Zeichnungen geben, denn ich sehe, daß er sie mag. Ich werde meine Zeichnungen nicht signieren, denn ich weiß, daß mir keiner nachmachen kann, was ich mache. Ich habe heute Oszkár gesagt, daß es mir widerstrebt, meine Zeichnungen zu signieren, denn ich weiß, daß mir keiner nachmacht, was ich mache. Ich weiß, daß alle Welt gute Zeichnungen zustande bringt, aber ich weiß, daß Gott Wiederholungen nicht mag. Ich weiß, daß man mich kopieren wird, aber Kopieren ist nicht das Leben. Kopieren ist der Tod. Ich weiß, viele werden sagen, daß auch Raffael und Andrea del Sarto Kopien angefertigt haben und daß Andrea del Sarto die *Gioconda* so gut kopiert hat, daß nicht herauszufinden ist, ob das Leonardo da Vinci oder Andrea del Sarto gemalt hat. Ich mag kein Kopieren, deshalb will ich nicht, daß man mich kopiert. Meine Zeichnungen sind sehr schlicht und lassen sich sehr leicht kopieren. Ich weiß, daß es viele Kopierer geben wird, aber ich werde alles mir Mögliche tun, damit man mich nicht kopiert. Die Kopierer erinnern mich an Affen, denn der Affe kopiert die menschlichen Bewegungen. Der Affe kopiert, weil er nicht versteht. Er ist ein dummes Tier. Ich weiß, viele werden sagen, daß Raffael nicht dumm war und trotzdem kopiert hat. Darauf muß ich sagen, daß Raffael kopiert hat, weil er es für seine Technik brauchte. Ich mag Technik, aber das Kopieren mag ich nicht ...

Ich weiß, was mein Füller nötig hat, denn ich habe bemerkt, daß mein Finger vom Aufdrücken ermüdet. An meinem dritten Finger hat sich vom Aufdrücken eine Delle gebildet. Ich weiß, daß mein Finger eine unschöne Form annehmen wird, deshalb werde ich an der Vervollkommnung des Füllers arbeiten. Ich weiß schon, was zur Vervollkommnung des Füllers notwendig ist. Ich habe gemerkt, daß mein Füller oben aufgeht, deshalb tritt Tinte aus, wenn ich ihn nicht fest genug zudrehe. Ich weiß, daß der Füller durch das feste Zudrehen strapaziert wird und deshalb schnell kaputtgeht. Ich habe auch gemerkt, daß es nicht gut ist, den Füller vorn aufzumachen, denn wenn dieses Teil zu Boden fällt, ist die Feder hin. Die Feder ist aus Gold und deshalb sehr teuer. Ich habe bemerkt, daß das Gold der Feder schlecht ist, denn ich schreibe höchstens zwei Wochen, und die Feder hat sich schon verformt. Es stimmt, ich schreibe viel. Aber ich weiß, daß viele Leute viel schreiben, deshalb will ich den Fehler des Füllers erklären. Ich durchschaue den Betrug mit Waterman's Ideal Fountain-Pen. Ich weiß, daß diese Fabrik einen guten Ruf hat. Ich weiß, daß dieser Ruf von ihrer Anfangszeit herrührt, denn sie hatte zur Reklame Millionen guter Füller hergestellt. Ich weiß, daß er jetzt reich werden will und deshalb schlechte Füller herstellt in der Hoffnung, daß keiner den Betrug merkt. Ich schreibe deswegen über den Füller, weil ich den Menschen zu verstehen geben will, daß man andere nicht betrügen darf. Ich weiß, daß diese Fabrik mir den Prozeß machen wird. Ich weiß, daß sie gute Füller vorweisen und behaupten werden, diese Füller seien Fälschungen. Ich weiß, daß sie sich die besten Anwälte zu ihrer Verteidigung nehmen und Bestechungsgelder zahlen werden, weil sie nicht wollen, daß man den Betrug merkt. Ich werde verurteilt werden, aber ich werde im Recht sein. Ich hoffe, daß ich Beistand finden werde. Ich werde diesen Füller verstecken, für den Fall, daß man mich vor Gericht stellt. Ich habe keine Angst vor dem Prozeß, aber meine Frau hat Angst, denn sie glaubt, daß man mir Böses antun will. Ich weiß, daß man mich ins Gefängnis stecken wird, denn die Fabrik hat viele Aktionäre. Ich weiß, wer diese Aktionäre sind, deshalb will ich über sie schreiben. Ich mag das Aktionärswesen nicht, denn ich weiß, daß die Aktionäre reiche Leute sind. Ich fände es besser, wenn die Aktionäre arm wären. Ich weiß, wenn die Aktionäre arme Leute sind, dann wird es keine Kriege geben. Krieg ist Aktionärswesen. Lloyd George ist Aktionärsvertreter in England. Wilson mag keine Trusts. Er hat seine Ansicht wiederholt geäußert, aber man hört nicht auf ihn. Ich möchte Wilson helfen. Ich werde alles tun, um Wilson zu helfen. Wilson ist ein Mensch und kein Raubtier. Das Aktionärswesen ist etwas Raubtierhaftes. Ich weiß, man wird mir sagen, daß alle Aktionäre sind, denn alle kaufen. Darauf sage ich, daß alle kaufen, weil es keine andere Möglichkeit gibt. Ich weiß, wenn eine andere Möglichkeit gefunden wird, wird es kein Aktionärswesen mehr geben. Ich will allen Menschen helfen, die mich um Hilfe bitten. Ich mag keine Bitten, aber ich will, daß die Menschen wissen, daß ich ihnen helfen will.

Ich will einen Rahmen für Oszkárs Photo bestellen, denn ich will ihm meine Zuneigung zeigen. Er hat gesehen, daß ich von ihm kein Photo habe. Ich will ihm zeigen, daß alle gleich sind. Ich will ihm zeigen, daß ich kein nervöser Mensch bin. Ich weiß, daß alle nervös sind, weil sie Tee und Kaffee trinken. Ich mag Tee und Kaffee nicht, denn in diesen Getränken ist kein Leben. Die Leute meinen, Trinken müsse sein, weil man es ihnen eingeredet hat. Ich weiß, wie das ist mit dem Tee und dem Kaffee. Ich trinke beides nicht, weil ich als nervöser Mensch gelte. Ich habe ihnen heute früh meinen Nerv gezeigt. Alle haben einen Schreck bekommen. Ich habe plötzlich losgesungen wie Schaljapin*, mit Baßstimme. Ich mag Schaljapin, denn er fühlt Gesang und Spiel. Man behindert ihn in seiner Entwicklung, denn man bittet ihn, Dinge zu spielen, die er nicht mag. Ich weiß, daß er in Bühnenwerken spielen kann, die er nicht mag. Er will zeigen, daß er ein großer Künstler ist und alle Rollen gut spielen kann. Ich weiß, daß ihm seine Qualen fast das Herz brechen. Er ist ein Trinker, denn man hat ihn zum Trinken verleitet. Ich kenne Teetrinker. Ich kenne Kaffeetrinker. Ich kenne die Zigarren- und Papirossy-Sucht. Ich kenne alle Arten von Trunksucht, denn ich habe damit meine Erfahrungen gemacht. Ich weiß, man wird mir sagen, daß ich auch ein Trinker sei, weil ich Milch trinke. Darauf antworte ich, daß Milch keine aufputschenden Stoffe enthält. Ich weiß, daß die Doktoren das Trinken und Rauchen untersagen, aber sie tun selbst, was sie untersagen, deshalb versteht der Kranke sie nicht. Ich weiß, daß alle auf mich böse sein werden, weil ich mich in meinem Tun nicht danach richte, wie es die anderen haben wollen, deshalb werde ich alles

* Fjodor Iwanowitsch Schaljapin (1873-1938), gilt als der größte russische Bühnensänger, wurde durch seine schauspielerisch überragenden Interpretationen weltbekannt; lebte seit 1922 im Ausland.

so tun wie die anderen. Ich werde weinen, aber ich werde es tun, denn ich will, daß alle ihre Gewohnheiten aufgeben. Ich weiß, viele werden sagen, daß ich mir einen falschen Anschein gebe. Daß man selbst erst einmal von etwas lassen muß, bevor man es von anderen verlangt. Ich verstehe alle diese Bemerkungen. Ich werde weinen, aber ich werde alles so tun wie die anderen, denn ich will, daß die Leute sich um mich kümmern. Ich bin kein Egoist. Ich bin ein Mensch der Liebe, deshalb werde ich alles für die anderen tun. Ich will, daß man sich um mich kümmert. Ich weiß, daß die Menschen mich verstehen werden. Ich weiß, daß die Menschen meine Frau und mein Kind lieben werden, aber ich will allumfassende Liebe. Ich will, daß die Menschen einander lieben. Ich will über die Kriege schreiben. Ich will über den Tod schreiben, denn ich habe erfühlt, wie das ist mit dem Tod. Ich weiß, daß die Leute den Tod lieben, denn sie sagen, ihnen sei »alles egal«. Ich werde im Theater Sachen spielen, die das Publikum aufreizen, denn ich weiß, daß die Leute für Aufreizungen zu haben sind, aber bei diesem Aufreizen werde ich sie Liebe fühlen lassen. Ich will, daß die Leute am geistigen Tod keinen Gefallen finden. Ich will nicht, daß die Leute den gottgegebenen Tod fürchten. Ich bin Natur. Ich bin Gott in der Natur. Ich bin das Herz Gottes. Ich bin kein Glas im Herzen. Ich mag keine Leute mit gläsernen Herzen. Ich habe einen Fehler gemacht, als ich »Herz« schrieb, aber ich habe ihn jetzt verbessert, denn ich bin für das Verbessern. Ich will, daß die Menschen sich bessern. Ich will nicht den Tod des Geistes. Ich bin die Taube. Ich weiß, was die Leute denken, wenn sie Ikonen betrachten und die Taube sehen. Ich weiß, daß die Leute die Kirche nicht verstehen und aus Gewohnheit hingehen, denn sie fürchten Gott. Gott ist nicht in den Ikonen. Gott ist in der Seele des Menschen. Ich bin Gott. Ich bin der Geist. Ich bin alles. Ich weiß, viele werden sagen, daß »Nijinsky den Verstand verloren hat, denn er ist Tänzer und Komödiant«. Ich weiß, daß die Menschen mich als Menschen liebgewinnen werden, wenn sie sehen, wie es um mein häusliches Leben bestellt ist. Ich weiß, daß alle sich scheuen, mich zu stören, weil sie meinen, daß ich mich stören lasse. Ich bin ein Mensch, der sich nicht stören läßt. Ich bin ein Mensch der Liebe. Ich liebe den Muschik. Ich liebe den Zaren. Ich liebe alle. Ich mache keine Unterschiede. Ich bin kein Parteimensch. Ich bin die Liebe Gottes. Ich kenne die Fehler meiner Frau, deshalb will ich ihr helfen, sich zu bessern. Ich weiß, viele werden sagen, daß »Nijinsky seine Frau und alle Welt tyrannisiert, denn er schreibt Unwahrheiten«. Mir werden die Leute leid tun, daß sie sich so irren. Ich werde schluchzen wie Christus auf dem Berge Sinai. Ich bin nicht Christus. Ich bin Nijinsky. Ich bin ein einfacher Mensch. Ich habe schlechte Gewohnheiten, aber ich will sie ändern. Ich will, daß die Leute mich auf meine Fehler hinweisen, denn ich will, daß man sich um mich kümmert. Ich werde mich um die anderen kümmern, und ebenso werden sich alle um mich kümmern. Ich will ein liebevolles, kein boshaftes Kümmern. Ich will keine Nachsicht. Ich bin keine Nachsicht. Ich bin Liebe. Ich will von Liebe sprechen. Ich werde von Liebe sprechen. Ich weiß, daß Gott mir helfen wird, denn ich verstehe ihn. Ich weiß, daß ich ein Mensch mit Fehlern bin. Ich weiß, daß alle Fehler haben. Ich weiß, daß Gott allen helfen will. Ich weiß es, denn ich fühle Gott. Ich weiß, wenn alle mich fühlen lernen, wird Gott allen helfen. Ich kenne mich mit den Menschen aus. Mir braucht keiner von sich zu erzählen, denn ich verstehe alles wortlos. Ich weiß, daß man mir sagen wird: »Wie können Sie mich kennen, wenn Sie mich gar nicht gesehen haben?« Darauf sage ich, daß ich den Betreffenden kennen kann, denn ich fühle mit der Vernunft. Meine Vernunft ist so entwickelt, daß ich die Leute wortlos verstehe. Ich sehe ihr Tun und verstehe alles. Ich verstehe alles. Ich kann alles tun. Ich bin ein Muschik. Ich bin ein Fabrikarbeiter. Ich bin ein Diener. Ich bin ein Herr. Ich bin ein Aristokrat. Ich bin der Zar. Ich bin der Imperator. Ich bin Gott. Ich bin Gott. Ich bin Gott. Ich bin alles. Ich bin das Leben. Ich bin die Unendlichkeit. Ich werde immer und überall sein. Mich kann man umbringen wollen, und trotzdem werde ich leben, denn ich bin alles. Ich will ein unendliches Leben. Ich will den Tod nicht. Ich werde über den Tod schreiben, damit die Leute ihre Fehler merken und sie korrigieren. Ich sage, daß ich auch Fehler habe. Ich bin kein Komödiant. Ich bin ein Mensch mit Fehlern. Kommt und nehmt mich in Augenschein, und ihr werdet verstehen, daß ich ein Mensch mit Fehlern bin. Ich will Fehler, denn ich will den Menschen helfen. Ich werde dann fehlerlos sein, wenn die Menschen mir helfen. Ich will Menschen, deshalb steht meine Tür stets offen. Meine Schränke und Koffer stehen ebenfalls offen. Wenn Sie meine Tür verschlossen finden, so klingeln Sie, und ich werde aufmachen, wenn ich zu Hause bin. Ich liebe meine Frau und meine es gut mit ihr, aber sie versteht mich noch nicht, deshalb weist sie die Hausangestellten an, die Tür zu schließen. Ich weiß, daß es meine Frau nervös machen wird, wenn sie merkt, daß das Publikum in mein Haus drängt, deshalb bitte ich alle, zu Hause zu bleiben und mich zu erwarten. Ich werde kommen, wohin man mich ruft. Ich werde dasein, ohne dort zu sein. Ich bin der Geist in jedem Menschen. Ich bin Nijinsky. Ich werde gehen, wenn Gott mir die Anweisung gibt, aber ich werde nicht gehen, wenn man mich auffordert: »Komm zu mir.« Ich werde die Leute anhören, aber ich werde nicht zu ihnen gehen, denn ich will keine Empörungen. Ich mag keine Parteien, und darum will ich keine Gruppierungen. Ich will, daß alle bei ihren Frauen und Kindern bleiben. Ich will keine Empörungen. Ich mag den Tod nicht. Ich will das Leben. Ich will, daß die Menschen mich fühlen. Ich liebe Gott. Ich liebe das Leben. Ich liebe alle und tue alles für die anderen. Ich mag keine Bettelei. Ich mag alle diese Armenvereine nicht. Für mich sind alle arm. Ich mag keine Geldspenden. Ich werde geistige Hilfe leisten. Ich will geistige und nicht körperliche Liebe. Ich liebe den Körper, denn er ist nötig für den Geist, und darum werde ich wenig essen. Ich will nicht, daß gehungert wird. Ich will nicht, daß die Leute aus Gewohnheit viel essen. Ich mag kein Fleisch, denn ich liebe die Tiere. Ich weine, wenn ich Leute Fleisch essen sehe. Ich ersticke fast, wenn man mir Fleisch gibt. Ich esse welches, weil ich will, daß man mich versteht. Ich weiß, viele werden sagen, daß sie Fleisch essen, weil sie wollen, daß man sie versteht. Ich verstehe, was es mit diesen Worten auf sich hat. Ich will nicht, daß man andere zwingt, meine Bücher zu lesen. Ich will, daß man andere anregt, meine Bücher zu lesen und zu meinen Darbietungen ins Theater zu gehen. Ich will ein unentgeltliches Theater. Ich weiß, daß man heute nichts ohne Geld tun kann, deshalb werde ich viel dafür arbeiten, daß mich alle unentgeltlich sehen können. Ich werde viel für Geld arbeiten, denn ich muß den Leuten zeigen, daß ich reich bin und nicht arm. Heutzutage glauben die Menschen, wer kein Geld hat, der sei dumm und faul, deshalb werde ich, tiefinnerlich weinend, Geld anhäufen und danach den Leuten zeigen, was ich für ein Mensch bin. Ich will diese zwei Bücher herausbringen, damit die Leute mein Tun begreifen. Ich will allein arbeiten, denn so komme ich schneller zu Geld. Ich will reich werden. Ich werde an der Börse spielen. Ich werde alles tun, um reich zu sein, denn ich verstehe die Bedeutung des Geldes. Ich werde mit Oszkár nach Zürich fahren und dort an der Börse spielen. Ich werde Papiere kaufen, die ich für gut befinde. Ich weiß, daß Oszkár einen Schreck bekommen wird, denn er wird glauben, daß ich verliere. Ich weiß, daß er betteln wird, ihm mein Vorgehen zu erklären, aber ich werde es ihm nicht erklären, denn er versteht die Bedeutung des Geldes nicht. Rockefeller ist ein guter Mensch, denn er gibt anderen Geld, aber er versteht den Wert des Geldes nicht, denn er gibt Geld für die Wissenschaft. Ich werde mein Geld für die Liebe geben. Für das göttliche Gefühl in den Menschen. Ich werde ein Theater kaufen und unentgeltlich spielen. Wer zahlen will, wird Schlange stehen, bis er dran ist. Diejenigen, die nicht zahlen wollen, werden aus Liebe eine Schlange bilden. Ich will eine Liebesschlange. Ich werde Ungerechtigkeiten erkennen, denn ich bin scharfsichtig. Ich werde mich nicht täuschen und den Betreffenden bitten, das Theater zu verlassen. Ich werde die Benachteiligten zu mir bitten. Verschlagenheit erkenne ich am Gesicht, denn ich bin ein großer Physiognom. Ich werde allen zeigen, daß ich mich auskenne. Kommt zu mir, und ihr werdet sehen. Ich will schreiben, aber meine Hand ist ermüdet, denn ich schreibe schnell ...

Ich habe ordentlich gefrühstückt, denn ich esse schnell. Ich habe wie alle gegessen. Oszkár saß neben mir und sah, daß ich Fleisch aß. Emma sah auch, daß ich Fleisch aß, aber ich habe fast das ganze Stück liegengelassen, denn ich wollte keine getöteten Tiere essen. Die Menschen werden mich besser verstehen, wenn ich Fleisch esse. Ich habe gezeigt, daß ich mich nicht ekle, denn ich habe das Fleisch gegessen. Ich habe Emmas Gewohnheiten beobachtet. Sie ißt schnell, und manchmal, zum Aufwärmen des Körpers, wie sie sagt, trinkt sie Wein. Ich habe erkannt, daß das nicht die Wahrheit ist, denn sie fühlte mich und rührte den Wein nicht an. Sie trinkt gern Kaffee, aus Gewohnheit. Sie ist eine nervöse Frau, trinkt aber Kaffee. Sie ißt alles sehr schnell, ohne zu kauen. Oszkár ißt auch schnell, meine Frau auch, und ich habe genauso gegessen wie sie. Ich bekam Magenschmerzen. Ich begriff, daß ich zwar wenig gegessen, aber schnell geschlungen hatte, ohne zu kauen, und deshalb meinen Magen zu spüren bekam. Mein Magen blähte sich. Ich begriff, daß er ermüdet war. Ich fühlte Hitze im Magen und begann Wasser zu trinken. Mein Magen blähte sich noch mehr, aber ich hatte Durst. Ich trank viel. Ich weiß, daß man von solcher Ernährung bald stirbt. Ich gab ihnen zu verstehen, was ich beobachtet hatte, aber sie begriffen es nicht, denn ich habe es ihnen beim Frühstücken gesagt. Ich sprach vom Tod der Tiere, aber nicht direkt. Sie haben mich nicht verstanden, denn sie haben viel gegessen. Ich habe viel gegessen, bin aber nicht müde geworden, denn ich kann nach dem Essen schreiben. Meine Frau und Emma, die Mutter meiner Frau, und Oszkár sind schläfrig. Sie sind träge, denn sie wollen nicht vom Tisch aufstehen. Sie haben gemerkt, daß ich viel gegessen habe, deshalb wissen sie, daß ich nicht geizig bin. Ich habe ihnen alles gegeben, was ich zur Hand hatte. Ich ging Butter aus dem Schrank holen, denn ich kenne Emmas Gewohnheit. Sie hat gern Butter zum Essen. Ich gab ihr Butter, aber sie hat sie nicht aufgegessen. Sie dachte, daß ich gern Butter nehme, denn heute morgen hatte ich allerhand gegessen. Sie ist aus Ungarn zurückgekommen, wo die Leute hungern, wegen der Blockade. Ich weiß, daß England die Blockade verhängt hat. Ich weiß, daß Lloyd George sie aufrechterhalten will, weil er Angst vor Unruhen hat. Er weiß, wenn der Mensch gut ißt, dann braucht er nichts weiter, um aufs Ganze zu gehen. Ein Mensch, der Fleisch gegessen hat, wird zum wilden Tier und bringt andere um. Lloyd George will die Leute aushungern, deshalb glaubt er, die Blockade nicht aufheben zu dürfen. Ich weiß, man wird mir sagen, daß nicht Lloyd George die Blockade verhängt hat, sondern das englische Volk, das ihn zum Ministerpräsidenten gewählt hat. Darauf sage ich, daß nicht das Volk ihn gewählt hat, sondern die Reichen. Ich weiß, daß er bei allen Reichen Verständnis finden wird, denn er vertritt ihre Interessen. Ich weiß, man wird mir sagen, daß Lloyd George kein Reicher ist und daß er von den Arbeitern herkommt. Ich weiß, daß all das erlogen ist. Ich weiß, daß Lloyd George viel Geld hat. Ich weiß, daß Lloyd George ein ehrgeiziger Mensch ist. Ich weiß, man wird mir sagen, daß Ehrgeiz etwas Gutes ist. Darauf sage ich, daß Ehrgeiz etwas Gutes ist, es kommt nur darauf an, wie man ihn nutzt. Lloyd George nutzt seinen Ehrgeiz für die reichen Klassen. Ich nutze meinen Ehrgeiz für alle Klassen. Ich bin kein Liberaler oder irgendeine andere Partei. Ich bin ohne Parteien. Ich weiß, daß man mir sagen wird: »Sie gehören der parteilosen Partei zu.« Ich weiß, daß es Leute ohne Parteien gibt, aber dieser Partei gehöre ich nicht zu. Ich bin Gott, und Gott ist keine Partei, denn er liebt alle. Ich weiß, man wird mir sagen, daß ich im ersten Buch von der Wilson-Partei gesprochen und diese Partei gutgeheißen habe. Darauf muß ich erwidern, daß die Partei Wilsons für mich größere Vollkommenheit besitzt als die anderen Parteien. Ich will keine Parteizugehörigkeiten. Ich will Liebe zueinander. Ich weiß, man wird mir sagen: »Sie gehören nirgendwo zu.« Darauf sage ich, daß ich keinerlei Partei zugehöre. Ich gehöre Gott, deshalb erfülle ich alle seine Aufgaben. Ich weiß, viele werden sagen: »Welcher Gott verlangt von Ihnen, all das zu tun, was Sie tun? Sie betrügen uns. Sie sind ein primitiver Mensch ohne jegliche Kultur.« Ich kenne alle diese Antworten. Ich werde auf diese Frage ganz einfach antworten. Ich bin ein urtümlicher Mensch mit göttlicher Kultur und nicht tierischer. Ich will den Tod nicht. Ich will das Leben für die Menschen. Ich liebe die Menschen und nicht mich selbst. Egoismus und tierisches Handeln sind für mich keine Kultur. Ich liebe die Arbeiterklassen und die Klassen der Reichen und der Armen. Ich liebe alle. Ich will nicht alle gleichmachen. Ich will die Liebe gleichmachen. Ich will, daß alle einander lieben. Ich will nicht, daß die Hausangestellten nur des Geldes wegen arbeiten. Ich will, daß man mich liebt. Meine Hausangestellten lieben mich. Ich habe anfangs das Leben nicht verstanden, deshalb habe ich mit den Hausangestellten geschimpft. Ich weiß, viele werden sagen, daß die Hausangestellten dämlich seien und wenn man ihnen nicht die Faust zeige, verstehen sie einen nicht. Ich habe die Hausangestellten auch so behandelt, aber inzwischen habe ich begriffen, daß es nicht recht war von mir, sie so zu behandeln. Ich will nicht, daß die Hausangestellten leiden. Ich weiß, man wird mir sagen, daß die Hausangestellten undankbar seien. Darauf muß ich sagen, daß die Hausangestellten genauso Menschen sind wie wir, sie haben bloß weniger Verstand. Die Hausangestellten fühlen es, wenn man sie nicht mag, und das macht sie böse. Ich weiß, man wird mir sagen, die Hausangestellten hätten nicht böse zu sein, denn sie würden bezahlt. Darauf sage ich, daß die Hausangestellten mit ihrem eigenen Geld bezahlt werden, denn sie arbeiten für Geld. Die Leute vergessen, daß Arbeit Geld ist. Die Leute glauben, daß Geld mehr zählt als Arbeit. Heutzutage merken alle, daß Arbeit schwerer wiegt als Geld, denn es fehlt an Arbeitern und an Geld. Ich stehe nicht höher als alle. Ich bin ein arbeitender Mensch. Ich weiß, daß alle arbeiten, aber Arbeit ist nicht gleich Arbeit. Gute Arbeit ist eine notwendige Sache. Ich arbeite auch, wenn ich diese Bücher schreibe. Ich weiß, viele werden sagen, daß ich nicht arbeite, sondern zu meinem Vergnügen schreibe. Darauf antworte ich, daß es kein Vergnügen sein kann, wenn jemand seine ganze Freizeit aufs Schreiben verwendet. Man muß viel schreiben, um zu begreifen, wie das ist mit dem Schreiben. Schreiben ist eine schwierige Angelegenheit, denn man wird müde vom langen Sitzen. Die Beine schlafen ein, und die Hand, die schreibt, wird steif. Die Augen werden schlecht, und die Luft fehlt einem, denn das Zimmer kann nicht genügend Luft geben. Bei einem solchen Leben stirbt man bald. Ich weiß, daß die, die nachts schreiben, sich die Augen verderben und eine Brille oder einen Kneifer tragen und die Heuchler unter ihnen ein Monokel. Ich trage keine Brille und keinen Kneifer und auch keine Lorgnette, denn ich habe wenig geschrieben, aber ich habe gemerkt, daß ich vom langen Schreiben blutunterlaufene Augen bekomme. Ich mag die Leute, die viel schreiben, denn ich weiß, daß sie Märtyrer sind. Ich mag jene, die für Gott zum Märtyrer werden. Ich weiß, viele werden sagen, daß man des Geldes wegen schreiben müsse, denn ohne Geld könne man nicht leben. Darauf sage ich mit Tränen in den Augen, daß diese Menschen dem gekreuzigten Christus gleichen. Ich weine, wenn ich derlei Dinge höre, denn ich habe auf andere Art Gleiches erfahren. Ich habe des Geldes wegen getanzt. Ich wäre fast gestorben, denn ich war völlig erschöpft. Mir ging es wie dem Pferd, das mit der Knute gezwungen wird, eine schwere Last zu ziehen. Ich habe Fuhrknechte gesehen, die ihre Pferde totpeitschten, weil sie nicht begriffen, daß das Pferd keine Kraft mehr hatte. Der Fuhrknecht trieb das Pferd eine Steigung hinauf und peitschte es mit der Knute. Das Pferd stürzte, und aus seinem Hinterteil quoll das ganze Gedärm. Ich sah dieses Pferd und schluchzte tiefinnerlich. Ich wollte laut schluchzen, begriff aber, daß die Leute mich für einen weinerlichen Kerl halten würden, deshalb weinte ich für mich. Das Pferd lag auf der Seite und schrie vor Schmerz. Sein Schrei war leise, es weinte. Ich fühlte. Der Tierarzt erschoß dieses Pferd mit dem Revolver, denn er hatte Mitleid mit diesem Pferd. Ich weiß um die Geschichte eines Hundes. Ich hatte einen französischen Sportler kennengelernt, M. Raymond. Ich sagte zu ihm, sein Hund sei sehr schön, doch er sagte mir mit tränenerstickter Stimme, er werde diesen Hund erschießen, denn er fühle, daß es besser sei, wenn er sterbe, statt vom Hunger gequält zu werden. Ich begriff, daß er kein Geld hatte, deshalb wollte ich ihm helfen. Ich wußte, daß er ein ehrgeiziger Mann war, denn er gewann gern Silberpokale beim Skeletonrennen. Skeleton, das ist der Sport, bei dem man sich mit dem Bauch auf einen Stahlschlitten legt und unter Aufbietung aller Kraft Geschwindigkeit zu gewinnen sucht. Solch eine Geschwindigkeit ist sehr gefährlich. Viele Sportler sind durch Zufallsumstände zu Tode gekommen. Diese Sportler fühlen Wein oder Tabak, dadurch werden ihre Nerven beim geringsten Anlaß hochgepeitscht. Sie gehen auf die Piste und legen los, was das Zeug hält. Sie werden nervös und kommen zu Tode. Ich sprach darüber zu M. Raymond, und er verstand mich. Er war bei einem Rennen gestürzt und wäre fast ums Leben gekommen. Ich sagte zu ihm, daß er heute sicherlich nervös sei, denn er habe viel geraucht. Ich ließ ihn fühlen, daß mir sein Kummer nicht entgangen war. Ich bemerkte seine Träne, zeigte es aber nicht, denn ich fürchtete, daß er losweinen könnte. Er sagte mir, er werde seinen Hund töten. Ich weinte tiefinnerlich und er auch. Er fühlte heraus, daß ich den Hund mochte, und ging und ließ meine Frau und mich zurück. Ich ging traurig. Ich habe gemerkt, daß, wenn ich Fleisch esse und es unzerkaut hinunterschlucke, mein Kot nur mühsam herauskommt. Ich muß meine Kraft so sehr anspannen, daß mir fast die Adern am Hals und im Gesicht platzen. Ich habe gemerkt, daß mir das ganze Blut in den Kopf strömt. Ich habe begriffen, daß man bei solcher Anspannung die »Apoplexie« bekommen kann. Ich kenne mich mit dieser Krankheit nicht aus, aber ich weiß von einem Fall, über den ich erzählen will. Mein Kot wollte nicht herauskommen. Ich quälte mich, denn ich hatte Schmerzen im Darmausgang. Mein Ausgang war ziemlich klein, der Kot aber war groß. Ich spannte noch einmal meine Kraft an, und der Kot rutschte ein Stückchen. Der Schweiß brach mir aus. Mir war kalt und heiß. Ich betete zu Gott, daß er mir helfen möge. Ich spannte meine Kraft an, und der Kot kam heraus. Ich weinte. Es tat weh, aber ich war glücklich. Nach Abschluß dieser ganzen Prozedur wischte ich mich ab und verspürte dabei einen Schmerz im Hintern. Ich bemerkte ein Stück Darm, das herausgetreten war, und erschrak. Ich versuchte, dieses Darmende in meinen Hintern zurückzustopfen, denn ich dachte, der Darm werde sich zurückziehen, doch er zog sich nicht zurück. Ich weinte. Ich fürchtete für mein Tanzen. Ich wußte, wie das war mit einem Darmaustritt. Ich weinte, und da sagte Gott zu mir, ich solle kein Fleisch essen und alles lange kauen, bevor ich es hinunterschlucke. Ich tat das und merkte, daß mein Kot leichter herauskam. Ich begann weniger zu essen. Mein Darm zog sich zurück. Ich war glücklich. Ich kenne Leute, bei denen der Darm sehr groß ist, sie können weder sitzen noch gehen und müssen mit Zäpfchen und anderen Mitteln nachhelfen, damit ihr Kot herauskommt. Aber kein Doktor, zumindest habe ich nichts davon gehört, hat ihnen den Rat gegeben, vom Fleisch zu lassen und ihr Essen gut zu zerkauen. Ich weiß, daß Oszkár unter dieser Krankheit leidet. Die Doktoren haben ihm zur Operation geraten. Er hat Angst. Er kratzt sich den Hintern. Ich habe es gesehen, als ich mit ihm in einem Zimmer schlief, weil meine Frau noch Angst vor mir hat, denn Doktor Fränkel hat ihr gesagt, ich sei nervenkrank. Ich weiß, daß manche an »Krebs« sterben, deshalb denke ich mir, daß Krebs nichts anderes ist als Blutzersetzung. Die Leute ernähren sich von allen möglichen Konserven und von Fleisch, deshalb sondert ihr Blut unnötige Stoffe ab. Meine Frau und alle haben Angst vor »Krebs«. Ich habe auch Angst, aber ich weiß, wie man den Krebs loswerden kann. Doktor Fränkel hat gelacht, als ich ihm vom »Krebs« erzählte. Er hat gelacht, weil er glaubt, daß ich nichts von Medizin verstehe. Ich wollte die Sache mit einem Beispiel belegen, und er zeigte sich interessiert, war aber müde vom Essen, deshalb gab er das Gespräch auf. Wir hatten zusammen gegessen, denn meine Frau hatte ihn zu uns eingeladen. Er beobachtete mich, denn er wollte herausfinden, ob ich geisteskrank bin oder nicht. Er ist bis heute nicht überzeugt davon, daß bei mir alles stimmt. Ich weiß, daß bei ihm »etwas nicht stimmt«, denn er ist ein nervöser Mensch. Er raucht viel, denn er hat sich das in der Schule angewöhnt. Ich glaube, daß viele rauchen, weil sie sich wichtig haben. Mir ist bei Leuten, die rauchen, das stolze Gehabe aufgefallen. Einmal machte ich einen Besuch beim Präsidenten* von St. Moritz, Herrn Hartmann. Ich wollte ihnen etwas Lebensgefühl vermitteln, deshalb ging ich einen kleinen Plausch machen. Oszkár begann die Unterhaltung mit dem Präsi-

---

* Gemeint ist der Bürgermeister.

denten. Ich bemerkte, daß der Präsident sich in Positur warf und Oszkár auch, und sie zündeten sich Zigaretten an. Ich betrachtete durch ein Fernrohr die Berge, denn ich hatte mir sagen lassen, hier gebe es Hirsche zu sehen. Ich hielt Ausschau, ohne etwas zu entdecken, und sagte, ich ziehe es vor, keine Hirsche zu sehen, denn ich sei ja hergekommen, um sie zu sehen. Sie lachten, und ich fühlte, daß sie kein Interesse an mir hatten. Sie interessierten sich für Oszkár. Ich ließ ab von ihnen und suchte wieder nach den Hirschen. Ich drehte an dem Rohr und fing einen Hirsch ein. Der Hirsch wurde durch mein Betrachten nicht aufgeschreckt, und ich konnte ihn gut sehen. Ich sah einen alten und massigen Hirsch. Er erinnerte mich an den Präsidenten Hartmann. Ich sagte, der Hirsch habe mir den Rücken zugedreht. Ich wollte, daß sie mich fühlten, aber sie kümmerten sich nicht um mich. Ich sagte zu Oszkár, es sei Zeit, essen zu gehen, denn die Suppe warte auf uns und wir warteten auf die Suppe. Hartmann und seine Frau lachten, kümmerten sich aber nicht um mich. Ich fühlte, daß sie dachten, aber nicht fühlten, und Bitterkeit stieg in mir auf. Ich merkte, daß sie glaubten, ich sei geisteskrank, denn als die Präsidentenfrau mich fragte, wie es um meine Gesundheit stehe, sagte ich, daß ich immer gesund sei, und sie lächelte dazu. Ich hatte ein bitteres Gefühl dabei und weinte tiefinnerlich ...

Weil sie nichts Besseres zu tun hatten, erschienen die Mutter meiner Frau, meine Frau und Oszkár im Salon. Meine Frau bat mich, ihnen meine Zeichnungen zu zeigen. Ich tat so, als wollte ich nicht. Ich zeigte ihnen Zeichnungen, die sie schon gesehen hatten. Meine Frau bat mich, ihnen andere Zeichnungen zu zeigen. Ich nahm einen Packen Zeichnungen, an denen ich zwei oder drei Monate lang unentwegt gearbeitet hatte, und warf sie auf den Fußboden. Die Mutter meiner Frau, meine Frau und Oszkár konnten fühlen, daß ich meine Zeichnungen nicht mochte. Ich sagte ihnen, keiner interessiere sich dafür, deshalb hätte ich sie von der Wand abgenommen. Sie äußerten ihr Bedauern und sahen sie sich an. Ich erklärte ihnen, was die Zeichnungen darstellten. Ich sagte, in Paris werde man mich verstehen, denn dort fühlten die Leute viel. Ich sagte das, um ihnen die Zähne zu zeigen. Sie erfühlten es und sagten, sie verstünden mich auch. Ich sagte nichts mehr. Ich zeigte ihnen einige Zeichnungen, denn ich wollte, daß sie sie fühlen lernten, aber ich fühlte, daß sie dachten, deshalb ließ ich, tiefinnerlich weinend, von ihnen ab. Ich bin ein Mensch mit einer Seele, deshalb weine ich, wenn ich fühle, daß man mich nicht versteht. Ich hatte gewußt, daß ich nicht verstanden würde, deshalb hatte ich alle Zeichnungen von der Zimmerwand abgenommen. Ich halte alle meine Manuskripte unten im Klavier versteckt. Ich wußte, daß meine Manuskripte niemand verstehen würde, aber ich dachte, Dr. Fränkel könnte Leute herschicken, die die Manuskripte eine Zeitlang an sich nähmen, um sie zu übersetzen. Ich wollte meine Manuskripte nicht vorzeigen, denn ich war sicher, daß Doktor Fränkel sie nicht verstehen und mich für geisteskrank halten würde. Ich fürchtete für meine Frau, deshalb versteckte ich die Hefte. Ich habe alle meine Dekorationen versteckt, denn ich fühle, daß sie sie nicht verstehen werden. Die Zeichnungen werde ich nicht verstecken, denn sie haben sie gesehen. Ich will keine unangenehmen Gefühle wecken, solange die Mutter meiner Frau hier ist, denn ich will nicht, daß sie meine Frau mitnimmt. Ich weiß, daß sie das Geld liebt. Ich weiß, daß sie uns zu sich eingeladen hatte, weil sie das Geld meiner Frau zu bekommen hoffte. Ich habe kein Geld, deshalb befürchtete ich, sie könnten mich ins Irrenhaus stecken. Oszkár und andere Verwandte der Mutter meiner Frau sind Inhaber von Irrenhausaktien. Ich verstehe die Absichten der Leute ohne Worte. Ich fühle mich abgestoßen. Ich bin nicht verärgert, aber angewidert. Oszkár und Emma machen mir angst. Sie sind beide tot. Ich will ihm helfen, denn ich habe gemerkt, daß er mich fühlt. Ich habe heute nacht, als wir uns nebeneinanderlegten, gemerkt, daß er noch fühlt, denn als ich fühlte, fühlte er auch. Ich habe diesen Versuch angestellt, als er eingeschlafen war. Oszkár bewegte einen Finger, als ich an Gott dachte. Oszkár drehte sich um, als ich Gott fühlte. Ich bemerkte das, verstand es aber nicht. Ich fühlte, daß Gott dahinterstand. Ich habe es jetzt erkannt. Mir kam der Gedanke, daß ich mich ans Schreiben machen sollte, konnte aber nicht. Gott macht das mit Absicht, denn er will mir zeigen, wie das ist mit Gott. Ich habe »er« mit kleinem Anfangsbuchstaben geschrieben, denn ich habe gemerkt, daß es Gott einerlei ist, wie man ihn schreibt. Die Deutschen haben Gott mit allen Substantiven gleichgesetzt. Die Deutschen glauben, daß das Substantiv Gott ist. Ich denke, alle sind gleich ...

Mir ist aufgegangen, daß sich das Papier verteuern wird, deshalb werde ich mir in Zürich viel besorgen, denn ich habe vor, viel zu arbeiten. Ich weiß, daß die Menschen böse sind und mir nicht geben werden, was ich brauche, deshalb muß ich mich selbst darum kümmern. Wie, das hat Gott mir gezeigt. Er hat mir Gewinn an der Börse versprochen. Ich wollte »Börse« groß schreiben*, aber das widerstrebte mir, und ich habe sie klein geschrieben. Gott mag die Börse nicht, aber er will, daß ich spiele. Er will, daß ich seine Aufgabe erfülle. Er sagt mir oft, daß ich verlieren werde, aber ich bin sicher zu gewinnen, denn ich will dieses Geld für die Erfüllung Seiner Aufgaben stiften ...

Das Schreiben mit dem Füller ermüdet mich, aber ich werde weiterschreiben, denn ich will ein fertiges Manuskript hinterlassen. Ich will diese Bücher mit der Feder zu Ende schreiben. Ich werde mich nach einem besseren Füller umtun. Ich fahre morgen nach Zürich mit Oszkár, meiner Frau und ihrer Mutter. Ich mag die Mutter meiner Frau nicht beim Vornamen nennen, denn ich fühle, daß sie ein böser Mensch ist. Ich mag keine bösen Menschen. Ich habe Lloyd George, Diagilew und wen nicht alles beim Vornamen genannt, weil sich diese Leute so besser einprägen. Ich habe Djagilews Namen absichtlich falsch geschrieben, denn er soll sehen, daß ich vergessen habe, wie sich sein Name schreibt.

Ich wollte die Zeile vollmachen, aber Gott will nicht, daß ich gleich hinter Djagilew weiterschreibe. Ich habe meinen Fehler bemerkt, denn ich hatte die Namen Gottes und Djagilews beide groß geschrieben. Ich werde Gott klein schreiben, denn ich will den Unterschied ...

---

* Im Russischen werden die Substantive klein geschrieben.

Ich will einen Spaziergang machen, denn das Sitzen hat mich ermüdet, aber ich werde allein gehen, wenn es keiner merkt. Alle werden denken, daß ich arbeite, indessen mache ich mich durch den Hintereingang davon. Ich werde hoch hinaufsteigen und von dort hinabblicken, denn ich will die Höhe fühlen. Ich gehe also ...

Ich bin durch den Hintereingang hinausgegangen und spürte die Kälte. Ich wußte, daß sie alle im Speisezimmer saßen, deshalb ging ich lautlos vorbei. Ich weiß, daß die Leute untätig herumsitzen und darum das Leben anderer stören. Ich will nicht das Leben anderer stören. Ich hatte das Speisezimmer verlassen, weil ich fühlte, daß mich dort keiner mochte. Ich begegnete Doktor Fränkel. Er machte ein trübseliges Gesicht. Ich drückte ihm die Hand, zuvor aber sagte ich, alle seien krank. Ich hatte tiefinnerlich Kälte gespürt und deshalb das Zimmer verlassen.

Oszkár kam zu mir, um mich zum Teetrinken zu holen. Oszkár hatte die Verstimmung Doktor Fränkels erfüllt, deshalb wollte er uns versöhnen. Ich wollte mich nicht versöhnen, deshalb hielt ich ihn zurück. Ich erzählte Oszkár von meinem großen Arbeitsvorhaben und sagte, daß mich das Arbeiten nervlich nicht beanspruche. Ich hatte den Eindruck, daß er mich verstand, denn er pflichtete mir bei. Oszkár pflichtet mir immer schnell bei, wenn ich etwas begründe. Ich wollte ihm beweisen, daß göttliches Schreiben die Nerven nicht beansprucht. Ich befürchte keine Beanspruchung Gottes ...

Ich habe Tee getrunken mit Doktor Fränkel, Oszkár, der Mutter meiner Frau und meiner Frau. Ich trank still, aber nach einer Weile stellte sich das Gesprächsgefühl ein, und ich erheiterte alle. Ich erheiterte sie absichtsvoll. Ich sprach von Dingen, von denen ich etwas verstehe. Ich scherzte. Alle waren fröhlich. Ich merkte, daß der Doktor glaubte, ich wolle mich über ihn lustig machen, deshalb wechselte ich das Thema. Meine Rede drehte sich um die Bolschewiken in Rußland. Ich wollte eine Geschichte erzählen, konnte aber nicht, denn Gott wollte, daß meine Frau sie erzählte. Sie brachte nichts heraus, denn sie fühlte Ihn nicht. Ich half ihr, sich der Sache zu erinnern. Ich wollte nicht viel reden, aber Gott wollte, daß ich alle aufmunterte. Ich munterte alle auf und ging. Ich erfühlte Fränkel, denn der wollte mit meiner Frau sprechen. Ich ging, denn ich dachte, daß man mich nicht wolle. Fränkel geht, und ich bleibe. Ich will ihn nicht begleiten, denn ich will ihn fühlen lassen, daß auf seine Meinung keiner angewiesen ist ...

Doktor Fränkel kam mir auf Wiedersehen sagen. Ich drückte ihm die Hand. Er bat mich, nicht zuviel zu schreiben. Ich sagte ihm, er brauche sich meinetwegen keine Sorgen zu machen. Er fragte mich, ob ich den Doktor in Zürich aufsuchen möchte. Darauf sagte ich ihm, das wisse ich nicht, aber wenn meine Frau es wolle, werde ich ihn aufsuchen. Er sagte mir, daß es sehr gut wäre, wenn ich einen Besuch bei diesem Doktor machte, denn er sei sehr gut. Ich sagte ihm, daß ich ihn aufsuchen werde, wenn er meine Frau beruhigt. Doktor Fränkel verstand mich. Ich drückte ihm die Hand, und er sagte mir, er sei ein Schüler dieses Doktors. Ich fühlte, daß er log, denn er versteht nichts von Nerven. Er trinkt Tee und Wein und raucht viel, deshalb sind seine Nerven angespannt. Ich weiß, daß Doktor Ranschburg nicht raucht, denn er riecht nicht nach Tabak ...

Bei mir setzen Kopfschmerzen ein, denn ich habe viel gegessen. Ich habe viel gegessen, denn ich wollte, daß die Mutter meiner Frau nicht denkt, ich sei geizig. Sie fühlt, daß ich nicht geizig bin. Oszkár mag mich, denn er macht sich Sorgen um meine Gesundheit. Er hat sich einreden lassen, daß es schlecht für mich sei, viel zu arbeiten. Ich habe Oszkár fühlen lassen, daß ich gesund bin, weil ich viel arbeite. Ich verstehe, wodurch die Leute ermüden. Sie essen viel, und dadurch strömt ihnen das Blut in den Kopf, wenn sie denken. Mir machen Übelkeit und Aufstoßen zu schaffen und dazu noch leichte Kopfschmerzen. Ich werde heute abend nicht viel essen, und bis zum Morgen, das weiß ich, wird sich bei mir alles beruhigen ...

Ich fahre früh vor sieben nach Zürich ab, deshalb werde ich eher schlafen gehen, denn ich will, daß der Nervendoktor mich in guter Verfassung sieht. Ich werde mit ihm ein Gespräch über Nerven führen, denn diese Wissenschaft interessiert mich. Ich weiß schon einiges über diese Wissenschaft, aber das werde ich später beschreiben. Ich werde in Zürich nicht schreiben, denn ich fühle großes Interesse für diese Stadt. Ich werde ins Bordell gehen, denn ich will die Kokotte erfühlen. Ich habe vergessen, wie das ist mit Kokotten. Ich will die Psychologie der Kokotten verstehen lernen. Ich werde zu mehreren gehen, wenn Gott es mich tun heißt. Ich weiß, Gott mag das nicht, aber ich fühle, daß er mich auf die Probe stellen will.

Ich fühle eine große geistige Kraft in mir, und darum werde ich keine Fehler begehen. Ich werde der Kokotte Geld geben, aber nichts mit ihr machen. Ich fühle sinnliche Lust und zugleich Angst. Ich fühle das Blut in meinen Kopf strömen. Ich fühle, wenn ich anfange zu denken, werde ich einen Schlaganfall bekommen. Ich denke nicht, denn das mag ich nicht. Wie das ist, wenn jemanden der Schlag trifft, weiß ich aus einem Erlebnis. Mein Freund Sergej Botkin hat meinen Bauchtyphus kuriert, als ich im ersten Jahr meines Debüts in Paris war. Er hat mich vom Typhus kuriert. Ich hatte Wasser aus einer Karaffe getrunken, denn ich war arm und konnte kein Mineralwasser kaufen. Ich trank schnell, ohne das Gift zu ahnen. Ich ging tanzen, und als ich abends heimkam, fühlte ich Schwäche in meinem Körper. Djagilew holte Doktor Botkin, denn er kannte ihn gut. Sergej Botkin war Doktor beim Zaren gewesen. Ich hatte Fieber gefühlt, bekam aber keine Angst. Ich wußte nicht, was mit mir war. Sergej Botkin sah mich an und begriff alles. Ich fühlte Angst. Ich bemerkte den Blick, den der Doktor und Djagilew wechselten. Sie verstanden einander wortlos. Botkin untersuchte meine Brust und stellte Ausschlag fest. Ich begriff sein Erschrecken. Ich erschrak auch. Er wurde nervös und bat Djagilew ins Nebenzimmer. Dieses Haus ist inzwischen abgerissen worden. Ich habe geweint, als ich seinen Abriß sah. Dieses Haus war ärmlich, aber mit meinem Geld konnte ich nicht besser leben. Djagilew machte mir in diesem Haus sein Angebot, als ich im Fieber lag. Ich nahm es an. Djagilew hatte meinen Wert begriffen, deshalb befürchtete er, ich könnte ihn verlassen, denn damals wollte ich ihm noch entfliehen, ich war zwanzig. Ich hatte Angst bekommen vor dem Leben. Ich wußte nicht, daß ich Gott bin. Ich weinte und weinte. Ich wußte nicht, was tun. Ich hatte Angst vor dem Leben. Ich wußte, daß meine Mutter auch Angst vor dem Leben hatte, deshalb hatte sich ihre Angst auf mich übertragen. Ich wollte nicht einwilligen. Djagilew saß fordernd auf meinem Bett. Er flößte mir Angst ein. In meiner Angst sagte ich ja. Ich schluchzte und schluchzte, denn ich hatte den Tod begriffen. Ich konnte nicht fliehen, denn ich hatte Fieber. Ich war allein. Ich aß eine Apfelsine. Ich hatte Durst und bat Djagilew, mir eine Apfelsine zu geben. Er brachte mir eine Apfelsine. Ich bin eingeschlafen, die Apfelsine in der Hand, denn als ich erwachte, lag die Apfelsine zerquetscht auf dem Fußboden. Ich schlief lange. Ich verstand nicht, was mit mir war. Ich verlor das Bewußtsein. Ich hatte Angst vor Djagilew und nicht vor dem Tod. Ich wußte, daß ich Typhus hatte, denn ich hatte ihn schon in der Kindheit gehabt und mir gemerkt, daß Typhus an Körperausschlag festzustellen ist. Mein Ausschlag kam nicht von den Masern, denn ich weiß, wie das mit den Masern ist. Über die Masern werde ich später schreiben ...

Doktor Botkin machte einmal einen Besuch bei Tamara Karsawina*, der berühmten Tänzerin. Tamara Karsawina war eine verheiratete Frau. Sie hatte Muchin geheiratet. Muchin war kein reicher Mann, konnte ihr aber eine Wohnung bieten. Kinder hatten sie nicht. Doktor Botkin machte einen Besuch bei der Karsawina, und

---

* Tamara Platonowna Karsawina (1885-1978), Tänzerin am Petersburger Marientheater, Primaballerina in Djagilews »Ballets russes«.

später, als er nachts nach Hause kam, fiel er in seinem Zimmer tot um. Ich sah die Unruhe der Karsawina, sein Tod war für sie eine heikle Angelegenheit, denn er war gestorben, nachdem er sie verlassen hatte. Ich fühlte, daß an seinem Tod die Karsawina schuld war, denn sie hatte ihn aufgereizt. Sergej Botkin speiste gern, ich hatte bemerkt, daß er einen dicken Hals und ein hochrotes Gesicht hatte. Ich begriff, daß er viel Blut gehabt hatte. Ich bemerkte die Unruhe aller. Ich bemerkte die Spötteleien aller. Ich bin überzeugt davon, daß die Karsawina mit ihm kokettiert hat, weil er ein Mann »bei Hofe« war. Als Hof wird die Zarenfamilie bezeichnet. Die Karsawina hatte kokettiert, weil sie meinte, daraus Vorteil ziehen zu können. Botkin flirtete, weil er meinte, einer Ballerina könne man den Hof machen. Ich fühlte Liebe zur Karsawina. Ich wünschte ihr nichts Schlechtes. Botkin wünschte ihr auch nichts Schlechtes, aber er meinte, daß man einer Ballerina den Hof machen müsse. Ich bin überzeugt davon, daß er mit ihr nichts gemacht hat. Ich bin davon überzeugt, denn ich weiß, was die Karsawina für eine ist ...

Botkin ist am Schlaganfall gestorben, denn er war in einem Erregungszustand. Seine Erregung kam wahrscheinlich von ihrem Kokettieren. Sie kokettierte, und er begehrte sie. Ich weiß, daß die Karsawina eine ehrenhafte Frau ist, denn ich habe das feststellen können. Ich hatte sie auch in Maßen begehrt, denn sie war schön geformt. Ich fühlte, daß bei ihr mit Hofmachen nichts zu wollen war, und das erregte mich. Ich machte ihr in Paris den Hof. Mein Hofmachen bestand darin, ihr zu verstehen zu geben, daß sie mir gefiel. Die Karsawina erfühlte das, ging aber nicht darauf ein, denn sie war verheiratet. Ich fühlte meinen Fehler und küßte ihre Hand. Sie erfühlte, daß ich nichts wollte, und das machte sie froh. Ich kenne die Karsawina gut, denn ich habe fünf Jahre lang mit ihr zusammengearbeitet. Ich war jung und habe viele Dummheiten gemacht. Ich hatte Streit mit der Karsawina. Ich wollte mich nicht entschuldigen, denn ich fühlte mich gekränkt. Ich begriff, daß Djagilew sie gegen mich eingestellt hatte, denn er hatte bemerkt, daß ich ihr den Hof machte. Die Karsawina legte sich mit mir wegen Bagatellen an, und das regte mich auf. Ich weinte bitterlich, denn ich liebte die Karsawina als Frau. Sie fühlte sich verletzt und weinte deshalb... Sergej Botkin starb. Alle weinten, denn sie hatten ihn gemocht... Meine Frau kam und gab mir einen Kuß. Ich empfand Freude, aber Gott wollte nicht, daß ich meiner Frau meine Freude zeigte, denn er will sie ändern.

Botkin war tot. Ich sah von weitem seinen Leichnam. Er lag auf einem Katafalk. Ich begriff den Tod und bekam Angst. Ich ging, ohne seinen Leichnam geküßt zu haben. Alle küßten den Leichnam. Ich konnte die ganze Prozedur nicht mit ansehen. Die Angehörigen weinten, und die Bekannten gaben sich trübselig. Sie besichtigten die Wohnung mit den Bildern und veranschlagten die Preise. Ich weiß, daß nach seinem Tod sämtliche Sachen verkauft wurden, denn Botkins Frau mochte seine Marotten nicht. Sergej Botkin hatte gern Bilder gekauft, denn er hatte sich sagen lassen, man müsse alte Bilder kaufen. Seine Wohnung war überfüllt mit alten Bildern. Ich habe bemerkt, daß die Leute sich nicht für neue Bilder interessieren, weil sie glauben, Kunst nicht zu verstehen. Sie kaufen alte Bilder, um ihre Kunstliebe zu zeigen. Ich habe begriffen, daß die Leute Kunst lieben, aber sich selbst nicht einzugestehen trauen: Ich verstehe Kunst. Die Leute sind sehr ängstlich, denn die Kritiker schüchtern sie ein. Die Kritiker schüchtern sie ein, weil sie nach ihrer Ansicht gefragt werden wollen. Die Kritiker glauben, daß das Publikum dumm sei. Die Kritiker glauben, daß sie dem Publikum die Bilder erklären müßten. Die Kritiker glauben, daß es ohne sie keine Kunst geben könne, denn das Publikum werde die Dinge, die es sieht, nicht verstehen. Ich weiß, wie das ist mit der Kritik. Die Kritik ist der Tod. Ich habe mich einmal mit einem Mann auf einem Schiff unterhalten, auf der Rückfahrt von New York nach Boston. Ich führte mit ihm ein hitziges Gespräch, denn er hatte mich in Harnisch gebracht. Ich hatte gemerkt, daß es sich bei ihm um einen russischen Geheimagenten zur Bekämpfung innerer Unruhestiftung handelte. Er glaubte, ich sei ein Anarchist. Ich weiß nicht, warum er glaubte, ich sei ein Anarchist. Er hatte ein boshaftes Gesicht. Er mochte mich nicht, das fühlte ich, und deshalb nahm ich mich vor ihm in acht. Mich beschäftigten meine Überlegungen über die Kritik, und deshalb redete ich über die Kritik. Er hatte das Wort an mich gerichtet, um mich in ein Gespräch über Innenpolitik zu verwickeln. Ich begriff das und beschloß, ihn damit zu ärgern, daß ich ihm die Frage erläuterte, die er mir gestellt hatte. Ich sprach laut, weil ich Eindruck auf ihn machen wollte. Er meinte, daß ich mich erhitze, und tat so, als erhitze er sich auch. Ich bemerkte, daß sein Gesicht nicht lebte, wenn er mit mir sprach. Er war nicht nervös, wenn er nervös tat. Ich begriff, daß ich besser spielte als er. Ich begann ihm Erläuterungen zur Kritik zu geben. Er hörte mir zu, denn es hatte ihn ermüdet, mir zu widersprechen. Er fiel mir ins Wort, denn er wollte, daß ich das Thema wechsle, aber ich gab das angeschlagene Thema nicht auf, denn ich hatte Gefallen daran. Ihm mißfiel es, und er wurde nervös. Ich merkte, daß ihm meine Rede nicht gefiel, und schließlich ging er, ohne daß er mich die Frage der Kritik zu Ende bringen ließ. Ich erfuhr hinterher, daß er sich bei meiner Frau erkundigt hatte, ob ich ein »Nihilist« sei. Ich weiß nicht, was »Nihilist« zu bedeuten hat. Ich weiß wenig über den »Nihilismus«. Ich verstehe diese ganzen Bezeichnungen nicht, denn ich habe keine Bildung. Ich habe die Kaiserliche Schule besucht, wo mir alle diese Bezeichnungen nicht beigebracht worden sind. Ich war ein kaiserlicher Schüler. Ich verstand, bis ich heiratete, nichts von Innenpolitik. Ich begriff sie, als ich verheiratet war, denn das Leben machte mir angst, und leben mußte ich. – Über die Politik werde ich später schreiben. Ich will über die Kritik erzählen, weil ich diese Frage angeschnitten habe. Ich mag keine Kritik, denn sie ist eine unnütze Sache. Ich weiß, man wird mir sagen, daß die Kritik eine unentbehrliche Sache sei, denn ohne sie wüßte man nicht, was gebraucht wird und was nicht. Ich weiß, daß die Kritiker schreiben, weil sie Geld haben wollen. Ich weiß, daß im heutigen Leben nichts ohne Geld geht. Ich weiß, man wird mir sagen, daß die Kritiker viel an dem arbeiten, was sie schreiben. Darauf sage ich, daß die Kritiker wenig arbeiten, denn sie machen keine Kunst, sondern schreiben über Kunst. Der Künstler weiht sein Leben der Kunst. Der

Kritiker schilt ihn, weil ihm sein Bild nicht gefällt. Ich weiß, man wird mir sagen, der Kritiker sei ein unvoreingenommener Mensch. Darauf sage ich, daß der Kritiker ein Egoist ist, denn er schreibt über seine Auffassung und nicht über die des Publikums. Beifall ist keine Auffassung. Beifall ist ein Gefühl der Liebe zum Künstler. Ich mag den Beifall. Ich verstehe, wie das ist mit dem Beifall. Auf den Beifall werde ich später zu sprechen kommen. Der Kritiker fühlt den Beifall nicht. Der Kritiker gefällt sich in der Schelte des Beifalls, denn er will zeigen, daß er mehr versteht. Das Publikum in Paris hört nicht auf die Kritik. Die Pariser Kritik ärgert sich über das Publikum, denn sie erzielt bei ihm keine Wirkung. Calmette ist ein großer Kritiker, denn er hat Kritiken zu Theater und Politik geschrieben. Er hat den *Faun* verrissen, den er als unzüchtig bezeichnete. Ich habe nicht an Unzucht gedacht, als ich dieses Ballett schuf. Ich habe es mit Liebe geschaffen. Ich habe mir das ganze Ballett allein ausgedacht. Ich habe die Idee für das Bühnenbild entwickelt, aber Lew Bakst hat mich nicht verstanden. Ich habe lange, aber gut gearbeitet, denn ich fühlte Gott. Ich habe dieses Ballett geliebt, deshalb konnte ich meine Liebe dem Publikum vermitteln. Rodin hat eine gute Kritik geschrieben, aber zu seiner Kritik wurde er veranlaßt. Rodin hat sie geschrieben, weil Djagilew ihn darum gebeten hatte. Rodin ist ein reicher Mann, deshalb brauchte er kein Geld; aber man hat ihn dazu veranlaßt, denn er hatte niemals zuvor Kritiken geschrieben. Rodin ist nervös geworden, denn er mochte seine Kritik nicht. Er wollte mich skizzieren, denn er wollte aus mir Marmor machen. Er sah sich meinen nackten Körper an und fand ihn falsch proportioniert, deshalb strich er seine Skizze durch. Ich begriff, daß er mich nicht mochte, und ging ...

Calmette schrieb seine Kritik noch am selben Tag. Ich begriff aus Djagilews Gespräch mit Bakst, daß Calmette in der Öffentlichkeit ausgelacht worden war. Calmette hatte das Vertrauen des Publikums als Theaterkritiker verloren ...

Swetlow, Kritiker in Petersburg, veröffentlichte in der *Peterburgskaja gaseta* eine Kritik über den *Faun*, ohne eine Vorstellung besucht zu haben. Er schrieb sie, weil er den *Figaro* gelesen hatte, und der *Figaro* war die verbreitetste Zeitung. Er schrieb unter dem Eindruck der Calmetteschen Kritik. Er ist nicht im Theater gewesen, ich weiß das, weil Djagilew wollte, daß er bei der Arbeit des »Russischen Balletts« helfen käme. Swetlow meinte, das »Russische Ballett« sei gescheitert, deshalb beeilte er sich, das russische Publikum darüber ins Bild zu setzen, damit ihm andere Zeitungen nicht zuvorkamen. Ich weiß, daß Swetlow den *Figaro* liest, deshalb begriff ich, daß er diese Zeitung vor seiner Abreise erhalten hatte. Er hatte den Pariser *Le Matin* nicht gelesen, deshalb kannte er Rodins Kritik nicht. Hätte er Rodins Kritik gelesen, so hätte er, davon bin ich felsenfest überzeugt, nicht die Kritik Calmettes, sondern die Rodins geschrieben. Ich bemerkte Swetlows Unruhe, als er nach Paris kam. Er hatte seinen Fehler erkannt, deshalb mied er mich. Ich hatte keine Angst vor ihm, denn ich wußte, daß er boshaft war. Ich habe keine Angst vor boshaften Menschen, im Gegenteil, ich sage ihnen den Kampf an. Swetlow habe ich den

Kampf angesagt, indem ich ihn nicht grüßte. Er fühlte das und gab vor, meine Ballette nicht zu mögen, aber er schrieb nicht mehr über mich. Er schrieb eine Geschichte des Balletts, ohne sich darin auszukennen, denn über mein Leben stand nichts in ihr. Ich sah mich übergangen. Ich weinte, weil ich viel für das »Russische Ballett« gearbeitet hatte. Djagilew war wütend, ließ sich aber nichts anmerken. Ich glaube, daß Swetlow dieses Buch extra geschrieben hat, um Djagilew zu beweisen, daß er Calmettes Kritik nicht kopiert habe. Swetlow hat gemerkt, daß sich alle Welt über ihn lustig machte, und zu seiner Rechtfertigung schrieb er dieses Buch ...

Ich will über mein Leben als Tänzer schreiben. Ich war nervös, weil ich viel onanierte. Ich onanierte, weil ich viele schöne Frauen sah, die kokettierten. Sie erregten meine Lust, und ich onanierte. Ich stellte fest, daß mir die Haare auszufallen begannen. Ich stellte fest, daß meine Zähne zu faulen begannen. Ich stellte fest, daß ich nervös war und in letzter Zeit schlechter tanzte. Ich onanierte alle zehn Tage. Ich meinte, daß zehn Tage ein notwendiges Intervall seien, daß jeder sich alle zehn Tage Befriedigung verschaffen müsse, denn das hatte ich einem Gespräch von Älteren entnommen. Ich war höchstens neunzehn, als ich alle zehn Tage zu onanieren begann. Ich mochte es, dazuliegen und mir Frauen vorzustellen, aber dann wurde mir das über, und ich beschloß, mich selbst zu erregen. Ich betrachtete meinen aufgerichteten Schwanz und erregte meine Lust. Gefallen hatte ich nicht daran, aber ich dachte: Hast du das Maschinchen in Gang gesetzt, mußt du damit fertig werden. Ich wurde schnell fertig. Ich fühlte, wie mir das Blut in den Kopf strömte. Der Kopf tat mir nicht weh, aber in den Schläfen schmerzte es. Jetzt tut mir der Magen weh, denn ich habe viel gegessen, und in den Schläfen ist genauso ein Schmerz wie früher, als ich onanierte. Ich habe wenig onaniert, als ich getanzt habe, denn ich begriff den Tod meines Tanzens. Ich begann meine Kräfte zu schonen und hörte deshalb damit auf. Ich begann »den Mädchen nachzulaufen«. Ich hatte Mühe, Kokotten zu finden, denn ich wußte nicht, wo ich nach ihnen suchen sollte. Ich liebte die Kokotten in Paris. Sie erregten meine Lust, aber nach einem Mal hatte ich nichts mehr mit ihnen im Sinn. Ich mochte diese Frauen, weil sie gute Menschen waren. Mir tat es jedesmal leid, wenn ich es mit einer gemacht hatte. Ich schreibe dieses Buch nicht, damit die Leute ihre Lust erregen. Ich mag das Lusterregen nicht. Ich bin nicht erregt, wenn ich diese Zeilen schreibe. Ich weine bitterlich. Ich fühle alles Erlebte, deshalb schreibe ich über die Lust. Mich hätte die Lust fast zugrunde gerichtet. Ich fühlte mich geschwächt. Es ging nicht voran mit *Jeux*. Ich hatte mir dieses Ballett über die Lust ausgedacht. Dieses Ballett mißlang mir, denn ich fühlte es nicht. Ich fing gut an, doch dann begann man mich zu drängen, und ich brachte es nicht zu Ende. In diesem Ballett ist die Lust dreier junger Menschen zu sehen. Ich hatte mit zweiundzwanzig das Leben begriffen. Ich schuf dieses Ballett allein. Djagilew und Bakst halfen mir, das Sujet aufzuschreiben, denn Debussy, der berühmte Komponist, verlangte ein schriftliches Sujet. Ich bat Djagilew, mir zu helfen, und er schrieb das Sujet mit Bakst zusammen für mich auf. Ich erzählte Djagilew meine Gedanken. Ich weiß, daß Djagilew gern sagt, sie seien von ihm, denn er möchte gelobt werden. Ich freue mich, wenn Djagilew sagt, daß diese Sujets, das heißt *Faun* und *Jeux*, von ihm geschaffen worden seien, denn diese Ballette habe ich unter dem Eindruck meines Lebens mit Djagilew geschaffen. *Faun*, das bin ich, und *Jeux* ist das Leben, von dem Djagilew geträumt hat. Djagilew wollte zwei Knaben haben. Er hat mir gegenüber oft von diesem Wunsch gesprochen, aber ich habe ihm die Zähne gezeigt. Djagilew wollte zwei Knaben gleichzeitig lieben, und diese Knaben sollten ihn lieben. Die beiden Knaben sind die zwei Mädchen, und Djagilew ist der junge Mann. Ich habe diese Figuren absichtlich maskiert, denn ich wollte, daß die Leute sich abgestoßen fühlten. Ich fühlte mich abgestoßen, und deshalb brachte ich dieses Ballett nicht zu Ende. Debussy mochte den Auftrag auch nicht, aber er hatte zehntausend Franc für dieses Ballett bekommen, deshalb mußte er es fertigstellen... Ich weiß, daß ich morgen nach Zürich fahren muß, deshalb gehe ich schlafen...

Ich bin nicht schlafen gegangen, denn Gott wollte mir helfen. Ich habe leichte Kopfschmerzen und Sodbrennen. Ich spreche von Sodbrennen, wenn es im Magen weh tut. Ich mag keine Magenschmerzen, deshalb will ich, daß der Schmerz vergeht. Ich habe Gott gebeten, mir zu helfen. Er hat mir gesagt, daß ich mich nicht schlafen legen soll. Ich habe festgestellt, daß mein Magen nicht arbeitet, wenn ich liege, deshalb habe ich beschlossen, mich nicht schlafen zu legen. Ich werde im Zug schlafen, denn ich habe Oszkár und die Mutter meiner Frau satt. Sie sind erst einen Tag hier. Ich will mich nicht mit ihnen unterhalten.

Ich habe meiner Frau gesagt, und zwar so, daß ihre Mutter es hören konnte, daß ich »keine Gespräche führen kann, weil ich meine Arbeit abschließen muß, denn in Zürich werde ich nicht schreiben«. Meine Frau hat es verstanden, deshalb hat sie nichts zur Antwort gegeben, aber ihre Mutter hat wer weiß was gefühlt, denn ich habe ihr Gesicht nicht gesehen. Sie ist eine gewitzte Frau. Ich habe das heute beim Mittagessen und beim Frühstück gemerkt. Ich gab ihr beim Mittagessen eine Mandarine, die ich übriggelassen hatte. Sie wollte eine zusätzliche Mandarine, deshalb brachte sie das Gespräch auf Mandarinen. Ich gab ihr die Mandarine und sagte, mir sei es egal, was ich esse: ob Mandarine oder Apfelsine. Sie nahm die Mandarine und sagte nichts. Ich zeigte ihr die Zähne. Oszkár stand ihr bei. Ich zeigte ihr noch einmal die Zähne, indem ich ihr nervös die Mandarine wieder wegnahm, um einen Teil Oszkár zu geben und den anderen meiner Frau anzubieten. Meine Frau nahm ihn nicht an, denn sie glaubt, ich esse gern Mandarinen. Ich legte die Mandarine ihrer Mutter auf den Teller, aber sie aß sie nicht, da zeigte ich ihr noch einmal die Zähne mit der Feststellung, sie sei wie Tessa. Ich sagte ihr auch etwas übers Butteressen. Sie verstand mich, denn sie sagte nichts. Ich sprach so, daß es saß. Sie spürte die Stiche, ließ sich aber nicht das geringste anmerken. Sie ist eine sehr clevere Frau. Sie erinnert mich an Djagilew. Sie ist eine sehr gute Schauspielerin, deshalb kann sie spielen. Ich verstehe etwas vom Spielen, denn ich fühle es. Ich weiß, man wird mir sagen, daß alle Künstler fühlen, denn ohne Gefühl kann man nicht spielen. Darauf muß ich sagen, daß zwar alle Künstler fühlen, aber daß nicht alle gut fühlen

... Ich kratze mir die Nase, denn ich fühle, daß sich in meiner Nase Haare bewegen. Ich habe festgestellt, daß die Haarbewegung von den Nerven kommt. Ich habe keine Haare auf dem Kopf, weil ich nervös gewesen bin ...

Ich weiß, man wird mir sagen, daß die Mutter meiner Frau eine große Künstlerin ist. Darauf sage ich, daß ich mich mit Künstlern auskenne, denn ich bin selbst ein Künstler. Ich kenne sie als Mensch, und deshalb kann ich ihr Spiel beurteilen. Ich habe schon in Budapest, als ich interniert war, festgestellt, daß sie im Leben etwas vorspiegelt. Ich weiß, alle werden sagen, daß ich im Leben auch etwas vorspiegele, wenn ich sage, daß Gott es so will. Ich muß sagen, daß ich etwas vorspiegele, weil Gott es mich tun heißt, während die Mutter meiner Frau aus egoistischen Beweggründen etwas vorspiegelt. Ihr mißfällt es, daß ich sie eingeladen habe, bei uns zu wohnen, denn sie tyrannisiert gern die Hausangestellten und hat gemerkt, daß ich die Hausangestellten mag. Sie weiß, daß ich den Zimmermädchen nicht den Hof mache. Sie schimpft aus Gewohnheit mit den Hausangestellten. Ich will nicht, daß man mich auffordert, schlafen zu gehen. Ich werde schlafen gehen, wenn Gott es mich tun heißt. Ich habe meiner Frau gesagt, daß ich bald schlafen gehe, aber ich weiß, daß ich lange schreiben werde. Ich mag es nicht, gestört zu werden, wenn ich arbeite. Ich weiß selbst, was ich zu tun habe. Ich bitte um Hilfe und nicht um Störung. Ich bin keine Störung. Ich bin Hilfe ...

Sie schimpft aus Gewohnheit mit den Hausangestellten. Ich schimpfe nicht gern mit den Hausangestellten. Ich teile gern. Die Mutter meiner Frau mag die Hausangestellten nicht, weil die Hausangestellten ihr die Zähne zeigen. Die Hausangestellten zeigen ihr die Zähne, weil sie sie nicht versteht. Ich mag die Hausangestellten, deshalb mache ich alles so, wie sie es mögen. Ich will die Hausangestellten nicht verwöhnen. Ich bin keine Verwöhnung. Ich bin Liebe. Ich werde über die Liebe zu den Hausangestellten später schreiben...

Ich will viel über das Leben der Mutter meiner Frau schreiben. Ich weiß, alle werden sagen, ich sei genauso ein Komödiant wie sie, der Unterschied bestehe nur darin, daß sie eine Frau und eine Schauspielerin sei, ich hingegen ein Mann und ein Tänzer. Ich verstehe, daß die Leute kein Vertrauen zu den Tänzern haben, deshalb will ich zeigen, wie das mit den Tänzern ist... Ich mag die Mutter meiner Frau als menschliches Wesen, aber ich mag sie nicht als Mensch im Leben. Sie ist eine boshafte Frau. Sie fühlt sehr wenig. Sie ist eine Egoistin bis aufs letzte. Sie liebt nur sich allein. Ich verstehe, warum ihr erster Mann, der Vater meiner Frau, sich erschossen hat. Ich verstehe, warum eine Frau, die Hausangestellte bei der Mutter meiner Frau gewesen ist, auf sie geschossen hat. Ich verstehe, warum sie kein Gerichtsverfahren wollte. Sie befürchtete, das Gericht könnte feststellen, daß sie im Unrecht war. Sie hatte jedesmal Angst, wenn diese Frau an ihrem Haus vorbeiging. Ich verstehe, daß man nicht grundlos Angst haben kann. Ich weiß, daß es hier einen simplen Grund gab. Sie mochte diese Frau nicht, weil sie trank. Die Mutter meiner Frau beschimpfte sie so, daß nicht viel fehlte, und bei der anderen wäre das ganze Nervensystem geplatzt, denn sie hatte den Säuferwahn. Ich weiß, wie das ist mit dem Säuferwahn. Man verliert eine Zeitlang den Verstand. Alle Säufer werden von dieser Krankheit heimgesucht ...

Die Mutter meiner Frau bekam es mit der Angst und sperrte die Tür zu. Meine Frau hat mir diese Geschichte erzählt, deshalb weiß ich alles. Diese Frau schoß auf die Tür, aber zuvor hatte sie sich hinter einem Möbelstück versteckt. Als die Mutter meiner Frau in das Zimmer kam, zeigte ihr die Frau den Revolver. Die Mutter meiner Frau lief von einer Ecke in die andere, und dann rannte sie hinaus und verschloß die Zimmertür. Die Frau kam in Rage und begann auf die Tür zu schießen. Ich konnte die Kränkung dieser Frau nachfühlen. Ich habe die Unwahrheit gesagt, als ich die Mutter meiner Frau in Schutz nahm und meinte, sie und nicht diese Frau sei im Recht gewesen. Ich habe diese Geschichte erst jetzt begriffen, weil Gott mir geholfen hat. Ich liebe Gott, deshalb hilft er mir ...

Die Nerven in der Nase beruhigen sich, aber die Nerven im Schädel stören mich, denn ich fühle, wie mir das Blut aus dem Kopf abfließt. Meine Haare bewegen sich, denn ich fühle sie. Ich habe viel gegessen und fühle deshalb den Tod. Ich will den Tod nicht, deshalb bitte ich Gott, mir zu helfen ...

Ich will schön schreiben, denn ich habe ein Gefühl für Schönheit. Die Mutter meiner Frau ist eine schöne Frau gewesen. Sie hat sich selbst verdorben, denn sie ärgert sich ständig, was sie damit erklärt, daß ihre Galle nicht in Ordnung sei. Ich habe ihr in Budapest gesagt, daß ihr die Galle weh tut, weil sie sich immerzu herumzankt. Sie hat mir nicht geglaubt. Sie glaubt niemandem. Sie ist eine boshafte Frau. Sie macht mit raffinierten Mitteln für sich Reklame. Sie tut so, als würde sie die einfachen Leute lieben. Sie gibt, um aufzufallen, den Straßenbahnschaffnern die Hand. Sie macht das ungeschickt, denn ich habe bemerkt, daß die Schaffner rot werden. Ihnen ist es peinlich, denn sie glauben, daß sie sich über sie lustig macht. Sie lächelt sie auf Lloyd Georgesche Manier an. Ich weiß, man wird mir sagen, daß sie eine gute Frau sei, denn sie weint, wenn sie die Kränkung anderer mit ansehen muß. Ich weiß, man wird mir sagen, daß sie eine Wohltäterin sei, die arbeitslosen Frauen Arbeit verschafft. Ich habe selbst lange geglaubt, daß sie eine gute Frau sei, mußte aber feststellen, daß sie meine Frau nicht liebt, der Zufall ergab es. Am ersten Tag unserer Bekanntschaft wollte sie mir gefallen, deshalb zeigte sie mir alte Photos meiner Frau. Meine Frau begann zu weinen, denn sie fühlte sich verletzt. Ich fühlte mich auch verletzt und ging weg. Seitdem traute ich der Mutter meiner Frau nicht mehr. Ich haßte sie, aber ich verstellte mich. Sie fühlte meine Kraft, denn sie merkte, daß ich ihr keine Beachtung schenkte. Sie ärgerte mich, und ich geriet in Streit mit ihr. Sie hatte Angst, ich könnte schlecht über sie reden, deshalb erzählte sie, daß ich ein schrecklicher Mensch sei und sie nicht möge. Ich kam dahinter, weil mir alle die kalte Schulter zu zeigen begannen. Wer mich bisher geküßt hatte, grüßte mich nicht mehr. Die Mutter meiner Frau frohlockte, denn sie wähnte mich besiegt. Ich war nicht besiegt, denn ich zürnte ihr nicht. Ich verstellte mich, denn ich wollte, daß sie sich besserte. Ich zeigte ihr täglich die Zähne. Sie zeigte sie mir doppelt. Ich tat es auch doppelt, sie daraufhin dreifach, und so zankten wir uns achtzehn Monate lang, jene schweren Monate, als ich interniert war.

Die Mutter meiner Frau ist eine Heuchlerin. Sie erinnert mich an Lloyd George. Sie ist eine boshafte Frau. Ich mag keine boshaften Menschen, deshalb will ich sie damit entwaffnen, daß ich über ihr Leben schreibe. Sie werden sich ärgern, wenn sie diese Zeilen lesen, ich aber werde frohlocken, denn damit erteile ich ihnen eine heilsame Lehre. Ich will, daß sie, bevor sie stirbt, ihre Schuld vor den Menschen eingesteht und sich entschuldigt. Ich will keine öffentlichen Entschuldigungen, aber ich will, daß sie zu fühlen lernt. Ich will, daß sie ihr ganzes vergangenes Leben bereut. Ich weiß, daß sie die ganze ungarische Kritik auf die Beine gebracht und daß man mich schelten wird, deshalb werde ich Gott bitten, die Kritik zu entwaffnen. Ich werde antworten, wenn Gott es mich tun heißt. Ich weiß, daß die Leute mich verstehen werden, deshalb werde ich Gott für seine Liebe danken. Ich weiß, daß er mich liebt und mir in allem helfen wird. Ich bin arm. Ich bin bettelarm. Ich habe weder ein Dach über dem Kopf noch etwas zu essen, denn ich besitze gar nichts. Die Mutter meiner Frau hat ein dreistöckiges Haus mit Marmorsäulen. Sie liebt dieses Haus, denn es ist viel wert. Ich liebe dieses Haus nicht, denn es ist auf törichte Weise gebaut. Ich weiß, viele werden sagen, ich verstehe die Schönheit dieses Hauses nicht, denn darin gebe es viele alte schöne Bilder und Gobelins. Darauf sage ich, daß ich nichts Altes mag, denn Altes riecht nach Tod. Ich weiß, viele werden sagen, ich sei ein herzloser Mensch, weil ich keine alten Leute mag. Darauf sage ich, daß ich alte Menschen mag, aber ich mag das Altern des Geistes nicht. Ich bin ein junger Geist. Tolstoi war ein junger Geist. Wagner und Beethoven waren junge Geister usw. usf. Ich will nicht von anderen reden, denn ich kenne sie wenig. Ich liebe alle. Ich habe über Tolstoi geschrieben, denn er ist Gott. Wagner ist nicht Gott. Beethoven ist Gott. Bach ist nicht Gott …

Die Mutter meiner Frau ist eine schreckliche Frau. Ich mag sie nicht. Ich möchte, daß Gott sie vom Antlitz der Erde nimmt. Ich weiß, man wird mir antworten, ich sei ein böser Mensch, weil ich Gott bitte, sie »vom Antlitz der Erde zu nehmen«. Darauf antworte ich, daß ich alle liebe und die Liebe dieser Frau will, deshalb bitte ich Gott, daß er in ihr alle schlechten Gefühle abtötet, und damit wird ihr ganzes bisheriges Leben enden. Das verstehe ich unter »vom Antlitz der Erde nehmen«.

Ich fahre nach Zürich. Ich will nichts für meine Abreise tun. Alle sind aufgeregt. Die Hausangestellten sind verdummt, denn sie fühlen Gott. Ich fühle ihn auch, aber ich bin nicht verdummt. Ich will nicht prahlen. Ich will die Wahrheit sagen. Oszkár telephoniert mit Zürich. Er hat Angst, daß man seinen Namen nicht verstehen könnte. Er fühlt, daß niemand seinen Namen kennt, deshalb will er ihn den Leuten beibringen. Sein Name ist Párdány. Er spricht seinen Namen mit Betonung jeder Silbe aus. Ich verstehe, warum er unbedingt will, daß alle seinen Namen kennen. Er will zeigen, daß er reich ist. Er will nicht, daß die Leute glauben, er sei arm. Er mag die Armut nicht. Ich mag die Armut. Mir ist es egal, ob man meinen Namen kennt oder nicht. Ich habe keine Angst davor, daß mir die Leute ihre Zuneigung entziehen könnten, wenn sie erkennen, daß ich arm bin. Ich weiß, daß »Armut kein Laster ist«. Ich weiß, alle werden sagen, daß ich gute Augen habe, denn ich kann sehr klein schreiben.* Ich muß sagen, daß die Augen von solcher Schreibweise ermüden. Meine Augen brennen. Ich habe völlig gesunde Augen, denn ich habe wenig gelesen. Ich habe immer morgens und am Tag gelesen. Ich hatte begriffen, daß Lesen Arbeit ist. Ich schloß mich ein und stellte mich krank, um nicht zum Unterricht zu müssen. Ich lag und las. Ich las gern im Liegen, denn ich war ruhig. Ich mochte das Liegen nicht, aber es mußte sein, denn alle hielten mich für krank. Meine Augen brennen nicht mehr, denn Gott hat mir geholfen. Ich mag es nicht, gestört zu werden. Ich will über meine Abfahrt nach Zürich schreiben. Alle waren aufgeregt. Ich war nicht aufgeregt, denn mir war alles egal. Ich fand diese Reise albern. Ich war bereit zu fahren, weil Gott es wollte, aber wenn Gott es nicht gewollt hätte, wäre ich geblieben**. Ich mag kein Verstellen. Ich will Gott. Ich will, daß alle mich verstehen, deshalb habe ich die Stelle gestrichen, um es zu zeigen. Ich merke, daß es in meinem linken Fuß und in der linken Hand kribbelt. Kribbeln bedeutet für mich, daß das Blut stockt. Ich kann den Fuß nicht rühren. Ich kann nicht schreiben, weil sich das Blut in meinem ganzen Körper nicht mehr bewegt. Ich beginne Gott zu verstehen. Ich weiß, daß alle Bewegung

* Die Schrift *auf* den letzten Seiten dieses Heftes ist winzig.
** Gestrichen: und hätte mir eine Ausrede ausgedacht

von Gott kommt, deshalb bitte ich ihn, mir zu helfen. Ich kann nicht mit dieser Feder schreiben, denn meine Feder stirbt. Sie zerkratzt das Papier und nimmt kleine Papierfetzen mit. Die Feder ist schlecht, denn ich versuche sie zu richten, aber es wird nichts mit ihr. Ich werde mich in Zürich nach einer anderen Feder umtun. Ich werde Oszkár bitten, eine einfache Feder zu kaufen. Ich schreibe nicht unterwegs, deshalb brauche ich keinen Fountain-Plume mit Tinte drin. Ich ärgere mich nicht, aber mir tun die Leute leid, denn ein Fountain-Plume ist teuer. Ich weiß, daß alle einen guten Fountain-Plume haben möchten. Ich habe meinen Fehler erkannt. Ich werde mit gespitzter Feder schreiben, denn ich weiß, daß ich dann gut schreiben kann, denn die gespitzte Feder ist abgestumpft. Ich dachte, Gold sei fester als Papier, aber das Papier ist fester. Ich habe angefangen, mit gespitzter Feder zu schreiben. Ich verstehe den Tod des Füllers. Der Waterman's Ideal Fountain-Pen ist Betrug. Ich habe begriffen, wie manche reich werden. Sie werden durch Betrug reich. Ich verstehe, wie das ist mit der Börse. Ich werde die Börsianer betrügen. Ich werde morgen mit Oszkár zur Börse gehen. Ich werde Oszkár beobachten. Er wird aufgeregt sein und ich nicht. Ich werde nicht aufgeregt sein und auf den ganzen Betrug achten, um ihn zu beschreiben ...

Ich will über die Reise schreiben. Ich bin nicht fortgekommen, denn alle hatten den Zug vergessen. Oszkár, die Mutter meiner Frau und meine Frau hatten sich auf die dumme Luise verlassen. Luise hat die Uhrzeit vergessen, die ihr der Mann auf dem Bahnhof genannt hatte. Sie hat sie vergessen, weil sie aufgeregt war. Meine Frau und die Mutter meiner Frau zeigten ihr die Zähne. Ich erklärte ihnen lachend, daß es nicht Luises Schuld sei, fühlte aber den Blick der Mutter meiner Frau und schaltete um. Ich sagte, die Züge änderten häufig den Fahrplan, denn es seien Kriegszeiten. Die Mutter begriff. Sie meinte, daß ich Luise in Schutz nehmen wollte. Ich gab ihr zu verstehen, daß ich sie verstand. Sie fühlte es, verstand mich aber nicht. Ich brach das Gespräch ab, denn ich wollte keinen Streit. Die Mutter ist mißgelaunt und meine Frau auch. Oszkár ist aufgeregt. Ich sitze ruhig da und mache meine Beobachtungen. Ich sehe alle Fehler, denn Gott will, daß ich ruhig bin. Ich habe bemerkt, daß alle versuchen, ihre Aufregung zu unterdrücken, und blaß werden. Ich habe das bei der Mutter meiner Frau und bei meiner Frau bemerkt. Sie waren blaß und zitterten leicht. Ich war nicht blaß und zitterte nicht. Ich denke mir, daß es Lloyd George sehr schwerfällt, seine Aufregung zu verbergen. Ich denke mir, daß er zu allen möglichen Finessen greift, damit sich seine Wangen röten, weil er sich einbildet, Wangenröte zeuge von innerer Ruhe. Ich weiß, daß die Röte von der Aufregung kommt. Ich weiß, daß Lloyd George ein nervöser Mensch ist, denn auf seinem Gesicht erstarrt das Lächeln. Er kann sein Lächeln lange halten, denn der Photograph kann es photographieren. Ich weiß, alle werden sagen, daß ich mein Lächeln auch habe photographieren lassen ...

Meine Frau kam zu mir und meinte, ich solle Kyra sagen, daß ich nicht zurückkomme. Meine Frau fühlte Tränen und sagte bewegt, sie werde mich nicht im Stich lassen. Ich weinte nicht, denn Gott wollte es nicht. Ich sagte zu ihr, daß ich nicht in Zürich bleiben werde, wenn sie keine

Angst vor mir habe, wenn sie aber Angst vor mir habe, dann ziehe ich es vor, im Irrenhaus zu sein, denn ich habe vor nichts Angst. Sie weinte tiefinnerlich. Ich fühlte seelischen Schmerz und sagte, wenn sie keine Angst vor mir habe, werde ich nach Hause zurückkehren. Sie brach in Tränen aus, küßte mich und sagte, sie und Kyra würden mich nicht im Stich lassen, was auch mit mir sein möge. Ich sagte: »Gut«. Sie erfühlte mich und ging. Ich sprach von meinem Lächeln auf dem Photo. Mein Lächeln ist gefühlvoll, denn ich fühle Gott. Wilsons Lächeln ist gefühlvoll, denn er fühlt Gott. Lloyd Georges Lächeln ist dumm, denn er fühlt Gott nicht. Ich weiß, viele werden sagen, Lloyd George sei Gott in der Politik. Ich weiß, man wird mir sagen, Lloyd George habe bewiesen, daß er Gott ist. Darauf sage ich, daß Lloyd George das nicht bewiesen hat, denn er macht seine Politik auf Kosten anderer Staaten. Er mag die anderen Staaten nicht. Er liebt seine Partei, die ihm viel Geld zahlt. Ich weiß, alle werden sagen, er habe kein Geld. Ich kenne Lloyd Georges Finten. Lloyd George versteckt sein Geld gut. Man wird ihm nicht auf die Schliche kommen, denn er hat es so versteckt, daß er meint, selbst Gott werde es nicht finden. Ich werde sein Geld finden und es an mich nehmen. Ich werde allen beweisen, daß ich es zu finden weiß. Ich werde nicht selbst danach suchen. Ich hoffe, daß das Volk es finden wird. Ich überlasse alles Gott. Ich will nicht, daß man ihn umbringt, denn er ist ein Geschöpf Gottes. Ich mag alle Geschöpfe Gottes. Ich möchte in bezug auf Lloyd George »Geschöpf Gottes« nicht groß schreiben, denn das widerstrebt mir … Ich will, daß man meine Manuskripte photographiert, denn ich fühle die Lebendigkeit meines

Manuskripts. Ich übergebe den Menschen Leben, wenn man meine Manuskripte photographiert. Ich werde auf mich angesetzte Journalisten erkennen, denn ich bin ein Physiognom und Gott. Ich erkenne den Menschen an seiner Physiognomie. Ich weiß, daß keiner aufgeregt ist, wenn er sich nichts hat zuschulden kommen lassen. Ich werde in großen Hotels wohnen, denn ich will, daß alle mich sehen. Ich will keine teuren Hotels, denn in teuren wohnen Lloyd-Georgeler. Ich werde in ein einfaches Hotel gehen, wenn meine Frau es mir gestattet. Ich fürchte für mich, wenn meine Frau sagt, daß sie in keinem ärmlichen Hotel wohnen kann. Ich werde zu einer Finte greifen, um in kein großes, reiches Hotel zu kommen. Ich ziehe es vor, in einer Wohnung zu wohnen. Ich werde mir eine Wohnung suchen, wenn ich feststelle, daß man mich nicht liebt. Ich werde allen die Zähne zeigen. Ich will keine Bosheit, aber ich werde sie zeigen, denn Gott wird sie zeigen. Ich habe keine Angst vor bösen Leuten. Ich bin mutig und reich. Meine Leute sind nicht zu kaufen. Ich bin ein Physiognom und Gott. Ich werde den Lloyd-Georgelern zeigen, daß ich ein Gottmensch bin. Kommt heraus! Kommt heraus und kämpft mit mir. Ich werde alle besiegen. Ich habe keine Angst vor einem Schuß und vor Gift. Ich habe Angst vor dem geistigen Tod. Ich werde nicht den Verstand verlieren, aber ich werde immerzu weinen und weinen. Ich bin ein Mensch. Ich bin Gott. Ich bin ein Mensch in Gott. Ich bin mit Fehlern, denn Gott will es so. Ich werde meine Fehler und meine Vollkommenheit zeigen, denn ich will, daß keiner vor mir Angst hat. Ich bin ein Mensch mit Liebe, und Menschen mit Liebe sind schlicht. Ich fürchte nicht um Clemenceau. Ich werde ihm meine Manuskripte zeigen. Ich weiß, daß er sie übersetzen wird. Ich weiß, daß er sie verstehen wird. Ich werde unangemeldet zu ihm gehen. Ich werde mein Kärtchen vorzeigen, und man wird mich einlassen, denn die Leute werden mich verstehen. Ich werde ihnen mein gefühlvolles Lächeln zeigen, und sie werden mich einlassen, denn sie wissen, daß ein Mann mit gefühlvollem Lächeln gut ist. Den Lloyd-Georgelern wird das Verstellen nicht gelingen, denn ein gefühlvolles Lächeln ist gottgegeben. Gott ist nicht mit den Lloyd-Georgelern, sondern mit der Wilson-Partei. Kein Künstler kann Gott täuschen. Ich weiß, was es bedeutet, Künstler und Gott in einem zu sein, deshalb fürchte ich für mich. Ich werde gleich nach meiner Ankunft zu Clemenceau gehen, denn ich meine es gut mit ihm. Ich will, daß man mich einläßt, deshalb werde ich zu einem Trick greifen. Ich werde die Lloyd Georgesche Polizei damit täuschen, daß ich mich als Lloyd-Georgeler ausgebe. Ich werde ihnen sagen, ich sei ein »passionierter« Pole. Sie mögen die »passionierten« Polen, denn sie können sie nach dem Wind lenken. Ich weiß, woher der Wind weht, deshalb kann ich gegenblasen. Ich mag Clemenceau, denn er ist ein Mensch mit Fehlern. Er korrigiert seine Fehler, deshalb ist Gott mit ihm. Ich bin Gott in Clemenceau. Clemenceau fühlt Gott, und Gott fühlt Clemenceau. Ich weiß, daß Clemenceau mich verstehen wird, denn er fühlt mich. Ich werde mit ausgebreiteten Armen auf ihn zugehen, und er wird keine Angst vor mir bekommen. Ich werde ihm in schlechtem Französisch sagen, daß ich ihn mag und daß ich es gut mit ihm meine ... Ich muß mich korrigieren. Ich hatte verstanden, daß Clemenceau die Schulter durchschossen worden sei, dabei hat man ihm von hinten die Atmungsorgane durchschossen. Ich habe begriffen, daß die Lloyd-Georgeler bösartig sind, denn ich weiß, daß man mit durchschossener Lunge lange lebt, aber leiden muß. Clemenceau wird leiden, aber ich hoffe, daß er den ganzen Banditenklüngel durchschauen wird und Frankreich zu beschützen weiß. Ich mag Frankreich, deshalb wünsche ich ihm nichts Böses. Ich durchschaue die ganze Clique, die den Krieg vom Zaun gebrochen hat. Ich weiß, daß Clemenceau ein reicher Mann ist und nichts braucht, deshalb fühle ich, daß er sich nicht kaufen ließ. Die Lloyd-Georgeler kaufen nicht nur mit Geld, sondern auch mit Versprechungen. Clemenceau meinte, daß es für Frankreich gut sei, sich Elsaß und Lothringen zu holen. Ich habe begriffen, daß diese Frage friedlich geregelt werden muß. Clemenceau hat Wilson erfühlt, deshalb stimmt er mit dessen Absichten überein. Ich verstehe, daß die Franzosen die Elsässer mögen und daß dort viele Familien weinen, denn sie glauben damit gekränkt zu werden, daß sie nicht der französischen Karte zugehören. Ich verstehe, daß die Franzosen die Deutschen nicht mögen. Ich verstehe, auf welche Weise sich ihre Feindseligkeit gegen die Deutschen entwickelt. Ich weiß, wie das mit den Deutschen ist. Ich weiß, wer Frankreich beigebracht hat, »Boche« zu sagen. Ich bin kein böser Mensch. Ich liebe alle. Ich will keinen Krieg, deshalb will ich, daß alle in Frieden leben. Streiten muß nicht sein. Streiten muß nicht sein. Ich bin Liebe. Ich bin ein Mensch mit Liebe. Ich weiß, daß deutsche Kinder um ihre Väter weinen. Ich mag die Deutschen. Ich bin kein Deutscher. Ich bin ein Mensch. Ich gehöre keiner Partei zu. Ich bin ohne Partei. Ich bin ein Mensch, und alle sind Menschen. Ich verstehe die Menschenliebe. Ich will die Menschenliebe. Ich will keine Schreckenstaten. Ich will das Paradies auf Erden. Ich bin Gott im Menschen. Alle werden Götter sein, wenn sie tun, was ich ihnen sage. Ich bin ein Mensch mit Fehlern, denn ich will, daß die Menschen ihre Fehler korrigieren. Ich mag keine Menschen, die ihre Fehler nicht korrigieren. Ich bin ein Mensch, der sich korrigiert. Ich denke nicht an Fehler der Vergangenheit. Ich bin kein boshafter Mensch. Ich bin kein wildes Tier, sondern ein Mensch. Ich mag Tiere, aber keine Raubtiere. Raubtiere soll man nicht töten, denn Gott hat ihnen das Leben gegeben. Ich weiß, viele werden sagen, der Mensch sei aus dem Samen des Vaters und dem Schoß der Mutter hervorgegangen. Aber ich muß sagen, daß der Samen nicht vom primitiven Menschen, sondern von Gott kommt. Viele werden sicherlich sagen, der Mensch stamme vom Affen ab, aber ich muß sagen, daß der Affe aus göttlichem Samen hervorgegangen ist. Ich weiß, viele werden sagen, der Samen des Affen sei aus etwas anderem hervorgegangen, darauf sage ich, daß dieses andere von Gott herstammt. Ich weiß, daß man mir sagen wird, dieses andere sei aus etwas anderem hervorgegangen, und darauf sage ich, daß das, was ihr »etwas anderes« nennt, Gott ist. Ich bin die Unendlichkeit. Ich bin alles. Ich bin das Leben in der Unendlichkeit. Ich bin die Vernunft, und die Vernunft ist unendlich. Ich werde niemals sterben, während der Verstand des Menschen mit seinem Körper stirbt. Der menschliche Verstand ist begrenzt. Ich weiß, viele werden sagen, der Verstand habe alles geschaffen. Aeroplane und Zeppeline usw. usf. seien Geschöpfe des Verstandes. Ich muß sagen, daß Aeroplane und Zeppeline Geschöpfe der Vernunft sind, denn in ihnen ist Leben. Im Aeroplan ist Bewegung, im Zeppelin ist Bewegung. Ich weiß, daß den Aeroplan ein französischer Gottmensch geschaffen hat. Ich weiß, daß die Franzosen Gott fühlen, aber sie verstehen ihn nicht, deshalb machen sie Fehler. Der Zeppelin ist eine Sache des Verstandes, denn der Zeppelin wurde nach dem Vorbild des Aeroplans erfunden. Ich weiß, viele werden sagen, der Aeroplan sei nach dem Vorbild des Vogels erfunden worden. Darauf sage ich, daß der Vogel etwas Lebendiges ist, während der Aeroplan ein Gegenstand aus Stahl ist. Darauf sage ich, daß der Zeppelin eine Kopie des Aeroplans ist, aber in einer anderen Form. Die Wissenschaftler waren vom Zeppelin begeistert, denn sie hatten seine Kraft erkannt. Sie hatten erkannt, daß viele Leute in ihn hineinpassen, weshalb er gut ist für den Krieg. Die Deutschen gaben bei Zeppelin viele Zeppeline in Auftrag. Sie dachten, daß Kücken herauskommen würden, aber was herauskam, waren tote Menschen* …

Die Mutter meiner Frau ist in mein Zimmer gekommen und hat sich entschuldigt. Ich sagte ihr mit lauter Stimme, damit es wirkte, sie brauche sich nicht zu entschuldigen, denn zu mir könne jeder hereinkommen, ohne um Erlaubnis zu bitten. Lärm und Geschrei machten mir nichts aus. Ich könne bei Geschrei arbeiten. Sie überlegte und antwortete, sie verstehe, daß ich Lärm gewöhnt sei, und das sei sehr gut. Ich fühlte aus dem »sehr gut« heraus, daß sie an anderes dachte und mich deshalb nicht verstanden

---

* Die Assoziation von Zeppelin mit »Kücken« ergibt sich auf Grund des ähnlichen Klangs im Russischen (Kücken = cypljonok).

hatte ... Meine Frau kam und gab mir einen Kuß. Ich dachte, das war Gott. Ich begriff, daß Gott in der Liebe ist. Ich will Gott nicht groß schreiben, also werde ich ihn klein schreiben. Ich habe die Stimme meiner kleinen Kyra gehört. Sie liebt mich, denn sie mußte weinen, als ich sagte, daß ich für immer wegfahre. Sie erfühlte mich und begann zu weinen ... Ich bin aufs Klo pissen gegangen und habe es dreckig vorgefunden. Ich begriff, daß Oszkár ein kranker Mensch ist, denn sein Kot ist weich. Er hat das ganze Klo vollgespritzt. Ich wollte keinen Dreck, deshalb nahm ich die Bürste und machte den ganzen Dreck weg. Danach hatte ich das Gefühl, daß die Bürste dreckig war, deshalb legte ich sie in das Klobecken und drückte auf die Pumpe. Das Wasser kam angeschossen und beseitigte den Dreck auf der Bürste. Ich stellte fest, daß die Bürste schlecht ist, denn keiner kümmert sich um die Bürste. Von der Bürste blieben im Becken Haare zurück. Ich ließ die Haare drin, denn ich fühlte, Luise müsse draufkommen, daß ich das gewesen bin, und mir noch größere Zuneigung schenken. Ich will Luise dieses Buch in Deutsch zeigen, und zwar die Stelle, wo ich über sie schreibe. Sie ist eine Frau aus Zürich und heißt Luise Hamberg. Wer sie sieht, wird ihr die Stelle zeigen, wo ich über sie schreibe. Ich mag Luise und sie mich auch. Ich habe ihr nicht den Hof gemacht, deshalb hat sie mir noch größere Zuneigung geschenkt. Sie hat mir nichts gesagt, aber ich habe es begriffen, denn ich fühlte Zuneigung ...

Ich schreibe klein, weil die Hefte teuer sind. Ich habe die Machenschaften der Läden begriffen. Die Läden schlagen Nutzen aus dem Krieg, denn sie befürchten, daß er zu

Ende geht. Die Machenschaften der Läden zeigen sich, wenn sie erklären, daß der Krieg sie zwinge, hohe Preise zu verlangen. Ich war in einem Laden in St. Moritz, der sich »Der Weg« nennt. Gott hieß mich eintreten. Ich hatte kein Geld. Ich bat um Hefte. Eine magere Frau mit schwarzen Haaren und Kneifer auf der Nase. An dem Kneifer war eine Goldkette. Ich begriff, daß diese Frau Aktien dieses Ladens besaß, und zwar deshalb, weil sie einen Preis nannte und die Ladenfrau einen anderen. Die Frau mit Kneifer nannte einen hohen Preis und die Frau ohne Kneifer einen niedrigen. Ich folgte der Frau ohne Kneifer. Ich bemerkte die Nervosität der Frau mit Kneifer. Ich kannte diesen Laden von früher, denn ich hatte hier Farben und Papier für meine Dekorationen gekauft. Ich hatte nicht aufs Geld gesehen. Farben und Papier waren sehr teuer. Ich begriff, wie teuer, und hätte beinahe die ganze Arbeit hingeworfen, aber Gott half mir, denn er hatte mir gesagt, daß er mir helfen werde. Ich vertraute ihm und kaufte viele Farben. Ich wußte, daß die Farben austrocknen, aber ich habe den Fehler der Leute erkannt, deshalb habe ich keine Angst vor dem Austrocknen der Farbe. Ich weiß, wie man trockene Farbe wieder hinkriegt. Ich nehme etwas heißes Wasser, und in das heiße Wasser gebe ich ein Stück trockene Farbe. Die Läden lassen sich alles teuer bezahlen, was sie verkaufen, und erklären das mit dem Krieg. Ich habe die Machenschaften des Ladens begriffen, denn ich habe lange mit Gott in St. Moritz gelebt. Ich habe über ein Jahr mit Gott gelebt und täglich gearbeitet. Ich schlief und dachte an Gott. Ich weiß, man wird mir sagen, der Mensch könne nicht schlafen und denken. Darauf sage ich, daß der Einwand berechtigt ist, denn ich denke nicht, wenn ich schlafe, sondern fühle. Ich habe das absichtlich fehlerhaft ausgedrückt, denn ich will die Leute fühlen lassen, daß ich nicht denke, wenn ich schreibe, sondern fühle …

Der Laden betrügt. Ich betrüge auch. Ich verstehe die Fehler der Läden, deshalb weiß ich, was ich zu tun habe. Ich werde nicht mit großen Buchstaben schreiben, sondern mit kleinen, denn so spare ich Papier. Die Läden glauben, die Leute seien dumm, weil sie viel Geld haben. Ich muß sagen, daß nicht die Leute dumm sind, sondern die Läden, denn sie verkaufen ihre Sachen für Geld und nicht für Liebe. Ich liebe die Menschen, deshalb betrüge ich sie nicht. Ich begreife, wer Kriege vom Zaun bricht. Kriege kommen vom Kommerz. Der Kommerz ist eine schreckliche Sache. Der Kommerz ist der Tod der Menschheit. Wenn die Menschen ihre Lebensweise nicht ändern, wird der Kommerz alle ins Verderben stürzen. Ich weiß, viele werden sagen, daß ein Leben ohne Kommerz nicht möglich sei. Ich weiß, daß der Kommerz eine nichtige Sache ist. Ich weiß, daß die Kommerzbetreiber Gott nicht fühlen. Ich weiß, daß Gott die Kommerzbetreiber nicht mag. Ich weiß, daß Gott werktätige Menschen mag. Ich bin kein Bolschewik. Ich will keine Morde. Die Bolschewiken sind Mörder. Ich bin ein Mensch mit Liebe. Ich will Liebe für alle. Ich will das Leben für alle. Ich mag Dinge, wenn ich sie brauche. Ich will keine Dinge, die ich nicht brauche. Ein Ding, das ich mag, behandle ich achtsam. Ich habe drei große Hefte zu einem sehr hohen Preis gekauft. Ich habe begriffen, daß die Frau mit Kneifer und Goldkette mich betrogen hat. Ich will sie betrügen, deshalb schreibe ich ganz klein. Ich mag die Läden nicht. Ich bin dafür, daß man die Fabriken vernichtet, denn sie bringen Schmutz über die Erde. Ich liebe die Erde, deshalb will ich sie beschützen. Ich will keine Pogrome. Ich will, daß die Leute begreifen, daß man den ganzen Dreck sein lassen muß, denn zu leben bleibt nicht mehr viel. Ich spüre das Ersticken der Erde. Die Erde ist am Ersticken. Sie bringt Erdbeben hervor. Ich weiß, wie das ist mit den Erdbeben. Ich weiß, daß alle die Erdbeben hassen und Gott bitten, daß die Erdbeben aufhören. Ich will Erdbeben, denn ich weiß, daß die Erde atmet. Ich weiß, daß die Leute die Erdbeben nicht verstehen und deshalb böse sind auf Gott. Die Leute verstehen nicht, daß sie selbst die Erdbeben verursacht haben. Ich weiß, man wird mir sagen, daß Erdbeben von Erdbeben kommen, denn die Erde sei noch nicht erkaltet. Ich kenne den Irrtum der Leute, deshalb muß ich sagen, daß Erdbeben vom Ersticken der Erde kommen. Sicherlich wird man mir sagen, daß ich mich täusche, denn ich hätte die Erde nicht erforscht. Darauf sage ich, daß ich die Erde erforscht habe, denn ich fühle sie, statt sie zu denken. Ich weiß, daß die Erde etwas Lebendiges ist. Ich weiß, daß die Erde eine Sonne gewesen ist. Ich weiß, daß alle Sterne, die blinzeln, Sonnen sind. Ich weiß, daß der Mond und andere Planeten, der Mars zum Beispiel, keine Sonnen sind. Ich weiß, daß es auf dem Mars keine Menschen gibt. Ich weiß, daß die Leute Angst vor mir bekommen werden, denn ich spreche von Dingen, die ich nicht mit eigenen Augen gesehen habe. Ich muß sagen, daß ich ohne Augen sehe. Ich bin das Gefühl. Ich fühle. Ich weiß, daß die Blinden mich verstehen werden, wenn ich ihnen erkläre, daß Augen etwas Überholtes sind. Ich werde ihnen sagen, daß auf dem Mars die Menschen ohne Augen sind. Daß auf dem Mars die Menschen mit Liebe leben und daß sie keine Augen brauchen, denn sie haben keine Sonne.

Ich weiß, daß alle Astronomen ein Geschrei erheben werden, daß Nijinsky ein Dummkopf sei und nichts von Astronomie verstehe. Darauf sage ich, daß alle Astronomen Dummköpfe sind. Die Astronomen haben Fernrohre zur Erforschung der Atmosphäre erfunden. Die Astronomen sind die langweiligsten Leute von der Welt. Ich weiß, man wird mir sagen, der Astronom sei Gott. Darauf sage ich, daß der Astronom die Dummheit ist. Ich weiß, man wird mir sagen, daß ich verrückt sei, denn ich spreche über Dinge, von denen ich nichts verstehe. Ich weiß, daß ich etwas von ihnen verstehe. Ich bin der Geist im Menschen, der den Körper Nijinskys trägt. Ich habe Augen, aber ich weiß, wenn man mir die Augen aussticht, kann ich auch ohne Augen leben. Ich kenne einen französischen General, der jeden Tag mit seiner Frau spazierengeht und das Leben fühlt. Er glaubt, er sei unglücklich, deshalb lächelt er allen zu, denen er begegnet. Er war mir aufgefallen, weil er einen sonderbaren Gang hat und den Kopf hochreckt. Ich begriff, daß er unglücklich war, und bedauerte ihn. Ich mochte ihn und fühlte, daß ich ihm klarmachen müsse, daß ich keine Angst habe, blind zu sein, aber ich begriff, daß er mich nicht verstehen würde, deshalb verschob ich diese Aufgabe auf später. Ich weiß, daß es auf dem Mars keine Menschen gibt, denn ich weiß, daß der Mars ein vereister Körper ist. Der Mars war eine Erde, aber vor vielen Milliarden von Jahren. Die Erde wird auch ein Mars sein, aber in einigen hundert Jahren.

Ich fühle, daß die Erde am Ersticken ist, deshalb bitte ich alle, mit den Fabriken Schluß zu machen und auf mich zu hören. Ich weiß, was zur Rettung der Erde nötig ist. Ich kann einen Ofen heizen und werde es deshalb auch schaffen, die Erde anzuheizen. Mein Heizer ist dumm, er trinkt, weil er meint, das sei gut für ihn, aber er bringt sich um. Ich bin Gottes Erlöser. Ich bin Nijinsky und nicht Christus. Ich liebe Christus, denn er war so wie ich. Ich liebe Tolstoi, denn er war so wie ich. Ich will den ganzen Erdball vor dem Ersticken retten. Alle Wissenschaftler müssen ihre Bücher weglegen und zu mir kommen. Ich werde allen helfen, denn ich weiß viel. Ich bin ein Mensch in Gott. Ich fürchte den Tod nicht. Ich bitte, keine Angst vor mir zu haben. Ich bin ein Mensch mit Fehlern. Ich habe auch Fehler. Ich will mich bessern. Ich bin ein Mensch mit Fehlern. Mich muß keiner töten wollen, denn ich liebe alle gleichermaßen. Ich werde nach Zürich fahren und Zürich zusammen mit Gott studieren. Ich werde über Zürich schreiben. Zürich ist eine Stadt des Kommerz. Ich werde ihre Fehler begreifen. Ich werde über Zürich schreiben, um euch zu zeigen, daß ich recht habe. Ich bin die Vernunft und nicht der Verstand. Ich bin Gott, denn ich bin die Vernunft. Tolstoi hat viel über die Vernunft gesprochen. Schopenhauer hat ebenfalls über die Vernunft geschrieben. Ich schreibe auch über die Vernunft. Ich bin die Philosophie der Vernunft. Ich bin die wahre und keine ausgedachte Philosophie. Nietzsche hat den Verstand verloren, weil er am Ende seines Lebens erkannte, daß alles, was er geschrieben hatte, dummes Zeug war. Er bekam Angst vor den Leuten und verlor den Verstand. Ich werde keine Angst vor den Leuten bekommen, wenn sie mit knirschenden Zähnen über mich herfallen. Ich verstehe die Menge. Ich weiß sie zu lenken. Ich bin kein Heerführer. Ich bin ein Mensch in der Menge. Ich mag die Menge nicht. Ich mag das Familienleben. Ich will die Vermehrung der Kinder nicht. Ich weiß, wozu die Vermehrung der Kinder führt. Ich liebe alle Kinder. Ich bin ein Kind. Ich spiele gern mit Kindern. Ich verstehe Kinder. Ich bin Vater. Ich bin ein verheirateter Mann. Ich liebe meine Frau, denn ich will ihr helfen zu leben. Ich verstehe, warum manche immerzu hinter den Mädchen her sind. Ich weiß, wie das mit den Mädchen ist. Ich werde viel schreiben, denn ich will den Menschen erklären, wie das mit dem Leben ist und wie mit dem Tod. Ich kann nicht schnell schreiben, denn meine Muskeln ermüden. Ich kann nicht mehr. Ich bin ein Märtyrer, denn ich habe Schmerzen in der Schulter. Ich schreibe gern, denn ich will den Menschen helfen. Ich kann nicht schreiben, denn ich bin müde. Ich will Schluß machen, aber Gott läßt mich nicht. Ich werde schreiben, bis Gott mir Einhalt gebietet ...

Ich habe gut zu Mittag gegessen, aber ich fühlte, daß es besser war, die Suppe stehenzulassen. Die Suppe war aus Konserven gemacht ...

Ich wollte schnell Geld holen gehen, denn das hatte ich mir überlegt, aber Gott zeigte mir, daß ich das besser ließe. Ich habe das Scheckbuch an mich genommen. Ich will mein Scheckbuch mitnehmen und kein Geld, denn ich will in der Börse zeigen, daß ich Kredit habe. Die Börsianer werden mir Vertrauen schenken und mir Geld leihen. Ich werde ohne Geld gewinnen. Ich weiß, daß alle erschrecken werden, deshalb gehe ich allein zur Börse. Ich werde einen schlechten Anzug anziehen, denn ich will mir das ganze Börsenleben ansehen. Ich werde die Börsianer täuschen. Ich werde meinen guten Anzug nehmen, um mich als reichen Ausländer auszugeben, und so werde ich die Börse betreten. Mir ist bange vor der Börse, denn ich kenne sie noch nicht. Einmal war ich mit Djagilew dort, der einen Mann kannte, der Börsianer war. Djagilew spielte mit kleinen Beträgen, deshalb gewann er. Ich werde mit kleinen spielen, weil ich auch gewinnen will. Ich weiß, daß die Kleinen verlieren, denn sie sind aufgeregt und machen Dummheiten. Ich werde mir alle ansehen und alles begreifen. Ich mag nicht alles im voraus wissen, aber Gott will mir das Leben der Leute zeigen, deshalb bereitet er mich darauf vor. Ich werde zu Fuß zum Bahnhof gehen und nicht mit der Droschke fahren. Wenn alle fahren, fahre ich auch. Gott will den Leuten zeigen, daß ich genauso ein Mensch bin wie sie ...

Ich werde jetzt gehen ...
Ich warte ...
Ich will nicht ...

Ich werde zur Mutter meiner Frau gehen und mit ihr reden, denn ich will nicht, daß sie denkt, daß ich Oszkár mehr liebe. Ich prüfe ihre Gefühle. Sie ist noch nicht tot, denn sie ist neidisch ...

Chronologie

1890 28. Februar (12. März): Waslaw Nijinsky wird als zweiter Sohn des polnischen Tänzerpaars Foma Nischinski (Tomasz Nieżyński) und Eleonora geb. Bereda in Kiew geboren. Über das Geburtsjahr gibt es abweichende Angaben (auch 1888 und 1889).

1898-1907 Besuch der Kaiserlichen Ballettschule in St. Petersburg.

1907-1911 Engagement am Petersburger Marientheater.

1908 Beginn der Beziehung mit Sergej Djagilew.

1909 Erstes Pariser Gastspiel mit der Truppe des Petersburger Marientheaters im Rahmen der von Djagilew initiierten russischen Sommersaisons.

1911 Nijinsky verläßt Rußland (es wird ein Abschied für immer), um in Paris für Djagilews »Ballets russes« zu arbeiten. Gastspiel in London.

1912 Erste Choreographien. Gastspiele in Berlin, Dresden, Wien und Budapest, wo Romola de Pulszky, Tochter der seinerzeit bedeutendsten ungarischen Schauspielerin Emilia Márkus, Nijinskys Erfolg erlebt. In Paris Premiere von *Nachmittag eines Fauns* (Musik: Claude Debussy).

1913 Gastspiele in Prag, Leipzig, Dresden, London, Monte Carlo. In Paris Premiere von *Jeux* (Musik: Claude Debussy) und *Sacre du printemps* (Musik: Igor Strawinsky). Während der Schiffsreise zu einer Südamerika-Tournee gelingt es Romola de Pulszky, Nijinskys Zuneigung zu gewinnen. Auf ihre Heirat in Buenos Aires folgt Djagilews Bruch mit Nijinsky.

1914 Arbeit mit einer eigenen Truppe im Londoner Palace Theatre. Die enorme Belastung führt zu einer Nervenkrise. Geburt der ersten Tochter Kyra in Wien. Nach Ausbruch des Ersten Weltkriegs will Nijinsky nach Rußland zurückkehren, wird jedoch in Budapest als Bürger eines feindlichen Landes bei den Schwiegereltern unter Hausarrest gestellt. Arbeit an einem choreographischen Notationssystem.

1916 Durch die amerikanische Botschaft ermöglichte Ausreise von Wien über Bern und Lausanne nach New York, wo sich Nijinsky Djagilews Truppe anschließen soll. Die Zusammenarbeit wird durch Konflikte belastet. Eigene Programme an der Metropolitan Opera. Premiere von *Till Eulenspiegel*, Nijinskys letzter Choreographie. Amerika-Tournee. Nijinsky gerät unter den Einfluß von Tolstoianern. Anzeichen einer Nervenkrankheit.

1917 Überfahrt nach Spanien. Madrid. Djagilew zwingt den dringend erholungsbedürftigen Nijinsky zur Teilnahme an einer neuerlichen Südamerika-Tournee seiner Truppe. 30. Juni: Djagilew sieht in Barcelona Nijinsky zum letzten Mal tanzen. Definitives Ende ihrer Freundschaft. 26. September: Nijinsky tanzt zum Abschluß der Südamerika-Tournee ein letztes Mal mit den »Ballets russes«. 26. Oktober: Die Benefizveranstaltung Nijinskys zugunsten des Roten Kreuzes in Montevideo wird zu seinem letzten großen öffentlichen Auftritt. Dezember: Nijinsky reist mit Romola nach St. Moritz, wo sie sich in der Villa Guardamunt einmieten.

1918 Mit neuen Plänen und Choreographien beschäftigt, erholt sich Nijinsky in den Schweizer Bergen. Angebote von Impresarios, die ihn in St. Moritz aufsuchen, lehnt er ab, er will erst nach Kriegsende wieder tanzen. Liest Nietzsches »Ecce Homo« und Maeterlincks »Vom Tode«.

1919 Deutliche Anzeichen von Geistesgestörtheit.
19. Januar: Nijinsky schockiert das Publikum bei einer Benefizveranstaltung im St. Moritzer Hotel Suvretta, mit der seine Tänzerlaufbahn abrupt endet. Entschlossen, das Tanzen aufzugeben und als Bauer nach Rußland zu gehen, zieht er sich mehr und mehr zurück, um die ihn bestürmenden Gedanken in drei Schreibheften zu Papier zu bringen. Seine Aufzeichnungen entstehen wahrscheinlich zwischen dem 19. Januar und dem 4. März. An diesem Tag fährt er mit Romola und den Schwiegereltern nach Zürich, wo Prof. Eugen Bleuler eine unheilbare Geisteskrankheit diagnostiziert. Es kommt zur Einlieferung in eine Nervenheilanstalt. Der dadurch ausgelöste Schock führt zu einem ersten katatonischen Anfall. Prof. Bleuler vermittelt Nijinskys Aufnahme in das Sanatorium von Dr. Binswanger in Kreuzlingen, wo er ein halbes Jahr bleibt.

1920	Romola zieht mit Nijinsky nach Wien. Geburt der zweiten Tochter Tamara.
1923	Übersiedlung nach Paris, wo Djagilew Nijinsky besucht und zu einer *Petruschka*-Vorstellung einlädt. Sein tänzerisches Interesse ist nicht wiederzuerwecken.
1924	Romola, die in all den Jahren zu ihrem Mann hält und unermüdlich nach Möglichkeiten sucht, ihm zu helfen, nimmt Verbindung zu Prof. Poetzl in Wien auf, der mit Experimenten zur Heilung der Schizophrenie begonnen hat.
1929	Nijinsky ist wieder im Sanatorium von Kreuzlingen.
1938	Beginn einer Insulinschockbehandlung, mit der Dr. Manfred Sakel erfolgreich experimentiert hat. Nijinskys Zustand bessert sich so weit, daß Aussicht auf Heilung attestiert wird und er das Sanatorium verlassen kann, um mit Romola in einem Hotel im Berner Oberland zu wohnen. Freunde rufen eine Nijinsky Stiftung ins Leben.
1940	Die Symptome der Krankheit werden wieder manifest. Die geplante Ausreise in die USA scheitert. Romola geht mit Nijinsky nach Ungarn, wo sie gezwungen sind, bis zum Ende des Zweiten Weltkriegs zu bleiben.
1945	Wien. Die sowjetischen Sieger geben Nijinsky zu Ehren in der Wiener Oper eine hochkarätig besetzte Ballettvorstellung und versuchen, ihn zur Rückkehr in seine Heimat zu bewegen. Aufenthalt auf Schloß Mittersill in Österreich (bis 1947).
1948	Ausreise nach England, Wohnsitz in Virginia Water bei Windsor.
1950	8. April: Nijinsky stirbt in London an Nierenversagen.
1953	Überführung nach Paris, Beisetzung auf dem Friedhof Montmartre.

Zu dieser Ausgabe

insel taschenbuch 2249: Nijinsky, Tagebücher. Der vorliegende Band folgt der 1996 im Berlin Verlag erschienenen Ausgabe: Nijinsky, Ich bin ein Philosoph, der fühlt. Die Tagebuchaufzeichnungen in der Originalfassung. Aus dem Russischen von Alfred Frank. Die französische Fassung des Originals erschien 1995 unter dem Titel *Cahiers* bei Actes Sud, Arles. Umschlagabbildung: Waslaw Nijinsky um 1916. © SYGMA

Biographien, Leben und Werk
im insel taschenbuch

Peter Altenberg. Leben und Werk in Texten und Bildern. Herausgegeben von Hans Christian Kosler. it 1854

Lou Andreas-Salomé: Lebensrückblick. Grundriß einiger Lebenserinnerungen. Aus dem Nachlaß herausgegeben von Ernst Pfeiffer. Neu durchgesehene Ausgabe mit einem Nachwort des Herausgebers. it 54

– Rainer Maria Rilke. Mit acht Bildtafeln im Text. Herausgegeben von Ernst Pfeiffer. it 1044

Elizabeth von Arnim: Elizabeth und ihr Garten. Aus dem Englischen von Adelheid Dormagen. it 1293 und Großdruck. it 2338

Angelika Beck: Jane Austen. Leben und Werk in Texten und Bildern. it 1620

Marian Brandys: Maria Walewska. Napoleons große Liebe. Eine historische Biographie. it 1835

Bertolt Brecht. Sein Leben in Bildern und Texten. Mit einem Vorwort von Max Frisch. Herausgegeben von Werner Hecht. it 1122

Die Schwestern Brontë. Leben und Werk in Texten und Bildern. Herausgegeben von Elsemarie Maletzke und Christel Schütz. it 814

Robert de Traz: Die Familie Brontë. Eine Biographie. Aus dem Französischen von Maria Arnold. Mit einem Beitrag von Mario Praz und zahlreichen Abbildungen. it 1548

Georg Büchner. Leben und Werk in Texten und Bildern. Von Reinhold Pabst. it 1626

Hans Carossa: Ungleiche Welten. Lebensbericht. it 1471

Benvenuto Cellini: Leben des Benvenuto Cellini florentinischen Goldschmieds und Bildhauers. Von ihm selbst geschrieben, übersetzt und mit einem Anhange herausgegeben von Johann Wolfgang Goethe. Mit einem Nachwort von Harald Keller. it 525

Cézanne. Leben und Werk in Texten und Bildern. Von Margret Boehm-Hunold. it 1140

George Clémenceau: Claude Monet. Betrachtungen und Erinnerungen eines Freundes. Mit farbigen Abbildungen und einem Nachwort von Gottfried Boehm. it 1152

Sigrid Damm: Cornelia Goethe. it 1452

– »Vögel, die verkünden Land.« Das Leben des Jakob Michael Reinhold Lenz. it 1399

Joseph von Eichendorff. Leben und Werk in Texten und Bildern. Herausgegeben von Wolfgang Frühwald und Franz Heiduk. it 1064

Biographien, Leben und Werk
im insel taschenbuch

Elisabeth von Österreich. Tagebuchblätter von Constantin Christomanos. Herausgegeben von Verena von der Heyden-Rynsch. Mit Beiträgen von E. M. Cioran, Paul Morand, Maurice Barrès und Ludwig Klages. Mit zeitgenössischen Abbildungen. it 1536

Die Familie Mendelssohn. 1729 bis 1847. Nach Briefen und Tagebüchern herausgegeben von Sebastian Hensel. Mit einem Nachwort von Konrad Feilchenfeldt. it 1671

Theodor Fontane: Kriegsgefangen. Erlebnisse 1870. Herausgegeben von Otto Drude. Mit zahlreichen Abbildungen. it 1437

– Meine Kinderjahre. Autobiographischer Roman. Mit einem Nachwort von Otto Drude. it 705

Theodor Fontane. Leben und Werk in Texten und Bildern. Von Otto Drude. it 1660

Frauen mit Flügel. Lebensberichte berühmter Pianistinnen. Von Clara Schumann bis Clara Haskil. Herausgegeben und mit einem Nachwort von Eva Rieger und Monica Steegmann. it 1714

Sigmund Freud. Sein Leben in Bildern und Texten. Herausgegeben von Ernst Freud, Lucie Freud und Ilse Grubrich-Simitis. Mit einer biographischen Skizze von K. R. Eissler. Gestaltet von Willy Fleckhaus. it 1133

Dagmar von Gersdorff: Marie Luise Kaschnitz. Eine Biographie. Mit zahlreichen Abbildungen. it 1887

Klaus Goch: Franziska Nietzsche. Eine Biographie. Mit zahlreichen Abbildungen. it 1623

Goethe. Sein Leben in Bildern und Texten. Vorwort von Adolf Muschg. Herausgegeben von Christoph Michel. Gestaltet von Willy Fleckhaus. it 1000

Manfred Wenzel: Goethe und die Medizin. Selbstzeugnisse und Dokumente. Herausgegeben von Manfred Wenzel. Mit zahlreichen Abbildungen. it 1350

Herman Grimm: Das Leben Michelangelos. it 1758

Gernot Gruber: Mozart. Leben und Werk in Texten und Bildern. it 1695

Klaus Günzel: Die Brentanos. Eine deutsche Familiengeschichte. Mit zahlreichen Abbildungen. it 1929

Adele Gundert: Marie Hesse. Die Mutter von Hermann Hesse. Ein Lebensbild in Briefen und Tagebüchern. Mit einem Essay von Siegfried Greiner und Illustrationen von Gunter Böhmer. it 261

Heinrich Heine. Leben und Werk in Daten und Bildern. Von Joseph A. Kruse. Mit farbigen Abbildungen. it 615

Biographien, Leben und Werk
im insel taschenbuch

Hermann Hesse. Sein Leben in Bildern und Texten. Mit einem Vorwort von Hans Mayer. Herausgegeben von Volker Michels. it 1111

Volker Michels: Hermann Hesse. Leben und Werk im Bild. Mit dem ›kurzgefaßten Lebenslauf‹ von Hermann Hesse. it 36

Hölderlin. Chronik seines Lebens mit ausgewählten Bildnissen. Herausgegeben von Adolf Beck. it 83

Eckart Kleßmann: E.T.A. Hoffmann oder Die Tiefe zwischen Stern und Erde. Eine Biographie. Mit zahlreichen Abbildungen. it 1732

Peter Huchel. Leben und Werk in Texten und Bildern. Herausgegeben von Peter Walther. it 1805

Kirsten Jüngling / Brigitte Roßbeck: Elizabeth von Arnim. Biographie. Mit zahlreichen Photographien. it 1840

Erhart Kästner. Leben und Werk in Daten und Bildern. Herausgegeben von Anita Kästner und Reingart Kästner. it 386

Marie Luise Kaschnitz: Tage, Tage, Jahre. Aufzeichnungen. it 1453

Katharina die Große: Memoiren. Aus dem Französischen und Russischen übersetzt von Erich Boehme. Mit einem Nachwort von Hedwig Fleischhacker. it 1858

Harry Graf Kessler: Tagebücher 1918-1937. Herausgegeben von Wolfgang Pfeiffer-Belli. it 1779

Gisela Kleine: Gabriele Münter und die Kinderwelt. Mit farbigen Abbildungen. it 1924

– Gabriele Münter und Wassily Kandinsky. Biographie eines Paares. Mit farbigen Abbildungen. it 1611

Eckart Kleßmann: Die Mendelssohns. Bilder aus einer deutschen Familie. Mit zahlreichen Abbildungen. it 1523

Werner Koch: Lawrence von Arabien. Leben und Werk in Texten und Bildern. Mit einem Bildteil und Lebensdaten von Michael Schroeder. it 1704

Cordula Koepcke: Lou Andreas-Salomé. Leben. Persönlichkeit. Werk. Eine Biographie. it 905

Oskar Kokoschka. Leben und Werk in Daten und Bildern. Herausgegeben von Norbert Werner. it 909

Monique Lange: Edith Piaf. Die Geschichte der Piaf. Ihr Leben in Texten und Bildern. Aus dem Französischen von Hugo Beyer. Mit einer Discographie. it 516

Mütter berühmter Männer. Zwölf biographische Porträts. Herausgegeben von Luise F. Pusch. it 1356

Jean Orieux: Das Leben des Voltaire. Aus dem Französischen von Julia Kirchner. Mit einer Zeittafel und einem kommentierten Personenregister. it 1651

Biographien, Leben und Werk
im insel taschenbuch

Ernst Penzoldt. Leben und Werk in Texten und Bildern. Herausgegeben von Ulla Penzoldt und Volker Michels. it 547

August von Platen: Memorandum meines Lebens. Herausgegeben von Gert Mattenklott und Hansgeorg Schmidt-Bergmann. it 1857

Renate Wiggershaus: Marcel Proust. Leben und Werk in Texten und Bildern. it 1348

Gwen Raverat: Eine Kindheit in Cambridge. Roman. Aus dem Englischen übertragen von Leonore Schwartz. it 1592

Requiem für eine romantische Frau. Die Geschichte von Auguste Bußmann und Clemens Brentano. Nach gedruckten und ungedruckten Quellen überliefert von Hans Magnus Enzensberger. Aus neuen Funden ergänzt und mit einem Capriccio als Zugabe. it 1778

Rainer Maria Rilke. Leben und Werk im Bild. Von Ingeborg Schnack. Mit einer biographischen Einführung und einer Zeittafel. it 35

George Sand. Leben und Werk in Texten und Bildern. Von Gisela Schlientz it 565

Ida Schöffling: Katherine Mansfield. Leben und Werk in Texten und Bildern. it 1687

Arthur Schopenhauer. Leben und Werk in Texten und Bildern. Herausgegeben von Angelika Hübscher. it 1059

Misia Sert: Pariser Erinnerungen. Aus dem Französischen von Hedwig Andertann. Mit einem Bildteil. it 1180

Margarete Susman: Frauen der Romantik. Mit zahlreichen Abbildungen. it 1829

Töchter berühmter Männer. Neun biographische Porträts. Herausgegeben von Luise F. Pusch. it 979

Siegfried Unseld: Hermann Hesse. Werk und Wirkungsgeschichte. Revidierte und erweiterte Fassung der Ausgabe von 1973. Mit zahlreichen Abbildungen. it 1112

Voltaire. Leben und Werk in Texten und Bildern. Von Horst Günther. it 1652

Wilhelmine von Bayreuth: Eine preußische Königstochter. Glanz und Elend am Hofe des Soldatenkönigs in den Memoiren der Markgräfin Wilhelmine von Bayreuth. Aus dem Französischen von Annette Kolb. Neu herausgegeben von Ingeborg Weber-Kellermann. Mit Illustrationen von Adolph Menzel. it 1280

Virginia Woolf. Leben und Werk in Texten und Bildern. Herausgegeben von Renate Wiggershaus. it 932

Stefan Zweig. Leben und Werk im Bild. Herausgegeben von Donald Prater und Volker Michels. it 532